高等职业教育"十四五"系列教材

Qiche Fadongji Diankong Xitong Jianxiu
汽车发动机电控系统检修

朱剑宝　主　编
陈成春　林少芳　副主编
林　平　主　审

人民交通出版社股份有限公司
北　京

内 容 提 要

本书是高等职业教育"十四五"系列教材。全书以汽油机电控系统为主要介绍对象,兼顾介绍柴油机电控燃油系统,按工作任务的方式分为8个模块,内容包括基本检查、传感器的检修、各个控制系统的检修、常见故障诊断等,每个模块由理论知识点、技能知识点、实训任务、实训工单等组成。

本书可作为高等职业院校汽车类专业的教材,也可作为学生和汽车维修企业员工、社会技术人员考取1+X职业技能等级证书和汽车维修职业资格证书的培训教材。

图书在版编目(CIP)数据

汽车发动机电控系统检修/朱剑宝主编. —北京:
人民交通出版社股份有限公司,2022.7(2025.1重印)
ISBN 978-7-114-17930-3

Ⅰ.①汽⋯ Ⅱ.①朱⋯ Ⅲ.①汽车—发动机—电子系统—控制系统—检修 Ⅳ.①U472.43

中国版本图书馆 CIP 数据核字(2022)第 067633 号

书　名:	汽车发动机电控系统检修
著 作 者:	朱剑宝
责任编辑:	时　旭
责任校对:	孙国靖　卢　弦
责任印制:	张　凯
出版发行:	人民交通出版社股份有限公司
地　　址:	(100011)北京市朝阳区安定门外外馆斜街3号
网　　址:	http://www.ccpcl.com.cn
销售电话:	(010)85285911
总 经 销:	人民交通出版社股份有限公司发行部
经　　销:	各地新华书店
印　　刷:	北京市密东印刷有限公司
开　　本:	787×1092　1/16
印　　张:	16.25
字　　数:	396千
版　　次:	2022年7月　第1版
印　　次:	2025年1月　第2次印刷
书　　号:	ISBN 978-7-114-17930-3
定　　价:	48.00元(含教材+实训工单)

(有印刷、装订质量问题的图书由本公司负责调换)

前言

随着《国家职业教育改革实施方案》(简称《方案》)、《关于实施中国特色高水平高职学校和专业建设计划的意见》(简称"双高计划")、《关于推进1+X证书制度试点工作的指导意见》等文件陆续出台,从制度上对职业教育今后发展指明了方向。《方案》指出,启动"学历证书+若干职业技能等级证书"制度试点(简称"1+X证书制度试点")工作,课程建设实现课证融通、书证融通,试点工作要进一步发挥好学历证书作用,夯实学生可持续发展基础,鼓励职业院校学生在获得学历证书的同时,积极取得多类职业技能等级证书,拓展就业创业本领,缓解结构性就业矛盾。同时,国家互联网技术和智能移动技术的快速发展,大量优质的线上课程资源涌现,教学新理念、新模式也不断出现,传统的教学模式和教材无法适应新形势下的职业教育,创新改革教学模式,编写适用教材,已成为当务之急。

在此背景下,《汽车发动机电控系统检修》教材编写团队响应"三教"(教师、教材、教法)改革,以立德树人为根本,以提高人才培养质量为核心,遵循学生职业能力本位的基本规律,对接汽车运用与维修1+X证书职业技能等级标准,进行基于模块化的课程教材建设改革和探索。依托校企合作平台,结合汽车企业典型的工作任务,按照课程内容与职业标准对接、教学过程与生产过程对接的要求,将课程内容进行了有机整合、序化,设计了8个学习模块内容,将每个模块细分成若干个相对独立的学习任务,参考学时参见下面的学时分配表。本教材具备以下特点:

(1)增加新技术、新工艺、新规范,以适应汽车发动机电控技术的最新发展。

(2)以模块化和任务引领的方式组织编排,使理论和实训一体化,实现学生"做中学"。

(3)突出和充实与发动机电控技术相关的1+X证书考核内容,有效促进"课证融合"和"书证融通";

(4)适应"互联网+职业教育"发展需求,配备PPT课件、视频、作业、测试习题等线上资源,拓展教学空间、丰富教学手段,将线上学习和线下课堂深度融合。

(5)体现产教融合、校企合作、对接生产过程的特点。

(6)内容新颖,图文并茂,在力求文字简练、通俗易懂的前提下兼顾实用性、系统性和先进性。

学 时 分 配 表

模块	课程内容	学时分配	
		理论	实践
模块1	汽油发动机电控系统基本检查	4	4
模块2	汽油发动机电控系统传感器检修	8	8
模块3	汽油发动机燃油控制系统检修	6	8
模块4	汽油发动机点火控制系统检修	4	4
模块5	汽油发动机进气控制系统检修	8	8
模块6	汽车发动机排放控制系统检修	4	4
模块7	柴油发动机电控共轨燃油喷射系统检修	4	4
模块8	汽油发动机电控系统故障诊断	2	8
	课时总计88学时(实践占比55%)	40	48

本教材每个模块均有理论知识点和技能知识点,是教学改革的核心组成部分之一,是培养职业能力的基础。每个模块均设计了相应的实训项目和实训工单,可进行针对性的职业技能训练,将理论和技能相结合,实现课证融通,为学生考取职业技能证书架起桥梁。本教材由福建船政交通职业学院朱剑宝担任主编,福建船政交通职业学院陈成春和福州职业技术学院林少芳担任副主编,黄知秋、李智强、张光崴、吕翱、刘国平等人员参与编写。具体编写分工如下:模块1、模块2、模块3由朱剑宝编写,林少芳审稿;模块4由朱剑宝、陈成春编写;模块5由黄知秋、朱剑宝编写;模块6由李智强编写,陈成春审稿;模块7由张光威、陈成春编写;项目8由吕翱、刘国平编写,朱剑宝审稿。全书由朱剑宝、陈成春统稿、定稿,林平总审。

本教材在编写过程中得到了福建省润通汽车销售服务有限公司、厦门盛元集团有限公司、福州市华强丰田汽车销售服务有限公司等汽车生产企业和汽车4S店,以及诸多技术专家的热情指导与帮助。同时,在本书编写过程中参考了各种品牌汽车技术资料、大量的相关书籍和技术文献,在此谨向各方表示感谢。

由于编者经历、水平有限,书中难免存在纰漏和不足之处,敬请各位专家和读者提出宝贵意见,对书中的不妥和误漏之处予以批评指正,以便后续修订时充实和完善。

编　者

2022年3月

目录

模块1　汽油发动机电控系统基本检查 1
　　任务1　汽油发动机电控系统认识 1
　　任务2　汽油发动机电子控制单元控制电路分析及检修 14
模块2　汽油发动机电控系统传感器检修 29
　　任务1　空气流量传感器和进气管压力传感器检修 30
　　任务2　曲轴位置传感器和凸轮轴位置传感器检修 38
　　任务3　节气门位置传感器和加速踏板位置传感器检修 44
　　任务4　温度传感器和爆震传感器检修 51
　　任务5　氧传感器和空燃比传感器检修 56
模块3　汽油发动机燃油控制系统检修 63
　　任务1　缸外喷射式燃油控制系统的结构与检修 63
　　任务2　缸内直喷式燃油控制系统的结构与检修 73
模块4　汽油发动机点火控制系统检修 85
　　任务　点火控制系统检修 85
模块5　汽油发动机进气控制系统检修 95
　　任务1　怠速控制系统检修 95
　　任务2　电子节气门控制系统检修 103
　　任务3　可变气门控制系统和可变进气管控制系统检修 109
　　任务4　涡轮增压控制系统检修 117
模块6　汽车发动机排放控制系统检修 121
　　任务1　汽车发动机排放控制系统的结构与检修 121
　　任务2　尾气检测与分析 132
模块7　柴油发动机电控共轨燃油喷射系统检修 137
　　任务　柴油发动机电控共轨燃油喷射系统的结构与检修 137
模块8　汽油发动机电控系统故障诊断 151
　　任务　汽油发动机电控系统的故障原因与诊断 151
参考文献 166

模块 1 汽油发动机电控系统基本检查

【模块导论】

1. 目标要求

目前,车辆配置的基本都是电控发动机,其电控系统越来越复杂,要完成汽车发动机电控系统的各种检修工作,我们首先要掌握发动机电控系统的基本结构组成。本模块通过介绍汽油发动机电控系统的组成,分析发动机控制单元的电源电路和搭铁电路,使学员能够初步掌握汽油发动机电控系统组成和功能,学会使用诊断仪,为发动机电控系统检修奠定基础。

本模块的学习重点是:掌握汽油发动机电控系统的组成、功能;掌握发动机电子控制单元(ECU)控制电路及电源和搭铁端子的检测方法。

本模块的学习难点是:掌握汽油发动机电控系统控制电路的检测方法。

2. 任务分解

本模块分2个任务和2个实训项目:

任务1 汽油发动机电控系统认识
任务2 汽油发动机电子控制单元控制电路分析及检修
子实训项目1 汽油发动机电控系统认识和检查
子实训项目2 汽油发动机电子控制单元及电路检测

任务1 汽油发动机电控系统认识

【任务目标】

通过本任务的学习,使学生能够描述汽油发动机电控系统的组成与功能,并能在实车上找到发动机电控系统各个子系统主要零部件的位置,同时具备对发动机电控系统进行基本检查的职业能力。

【理论知识点】

1. 汽油发动机电控系统的组成

汽油发动机电控系统是安装在发动机上(或与发动机连接)的各个电子控制装置的总称,其作用是控制发动机各系统的运转,使发动机具有良好的动力性、燃油经济性和排放性。

汽油发动机电控系统按其部件,可分为传感器、执行器、ECU(计算机或电子控制装置、电脑、电子控制单元、电子控制模块等)及控制电路等部分,如图1-1所示。ECU是汽油发动机电控系统的控制中心,汽油发动机电控系统中所有的传感器、执行器都通过控制电路与ECU连接。ECU利用安装在发动机不同部位上的各种传感器,测得发动机的转速、进气量、节气门开度、冷却液温度、进气温度等运转参数,按ECU内设定的程序进行分析、判断和计算,并根据计算结果向喷油器、电动汽油泵、怠速控制阀、点火器等执行器发出指令信号,控制发动机各系统的工作。

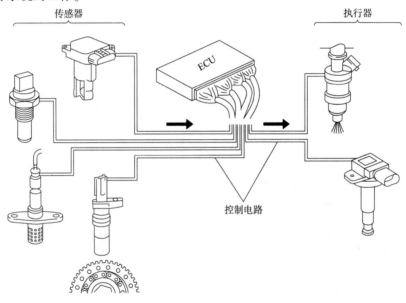

图1-1 汽油发动机电控系统的组成

现代汽油发动机电控系统是在早期汽油发动机燃油喷射控制系统的基础上发展起来的,因此常简称为EFI(Electronic Fuel Injection)。目前,汽油发动机电控系统的控制范围已扩展到发动机的燃油喷射系统、点火系统、进气系统、排放系统等各个系统。因此,按其控制功能,汽油发动机电控系统又可分为燃油喷射控制系统、点火控制系统、进气控制系统、排放控制系统、故障自诊断系统等部分。

1) 燃油喷射控制系统

燃油喷射控制系统(EFI)的主要作用是控制发动机喷油器的喷油量,以完成对发动机可燃混合气浓度的控制,这是发动机电控系统的最主要控制功能之一。发动机燃油系统中的电动汽油泵在ECU的控制下运转,将汽油加压并经汽油滤清器滤去杂质后送入喷油器,ECU根据空气流量传感器、发动机冷却液温度传感器等各种传感器测得的发动机有关运行数值,计算出相应的喷油量,同时控制喷油器向进气管内喷射适量的燃油,形成一定浓度的可燃混合气,如图1-2所示,使发动机在不同的工况下都能获得最佳的空燃比,以保证其正常运转,并获得适当的动力输出,降低燃油消耗量和废气排放水平。

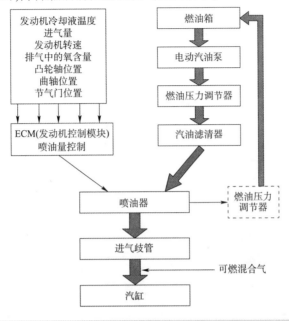

图1-2 燃油喷射控制系统

2)点火控制系统

点火控制系统的作用是控制发动机点火系统中点火控制器、点火线圈等部件的工作,以完成对发动机点火提前角的控制,如图1-3所示,这也是发动机电控系统的最主要控制功能之一。发动机ECU根据各种传感器所测得的发动机转速、节气门开度、冷却液温度、进气量等运转工况,计算并选择最适合当前工况的点火提前角,通过点火器控制器在特定的曲轴(或凸轮轴)转角位置控制点火线圈的工作,以达到控制点火正时的目的,使发动机在各种工况下都能获得最佳的点火提前角,使之具有较好的燃油经济性和动力性,降低排放污染,并防止产生爆燃。

3)进气控制系统

电控燃油喷射汽油发动机的进气经空气滤清器、空气流量传感器、节气门、进气总管(或动力腔)、进气歧管,最后经进气门进入汽缸,如图1-4所示。

进气控制系统的作用是通过控制或提高发动机的进气量,以完成怠速控制、可变气门机构控制、电子节气门控制、可变进气管控制、废气涡轮增压器控制等任务,从而提高发动机怠速运转的稳定性,或提高发动机的动力性,降低耗油量和减少排放污染。

进气控制系统包括怠速控制系统、电子节气门控制系统、可变气门机构控制系统、可变进气管控制系统、废气涡轮增压器控制系统等。

(1)怠速控制:发动机电控系统具有对发动机的怠速转速进行自动控制的功能,ECU通过各种传感器测得发动机工作温度、负荷等因素,确定最佳的怠速转速,并通过怠速控制阀或电子节气门,自动控制怠速时的进气量,达到控制怠速转速的目的,使发动机在各种情况下具有稳定的怠速转速,防止怠速不稳或熄火,并尽可能地降低怠速时燃油消耗量和减少排放污染。

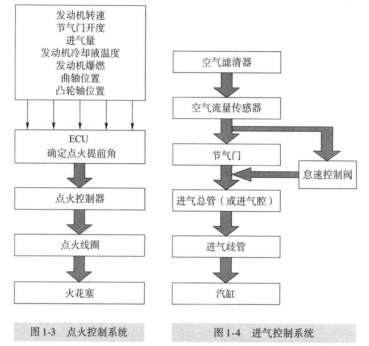

图1-3　点火控制系统　　　　图1-4　进气控制系统

(2)电子节气门控制:在采用电子节气门的发动机中,发动机控制模块(ECM)根据各种传感器测得驾驶员对加速踏板的操纵情况,同时根据发动机转速、汽车车速等因素,计算并确定在该工况下的最佳节气门开度,通过电子节气门执行器,控制节气门的开启和关闭,保证汽车获得最佳的动力性和燃油经济性,提高安全性和乘坐舒适性。此外,汽油发动机电控系统还可以通过电子节气门实现牵引力控制、巡航控制等功能。

(3)可变气门机构控制:在采用可变气门机构的发动机中,ECM根据各种传感器测得的运转工况,计算并确定在该工况下的最佳配气相位和气门升程,通过正时控制电磁阀等执行机构,改变进、排气门的开启和关闭时刻以及气门升程,使发动机的配气相位、气门叠开角和气门升程能随发动机转速和负荷的变化而变化,始终保持最佳,从而保证发动机在任意转速和负荷下都有良好的燃料经济性、动力性和运转稳定性,减少排放污染。

(4)可变进气管控制:在采用可变进气歧管的发动机中,ECM根据发动机工况,通过执行机构控制进气管中的谐振阀或涡流阀的开启或关闭,以改变进气的动力效应和涡流强度,改善和提高发动机在不同转速下的转矩输出特性和动力性。

4)排放控制系统

汽油发动机采用电控系统,其主要目的就是减少发动机的排放污染,因此,在电控汽油发动机上设置了许多专门用于减少排放污染的装置,这些装置的工作都是由排放控制系统来控制的(图1-5)。排放控制系统的作用包括控制废气再循环装置、燃油蒸气回收装置的工作,同时还要完成喷油量闭环控制等任务,以使这些装置能在不影响发动机正常运转的前提下充分发挥减排功能,从而保证发动机的排放水平达到国家排放法规的要求。

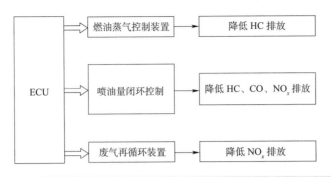

图1-5 排放控制系统

5)故障自诊断系统

故障自诊断系统是发动机ECU的一个组成部分,其功能包括对电控系统中各个传感器和一些重要的执行器及其电路进行监测,在发现故障时点亮故障灯报警,以提醒驾驶员及时将车辆送修。ECU还能在某些传感器及其电路出现故障时,启动相应的失效保护模式,以维持发动机的运转,使车辆具备基本的行驶能力。配备OBD-Ⅱ系统(第二代车载自诊断系统)的车辆,其ECU还要重点监测发动机运转过程中的排放状态,一旦发现其一氧化碳(CO)、碳氢化合物(HC)、氮氧化合物(NO_x)等有害物的排放或燃油蒸发污染量有可能超过设定标准时,故障灯就会点亮报警,并在ECU中记录相应的监测数据,为故障诊断提供依据。

2. 汽油发动机电控系统的主要传感器

汽油发动机电控系统中有多种传感器,它们安装在发动机上的不同地方,如图1-6所示。

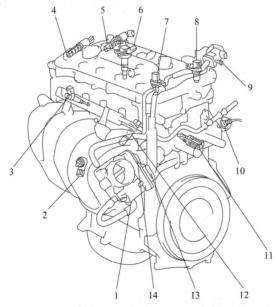

图1-6 丰田卡罗拉轿车1ZR—FE发动机电控系统主要部件位置

1-怠速控制阀;2-爆震传感器;3-喷油器;4、5-气门正时控制阀;6-点火控制器和点火线圈总成;7-凸轮轴位置传感器(排气凸轮轴);8-凸轮轴位置传感器(进气凸轮轴);9-真空电磁阀;10-氧传感器;11-冷却液温度传感器;12-曲轴位置传感器;13-电子节气门;14-节气门位置传感器

不同品牌和不同车型发动机的传感器配置不完全相同,常见的主要有以下几种:

(1)空气流量传感器。空气流量传感器安装在发动机空气滤清器后面的进气管上,用于监测发动机的进气量,作为发动机 ECU 计算并控制喷油量的重要依据。

(2)进气管压力传感器。进气管压力传感器通常固定在发动机周围的车身上,通过一根软管和进气歧管相通。其作用是将发动机运转中进气歧管的绝对压力转变为电信号输送给发动机 ECU,ECU 根据这一信号,同时参考节气门开度等参数,可以计算出发动机的进气量。因此,在一些早期的车型上,常采用这种成本相对较低的传感器代替空气流量传感器,以监测发动机的进气量,作为 ECU 计算并控制喷油量的依据。

(3)曲轴位置传感器。曲轴位置传感器是发动机电控系统最重要的传感器之一,通常安装在曲轴周围或凸轮轴周围,是发动机 ECU 进行点火正时等各种控制的重要依据。有时,安装在凸轮轴周围的曲轴位置传感器也被称为凸轮轴位置传感器。

(4)节气门位置传感器。节气门位置传感器安装在发动机的节气门体上,用于监测节气门的开度,是发动机 ECU 进行喷油量控制、怠速转速控制及其他控制的参考依据。

(5)冷却液温度传感器。冷却液温度传感器安装在发动机的水道上,用于监测发动机冷却液的温度,是发动机 ECU 计算喷油量的参考依据,也是怠速转速控制的重要依据。

(6)进气温度传感器。进气温度传感器安装在发动机进气管上或空气流量传感器中,用于监测发动机的进气温度,发动机 ECU 根据这一信号对喷油量进行修正。

(7)氧传感器。氧传感器安装在发动机排气管上,它可以检测发动机排气中氧分子的含量,发动机 ECU 根据这个信号对喷油量进行修正,使混合气浓度保持在理论空燃比附近。

(8)爆震传感器。爆震传感器安装在发动机汽缸缸体的侧面,用于监测汽油发动机汽缸内点火燃烧时有无爆燃,是发动机 ECU 控制点火提前的参考依据。

除了上述各种传感器外,有些发动机的电控系统中还有车速传感器、变速器挡位开关、动力转向油压开关、蓄电池放电电流、空调开关、制动灯开关、废气再循环温度传感器等。

3.汽油发动机电控系统的主要执行器

(1)喷油器。喷油器安装在发动机各个汽缸的进气歧管上,与燃油管连接,在 ECU 的控制下喷油,是汽油发动机电控系统用以控制混合气浓度的执行器。

(2)电动汽油泵。电动汽油泵安装在汽油箱内,ECU 通过继电器控制电动汽油泵的工作,将汽油箱内的燃油加压后输送给喷油器。

(3)怠速控制阀。怠速控制阀通常安装在发动机的节气门体上或其周围,它控制一条绕过节气门的进气通道,是汽油发动机电控系统用以控制怠速转速的执行器。

(4)点火控制器。点火控制器安装在点火线圈的周围,电控系统通过它控制点火线圈的初级电流,并实现点火正时的控制。

(5)真空电磁阀。汽油发动机电控系统中通常有多个真空电磁阀,其作用各不相同,如控制空调怠速转速、控制燃油蒸气回收系统、控制废气再循环等。电控系统通过这些电磁阀来控制某个真空通道的开闭,从而达到控制这些系统工作的目的。

除了上述各种执行器外,还有诸如氧传感器中的加热器、可变气门机构中的正时控制电磁阀、电子节气门中的节气门控制电动机、仪表板上的故障警告灯,以及电控系统中的许多继电器等,这些也是发动机电控系统的执行器。

4. 发动机电控系统的故障自诊断功能

1)车载自动诊断系统

发动机电控系统故障自诊断系统又称为"车载自动诊断系统"(On-Board Diagnostics,OBD)。它实际上是 ECM 中的一种自动诊断电控系统故障的程序。已经发展到第二代,即 OBD-Ⅱ。OBD 在汽车上的相关连接器、位置、代码都实行标准化,都有一个通用的标准诊断座(简称 DLC)。DLC 有一个 16 针的插头,如图 1-7 所示,各端子的功用见表 1-1。使用标准的连接件,汽车的参数能通过任何按照 OBD 设计的检测仪器读取。OBD-Ⅱ的标准规定:DLC 的标准安装位置在驾驶员侧边仪表板下面,并置于坐在驾驶座上的人伸手可及的地方,对诊断插座中的各个引脚,在 OBD-Ⅱ标准中也有相应的规定。各汽车制造厂家生产的电控燃油喷射发动机控制系统的型号、功能各不相同,对 OBD-Ⅱ诊断插座中各引脚的选用也不尽相同,但重要的关键性引脚,如电源、搭铁等全部相同。这样,虽然其他检测引脚各不相同,但可以通过电脑检测仪的程序设计来实现检测。

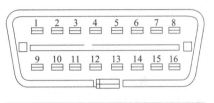

图 1-7 OBD-Ⅱ诊断插座

各端子的功用   表 1-1

端子	功用	端子	功用
1	生产厂家自行设定	8	生产厂家自行设定
2	总线正极(BUS+)	9	生产厂家自行设定
3	生产厂家自行设定	10	总线负极(BUS-)
4	底盘搭铁	11~14	生产厂家自行设定
5	信号搭铁	15	L 线
6	生产厂家自行设定	16	蓄电池正极
7	K 线		

此外,OBD-Ⅱ标准还规定对电控系统的所有零部件使用一套标准的术语、缩写和定义,不管什么品牌的车显示的故障代码符号和含义是一样的;车辆识别信号能自动传输到检测仪器上,当车辆发生故障时能够记录并存入车载电脑存储器内,不管何时发生影响排气质量的故障都能够存储代码;检修后能够通过检测仪器删除存储在车载电脑存储器内的故障代码。

OBD-Ⅱ与以前的所有车载自诊断系统不同之处在于有严格的排放针对性,其实质性能就是监测汽车排放。当汽车排放的 HC、CO 和 NO_x 或燃油蒸发污染量超过设定的标准,包括发动机及其动力系统随机引起的 HC 排放量上升、催化转换器的净化效率下降到限值之下、密封的燃油系统有空气泄漏、某个传感器或其他排放控制装置失效等情况,故障指示灯(MIL)就会点亮报警。

虽然 OBD-Ⅱ对监测汽车排放十分有效,但驾驶员接受不接受警告全凭"自觉"。为此,比OBD-Ⅱ更先进的OBD-Ⅲ诞生。OBD-Ⅲ主要目的是使汽车的检测、维护和管理合为一体，以满足环境保护的要求。OBD-Ⅲ会分别进入发动机、变速器、防抱死制动系统(ABS)等系统ECU中去读取故障码和其他相关数据，并利用小型车载通信系统，例如车载导航系统或无线通信方式将车辆的身份代码、故障码及所在位置等信息自动通告管理部门，管理部门根据该车辆排放问题的等级对其发出指令，包括去哪里维修的建议、解决排放问题的时限等，还可对超出维修时限的违规者车辆发出禁行指令。因此，OBD-Ⅲ不仅能对车辆排放问题向驾驶者发出警告，而且还能对违规者进行惩罚。

2)故障自诊断系统的主要功能

故障自诊断系统的主要功能有监测功能、存储故障代码和警告功能、失效保护功能和数据输出功能。

(1)监测功能。故障自诊断系统监测的对象主要是汽油机电控系统中的各种传感器、执行器以及电控系统的控制过程，故障自诊断系统在汽车运行过程中不断监测电控系统有关信号，当某一信号超出了预设的范围值，并且这一现象在一定的时间内没有消失，故障自诊断系统便判断这一信号所对应的电路或元件出现了故障。

(2)存储故障代码和警告功能。故障自诊断系统一旦发现电控系统有故障，会立即点亮仪表板上的电控系统故障警告灯，提醒驾驶员及时将车辆送到修理厂检查维修，以免造成更大损坏。

故障自诊断系统还会将检测到的故障内容以故障代码的形式存储在ECU的存储器内。只要不拆除汽车蓄电池，被检测到的故障代码就会一直保存在ECU中。在维修时，检修人员可以采用一定的方法将存储在ECU中的故障代码读出，为查找故障部位提供准确的依据。

(3)失效保护功能。针对监控对象的不同，故障自诊断系统在发现故障时会采取不同的失效保护措施。

①传感器故障的失效保护。当某一传感器或其电路产生故障后，其信号就不再作为电控系统的控制参数。为了维护汽车的运行，故障自诊断系统便从ECU的存储器中调出预先设定的经验值，作为该电路的应急控制参数，保证汽车可以继续工作。

汽油机电控系统的传感器损坏后，其ECU中的故障自诊断系统所采取的失效保护方式随车型的不同而有所不同，常见的方式主要有以下几种。

a.空气流量传感器或进气管压力传感器断路或短路时，ECU按节气门位置传感器的信号，以3种固定的喷油量控制喷油：当节气门位置传感器内的怠速开关闭合时，以固定的怠速喷油量喷油；当怠速开关断开而节气门尚未全开时，以固定的小负荷喷油量喷油；当节气门全开或接近全开时，以固定的大负荷喷油量喷油。

b.冷却液温度传感器断路或短路时，ECU按冷却液温度为80℃的状态控制喷油。

c.进气温度传感器断路或短路时，ECU按进气温度为20℃的状态控制喷油。

d.机械式节气门的节气门位置传感器断路或短路时，ECU按节气门全开的状态控制喷油。

e.电子节气门的节气门位置传感器或加速踏板位置传感器出现故障时，ECU会根据故障的具体情况，改变对电子节气门的控制方式，并使发动机的转速和动力在一定的程度上受到限制。

f. 大气压力传感器断路或短路时,ECU 按 101.3kPa(1 个标准大气压力)控制喷油。

g. 氧传感器输出电压保持不变或变化过于缓慢时,ECU 将取消反馈控制,并以开环控制方式控制喷油。

h. 曲轴位置传感器和凸轮轴位置传感器是控制系统中最重要的传感器。当这两个传感器全部失效时,ECU 将得不到曲轴位置信号,无法进行点火控制和喷油时刻的控制,也不能采取失效保护方式,因而发动机将无法运转。

②执行器故障的失效保护。汽油机电控系统中执行器(如喷油器、怠速控制阀等)发生故障时,有些能被故障自诊断系统检测出,有些则不能,依不同的车型而不同。

对于那些工作不正常可能导致较为严重后果(如加剧排放污染)的执行器,故障自诊断系统通常都会对其工作进行监测。当发现某一执行器出现可能导致其他部件损坏或严重后果的故障时,为了安全起见,故障自诊断模块会采取一定的安全措施,自动停止某些部件的工作。例如,当点火控制器出现故障而不能点火时,故障自诊断系统就会使喷油嘴停止喷油,防止混合气体未经燃烧就进入排气管,导致三元催化转换器的损坏。

③控制过程故障的失效保护。当电控系统的某些控制过程出现故障时,许多车型的故障自诊断系统都会触发备用应急控制,使汽车可以驶到修理厂进行维修,这种应急功能就叫作故障运行,又称"跛行"功能。例如,当自动变速器的换挡控制不能正常进行时,故障自诊断模块就会停止换挡控制,使自动变速器只能以某一固定的挡位行驶(锁挡)。

(4)数据输出功能。在汽车故障自诊断系统的设计过程中,预留了很多供外部诊断设备访问的存储单元,这些存储单元存储了反映汽车运行的非常重要的数据。在汽车电控系统的电路上都设有一个专用的诊断插座,只要将汽车 ECU 解码器和这一诊断插座连接,就可以访问汽车 ECU 存储单元,读出存储的故障代码。

此外,故障自诊断系统还可以通过诊断插座向外输出反映汽车电控系统工作状况的数据流。数据流是指在某一特定时刻,表示汽车电控系统 ECU 工作状况的有关数据,如传感器输入信号的数值、ECU 向执行器输出信号的数值等。大部分汽车电控系统的 ECU 中都有丰富的数据流可供调用,维修人员可以通过对数据流中的各项参数进行数值分析,判断电控系统及其各个元件工作是否正常,为查找故障原因提供有效依据。

5.发动机电控系统的故障码和数据流

1)故障码(DTC)

美国汽车工程师学会(SAE)规定 OBD-Ⅱ故障码(Diagnostic Trouble Cod,DTC)由 5 位组成,第一位是英文字母,后四位是数字,如图 1-8 所示。

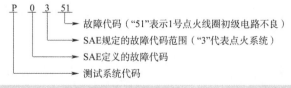

图 1-8 故障代码含义

第一个代码为英文代码,代表测试系统,B 代表车身控制系统(BODY),C 代表底盘控制系统(CHASSIS),P 代表发动机变速器控制系统,即动力控制总成(POWERTRAIN),U 代表车载网络系统(CAN)。

第二位表示该 DTC 由谁定义："0/2/3"表示为 SAE 定义的故障码，"1"代表生产商定义的故障码。

第三位表示 SAE 定义的故障范围，"3"代表点火系统。

第四、五位代表原制造厂设定的故障代码，"51"表示 1 号点火线圈初级电路不良。

DTC 可以按照监控产生的条件分为线路性 DTC 与功能性 DTC。

(1) 线路性 DTC 通常以显示某一个传感器或电磁阀电路故障、输入高、输入低、断路、短路等方式呈现。ECU 的故障诊断系统通常通过监控信号线的电压来判断线路是否出现故障。

(2) 功能性 DTC 通常以故障诊断系统监测信号的合理性或监测相关执行元件在工作时应该实现的控制状态来判断相关元件的故障。如喷油量的反馈控制中混合气浓度变化与氧传感器信号变化之间的关系、怠速控制中节气门开度变化(或怠速控制阀开度变化)与发动机转速变化之间的关系等，当 ECU 向执行器发出的控制信号变化与传感器得到的信号变化之间不符合应有的关系时，故障诊断系统即判断该控制功能有故障。

2) 数据流

汽车故障自诊断系统并不能检测出电控系统中所有类型的故障，特别是无法检测传感器的精度误差(如冷却液温度传感器测得的冷却液温度值与实际冷却液温度值不符等)、某些执行器不工作等故障。为了更深入地检测电控系统的工作状况，查找故障原因，可以利用故障诊断仪对电控系统进行数据流分析。

数据流分析就是利用汽车故障诊断仪与汽车电控系统的连接，读取汽车电控系统工作过程中 ECU 的运行状况和各种输入、输出电信号的瞬时数值(如各传感器的信号、ECU 的计算结果、控制模式、向各执行器发出的控制信号等)。故障诊断仪可以将这些数值以数据表的方式在故障诊断仪的屏幕上显示出来，使整个控制系统的工作状况一目了然。检修人员可根据各种数据的变化情况来判断控制系统工作是否正常，或将特定工况下各种信号的数值与标准数值进行比较，从而准确地判断故障的类型和发生部位。

发动机控制系统的数据流包括发动机各系统、各传感器、执行器的工作状况，其输出方式包括电压、电流、频率、压力、开关状态、占空比等形式，有一定直观性，且响应速度较快，彼此之间具有紧密的联系。不同品牌数据流的方式有所不同，表 1-2 所示为丰田汽车部分数据流，表 1-3 所示为加速踏板位置传感器的具体数据流，表 1-4 所示为电子节气门数据流，从数据流我们可以判断该元件的工作是否正常。

丰田汽车部分数据流　　　　　　　　　表 1-2

名　称	测 量 项 目	正 常 条 件 (范围)
INJECTOR	1 缸喷油时间	怠速:1.92～4.39ms
IGN ADVANCE	点火提前:1 缸点火正时	怠速: 上止点前 10°～20°(5A-FE) 上止点前 5°～15°(8A-FE)
IAC DUTYRATIO	怠速空气控制阀占空比:旋转电磁线圈式怠速控制(ISC)阀开度比	怠速:24%～46.4%

续上表

名　　称	测量项目	正常条件(范围)
CALCLOAD	计算的负荷:当前进气量与最大进气量成正比	急速:27.5%~46.4%; 无负荷加速(2500r/min):19.7%~40.5%
MAP	进气歧管内绝对压力	急速:20~48kPa;无负荷加速(2500r/min):17~46kPa
ENGINE SPD	发动机转速	急速:650~750r/min
COLANTTEMP	发动机冷却液温度传感器值	预热后:85~90℃
INTAKE AIR	进气温度传感器值	相当于外界温度
THROTTLE POS	节气门位置传感器输出电压,按百分比计算0V为0%,5V为100%	节气门全关:8%~20%;节气门全开:64%~96% 点火开关在ON位置时(不要起动发动机)
MIL	发动机故障警告灯点亮:ON	发动机故障警告灯点亮:ON
STARTER SIG	起动机信号	起动:ON
A/C SIG	空调开关信号	空调接通:ON
PNPSW/NSW×2	空挡起动开关信号	P或N位置:ON
PS OIL PRES SW	动力转向油压开关信号	转向盘转动:ON
PS SIGNAL	动力转向信号	发动机起动后,OFF 转向后:ON

加速踏板位置数据流检测　　　　表1-3

名　　称	测量值	正常范围
Accelerator Position No.1	松开加速踏板16% 完全踩下加速踏板73%	松开加速踏板10%~25% 完全踩下加速踏板60%~90%
Accelerator Position No.2	松开加速踏板31% 完全踩下加速踏板88%	松开加速踏板20%~45% 完全踩下加速踏板80%~100%
Accelerator Position No.1	松开加速踏板0.8V 完全踩下加速踏板3.6V	松开加速踏板0.5~1.1V 完全踩下加速踏板2.6~4.5V
Accelerator Position No.2	松开加速踏板1.5V 完全踩下加速踏板4.4V	松开加速踏板1.2~2.0V 完全踩下加速踏板3.4~5.0V
Accelerator Idle Position	松开加速踏板ON 完全踩下加速踏板OFF	急速时ON

电子节气门数据流　　　　表1-4

名　　称	测量值	正常范围
Throttle Position No.1 *2	松开加速踏板0.8V 完全踩下加速踏板4.0V	全关0.5~1.2V 全开3.2~4.8V
Throttle Sens Open#1(AD) *2	松开加速踏板0.8V 完全踩下加速踏板4.0V	0.6~0.9V

续上表

名　　称	测　量　值	正　常　范　围
Throttle Position No.2	松开加速踏板 2.4V 完全踩下加速踏板 4.9V	全关 2.0~2.9V 全开 3.2~4.8V
Throttle　Pos Sensor Output *3	松开加速踏板 16.4% 完全踩下加速踏板 81.1%	—
Throttle Sensor Position#2	松开加速踏板 49.0% 完全踩下加速踏板 99.6%	全关 42%~62% 全开 92%~100%

3)元件动作测试

元件动作测试就是用故障诊断仪连接车辆以后,用诊断仪输出信号给 ECU,控制某个系统或执行器的工作,以测试该系统或执行器的工作是否正常,从而查找出有故障的执行器或控制电路。例如,在发动机运转中停止某个喷油器的喷油、使电子节气门(或怠速控制阀)开启以增加怠速转速等;或在发动机熄火状态下,让电动汽油泵运转、让某个喷油器喷油、使某个继电器(如冷却风扇、空调压缩机等继电器)或某个电磁阀工作等。维修人员可通过执行器是否能按该指令进行动作,判断执行器及其控制电路是否存在故障。

【技能知识点】

1. 发动机电控系统基本检查方法

发动机电控系统常见故障有线路故障、电子元件老化或性能退化、电子元件击穿等。如果导线有故障,那么必然会影响到这元器件的信号传递以及连接工作。汽车发动机运转时环境温度也相当高,电子元件长时间处于高温的工作环境当中,容易发生退化以及老化的现象,进而影响到电子元件使用效果。

汽车检测诊断设备使用方法

检查电控系统是否正常工作的方法如下：

(1)初步观察：打开发动机舱盖,观察发动机部件是否完整,真空管有无脱落,电线插接器有无松脱,是否存在漏油、漏液、漏气及漏电现象,发动机怠速运转是否平稳,排气管是否冒黑烟或有汽油味等异常现象。

(2)读码—清码—运行—再读码：连接故障诊断仪查询故障码,要对读出的永久性和偶发性故障码进行记录,清除故障码。起动发动机,待冷却液温度达到80℃以上,发动机高速运转几秒钟,创造故障再现条件,再次查询故障码并做记录。

(3)分析故障码：使用维修手册查阅故障码产生的原因、影响及排除方法,对偶发性故障码也不能忽视。如未存储故障码,要考虑 ECU 不能监视的元件,如许多发动机对喷油器电磁线圈或其电路断路的故障不会有故障码显示,应采用其他方法判断是否存在故障。

(4)阅读数据流：用诊断仪读取发动机电控系统的数据流,对于数据流中超出正常值的数据,应参照维修手册列出的故障原因进行分析。数据流可以提供发动机运转状态的实时数据,能否正确全面地分析数据流体现着诊断者的技术水平。

(5)检查测量：根据故障现象、故障码内容及数据流中的相关数值确定测量项目,可以使用万用表、二极管测试笔、废气分析仪、燃油压力表、真空表、汽缸压力表、示波器、模拟信号发生器及喷油器检测清洗仪等仪器进行必要的测量,选择仪器的原则是能快速、准确地判断故障。

(6)排除故障:根据以上工作记录并参照维修手册或相关资料,对故障进行分析,得出诊断结论和修理方案,如清洗节气门、进气道,调整或更换元件,剥开线束查找故障点,以及清洁搭铁线等。

(7)竣工检验:再次使用故障诊断仪、废气分析仪等设备进行检测,确认故障是否排除。对于发动机行驶熄火、加速闯动及动力不足的故障必须进行路试,待故障完全排除后方能竣工交车。故障仍未排除或未全部排除,应根据需要再重复以上诊断步骤。

2. 发动机控制模块漏电电流的检测方法

1)汽车漏电现象

汽车漏电现象是指汽车停驶时蓄电池逐渐放电以致汽车起动困难或电器工作不正常的现象。导致汽车漏电的原因大体有三类:第一类是停车时电器开关未关等导致的蓄电池亏电;第二类是蓄电池极板短路或氧化脱落导致自放电而亏电;第三类是由于汽车电器、线束、传感器、控制器、执行器等电子元器件和电路搭铁造成漏电。

2)发动机漏电故障的检测方法

(1)关闭点火开关,在蓄电池负极搭铁线和负极的极桩上连接最大量程为2A以上的电流表。关闭点火开关和所有用电设备,10min后ECU休眠,如有10~20mA及以上的明显电流,说明有漏电处。

(2)如电流较大,逐个拔下熔断丝,打开点火开关检测,如拔下某个熔断丝后蓄电池不再放电,表明该熔断丝所负责的控制回路有搭铁短路故障,应仔细对照电路图,分段检查,找出短路处。

(3)所有的熔断丝都拔下后蓄电池仍然放电,说明是蓄电池正极到熔断器盒之间和到点火开关之间的线束有漏电处,应更换该线束。

【线上学习资源】

1. 线上微课

发动机电控系统
组成和功能(1)

发动机电控系统
组成和功能(2)

发动机电控系统
的认识

2. 线上作业

3. 线上测试

任务2 汽油发动机电子控制单元控制电路分析及检修

【任务目标】

通过本任务的学习,学生应能够阐述汽油发动机电控系统 ECU 的主要功能,会分析发动机电控系统的电源电路和搭铁电路原理,并会对发动机电控单元及电源和搭铁进行检修,会对发动机控制系统 CAN 总线的终端电阻和波形进行检测,能够对发动机电子控制单元进行更换和匹配。

【理论知识点】

1. 汽油发动机 ECU 的主要功能

发动机电子控制单元(Electronic Control Unit,ECU)也称为发动机控制模块(Engine Control Module,ECM),是汽油发动机电控系统的控制中心,其主要功能如图 1-9 所示。图中 +B 为工作电源,BATT 为常电源,DLC3 为诊断接口。RAM 是随机存取存储器,重启机器数据会丢失,ROM 是只读存储器,重启机器数据不会丢失,也不能写入数据,PROM 原理和 ROM 一样,但是却可以写入数据,只是写入数据的次数不一样。

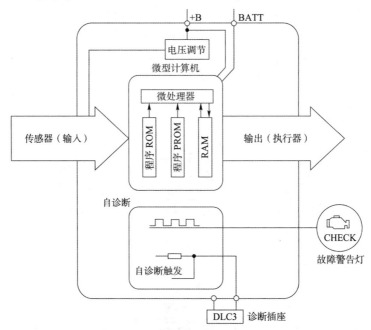

图 1-9 发动机 ECU 的功能

(1) 接收来自各个传感器的信号,以获得发动机的运转参数,为控制发动机各系统的工作提供依据。

(2) 根据传感器所提供的发动机各种运转参数,按照设定的程序和控制策略,向喷油器、点火控制器、怠速控制阀等执行器输出控制信号,以实现对发动机各个系统的控制。

(3)监测发动机电控系统各个传感器、控制电路、执行器等的信号,当发现信号异常时,及时点亮故障警告灯发出警报,同时将故障以代码的方式存储在ECU的存储器中,并起动失效保护功能,以维持发动机的运转。此外,维修人员还可以通过特定的步骤触发ECU的自诊断功能,通过故障诊断插座读取ECU存储的故障代码和数据流,为故障诊断提供依据。

此外,发动机ECU还具有对电控系统的电源进行控制,为某些传感器或执行器提供稳定的基准电压等功能。

2. 汽油发动机ECU的控制电路

汽油发动机ECU的控制电路使ECU与各个传感器、执行器等部件相互连接,或与电源、搭铁连接。按其功能,控制电路可分为电源电路、搭铁电路、传感器电路、执行器电路等。这些电路是保障ECU和各个传感器、执行器得以正常工作的关键。

1)控制单元的接线原理图

如图1-10所示,控制单元的原理电路由输入信号电路和输出信号电路组成,输入信号电路主要有传感器电路、各种开关电路等,输出信号电路主要有各执行器电路等。其中A/D为模数转换器,将模拟信号转换成数字信号的电路,μC是电容器电路。

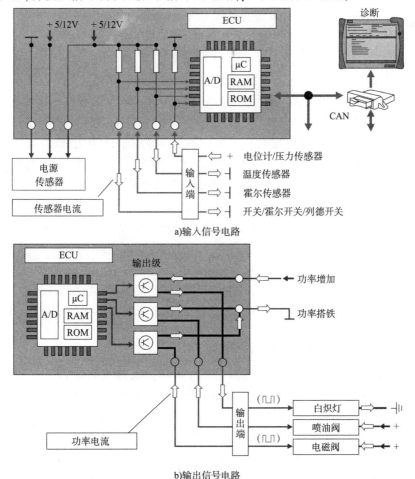

图1-10 控制单元的接线电路原理图

2）电源电路

电源电路是为电控系统的ECU及传感器、执行器的工作提供与之相适应电源的电路，包括ECU的电源电路、执行器的电源电路、传感器的电源电路。

(1)ECU的电源电路。ECU的电源分为两种：一种是使ECU正常工作所需的电源，称为工作电源；另一种是在关闭点火开关后让ECU的内存能将故障代码等信息长期保存的电源，称为常电源。

工作电源是将蓄电池正极电流经发动机电控系统主熔断丝（常称为EFI熔断丝）、主继电器（常称为EFI主继电器）后送入ECU的电源，该电源同时也连接至电控系统的执行器、传感器或其他继电器等用电部件。工作电源由发动机的点火开关控制，当点火开关处于接通状态时，工作电源即被送入ECU，使ECU进入工作状态。如果这一电路出现故障而无法为ECU提供电源，ECU将无法控制发动机电控系统的工作，从而导致发动机无法起动运转，同时ECU也无法与故障诊断仪建立连接，完成故障诊断工作。

不同车型发动机的ECU电源电路不完全相同，但其控制方式基本相同，图1-11所示为大部分车型发动机ECU的电源电路简图。在这种控制电路中，发动机ECU的工作电源是从蓄电池正极经过熔断丝、EFI主继电器后进入ECU的（图中的+B端子），而常电源是从蓄电池正极经过熔断丝后直接进入ECU的（图中的BATT端子）。

ECU的电源电路由点火开关和发动机ECU共同控制，蓄电池正极经点火开关后连接至ECU的电路（图中的IG SW端子）是作为ECU判定点火开关状态的信号电路。当点火开关接通(ON)后，来自蓄电池的12V电压进入ECU的IG SW端子，ECU由此判定点火开关已接通(ON)，从而使ECU中的主继电器控制电路开始工作，向EFI主继电器的电磁线圈提供电源，继电器开关触点闭合，将蓄电池电源送入ECU的+B端子，从而使ECU进入正常工作状态。当点火开关断开(OFF)后，ECU的IG SW端子上的电压变为0V，ECU则判定点火开关已经断开(OFF)，从而切断EFI主继电器的电磁线圈的电源，工作电源关闭。这种电源控制电路可以利用ECU的控制程序实现许多特殊的控制功能，已被越来越多的汽车厂家所采用。具有防盗功能的汽油发动机电控系统也常采用这种电源电路，它可以让ECU只在收到防盗电脑送来的点火开关钥匙已通过身份认证的信号后，才向EFI主继电器的电磁线圈提供电源，使电控系统开始工作，以阻止使用未经认证的钥匙起动发动机。

由于ECU常常要为电控系统中某些执行器提供电源，因此，经主继电器送入ECU的电源往往有2条（图1-11中的+B和+B1）或更多，使之能承受足够大的电流。+B和+B1为工作电源端子，IG SW为点火开关端子，E1为搭铁端子，M-REL为主继电器控制端子。

常电源是将蓄电池正极电流经熔断丝（图1-11中的EFI熔断丝）后直接施加在ECU上的电源，如图1-11中的BATT端子。其作用是在关闭点火开关而使ECU工作电源被切断后，让ECU中的随机存储器仍有电源，以保存故障代码、燃油修正系数及其他保存在随机存储器中的数据。常电源不受发动机点火开关的控制，不论点火开关处于接通还是断开状态，常电源都保持向ECU供电。如果没有该电源，只要ECU的工作电源正常，ECU仍能工作，但在关闭点火开关后，存储在ECU随机存储器中的有关数据将会消失，从而对电控系统的故障诊断工作造成影响，并影响ECU的燃油修正、点火正时修正等控制功能，有可能造成发动机的性能下降。

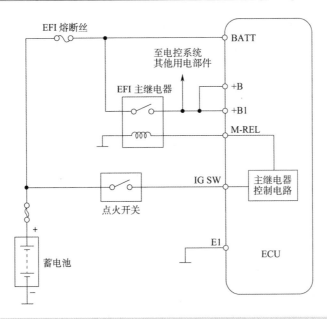

图1-11 发动机ECU的电源电路

(2)传感器的电源电路。电控系统中有许多传感器需要工作电源,为这些传感器提供电源的方式有两种:一种是直接使用汽车蓄电池的12V电压;另一种是使用ECU中的电压调节电路所提供的5V基准电压。

内部有集成电路或其他电子电路的传感器(如空气流量传感器等),通常采用12V电压作为电源,一般由EFI主继电器提供。

采用可变电阻、电位计等作为传感器时,通常利用ECU的电压调节电路所提供的5V基准电压作为电源,该电压可以在蓄电池电压发生变化时(如充电电压过高或过低)时,保证其信号不受蓄电池电压变化的影响,提高传感器的检测精度。

(3)执行器的电源电路。电控系统的执行器基本上均采用蓄电池的12V电压作为工作电源。许多执行器的电源由EFI主继电器提供(图1-11),个别重要的、工作电流不大的执行器可以由点火开关直接供电(如点火控制器等)。

3)搭铁电路

搭铁电路是汽油发动机电控系统的ECU或其他部件与汽车车身连接并最终接至蓄电池负极的电路。搭铁电路和电源电路一样重要,没有搭铁或搭铁电路异常,同样会使ECU、传感器、执行器等部件无法正常工作。ECU通常有多个搭铁端子,这些端子在ECU的内部是相互连接的,以保证ECU搭铁的可靠,如图1-12所示。一些传感器采用外壳搭铁的方式;也有一些传感器通过ECU一同搭铁,这样可以防止各个搭铁点因状况不同而出现电位差,影响传感器的检测精度和ECU的控制效果。此外,许多由ECU控制的执行器也是通过ECU搭铁。因此,ECU采用多个搭铁端子还可以保证搭铁线能承受足够大的电流。

4)传感器电路

传感器的基本电路一般都有电源、信号、搭铁3根接线。有些传感器无须电源,或将电源电路内置在ECU中,从而只有信号和搭铁2根接线,如果又采用外壳搭铁,则可能只有1根送给ECU的信号线,从而使其电路十分简单。而有些传感器的电路则非常复杂,有5~6

根甚至更多的接线。传感器电路的复杂程度取决于传感器自身的类型及结构原理,发动机电控系统中的传感器主要有开关式、电阻式、脉冲式、电压式等类型,如图1-13所示。

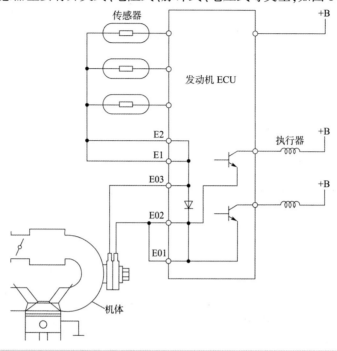

图1-12 ECU的搭铁电路

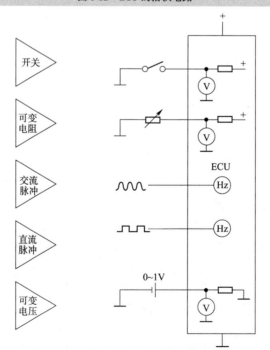

图1-13 传感器的类型及电路

(1)开关式传感器的电路。开关式传感器是一种结构最简单的传感器,其结构有机械式开关和晶体管开关两种。电控系统中有只起传感器作用的开关(如节气门上的怠速开关),也有将某个电气系统的操纵开关接至 ECU,使 ECU 通过该电信号得知开关的位置,以此作为控制发动机各系统工作的依据,此时该开关既有操纵电气系统的功能,也有传感器的功能。开关式传感器通常有两个接线端子,其电路有搭铁式和电源式两种。只起传感器作用的开关通常采用搭铁式电路,如图 1-14 中的机械式开关或晶体管开关,开关的一端为搭铁端,另一端为连接 ECU 的信号端。当开关式传感器兼起电气系统开关时,可以采用搭铁式电路,也可以采用电源式电路,如图 1-14 中的起动开关。

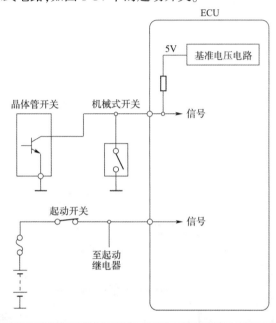

图 1-14 开关式传感器的电路原理

(2)电阻式传感器的电路。电阻式传感器也是电控系统中应用较多的传感器,其结构有可变电阻式、电位计式、电桥式等。电阻式传感器通常利用直流电路分压的原理产生电信号,为保证信号的精度,由 ECU 提供一个恒定大小的基准电压作为其工作电压(一般为5V)。可变电阻式传感器有 2 个接线端子,一般采用搭铁式电路,一端为信号端,另一端为搭铁端,其电路如图 1-15a)所示。电位计式传感器有 3 个接线端子,分别为电源端、信号端、搭铁端,其电路如图 1-15b)所示。

(3)脉冲式传感器的电路。脉冲式传感器有各种不同的原理和结构形式,如利用电磁感应原理的电磁式传感器(图 1-16),利用光电原理的光电式传感器、利用霍尔效应的霍尔式传感器、利用磁阻原理的磁阻式传感器等,其信号有直流脉冲、交流脉冲两种,其电路除了连接 ECU 的信号线外,其余的线路取决于传感器的具体结构和原理,往往较为复杂多样,详见传感器一章。

(4)电压式传感器的电路。电压式传感器也有各种不同的类型,通常是利用电化学原理、压电原理等将被检测参数的变化转变为电动势的变化。大部分电压式传感器无须工作电源,其电路十分简单,如采用外壳搭铁的爆震传感器只有 1 根接线端子(信号线);也有些电压式传感器的电路较为复杂,如空燃比传感器,有 5~6 根接线端子。

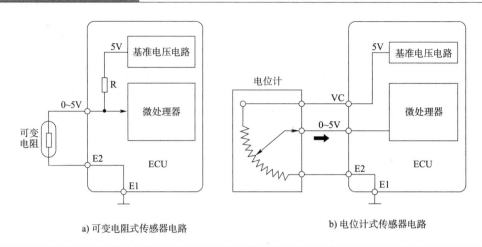

a) 可变电阻式传感器电路 b) 电位计式传感器电路

图 1-15 电阻式传感器的电路原理

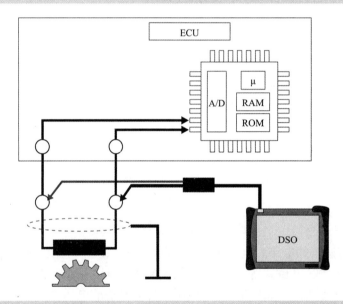

图 1-16 电磁式传感器输入信号

5) 执行器电路

电控系统的执行器主要有电磁阀、电动机、继电器、三极管开关电路、指示灯等,如图 1-17~图 1-19 所示。执行器的电路通常较为简单,一般只有电源和搭铁两个接线。ECU 对大部分执行器采用搭铁控制的方式,这种执行器的电源来自蓄电池,搭铁线则接至 ECU。有些执行器采用电源控制的方式,其电源线来自 ECU,搭铁线则直接搭铁。个别执行器可能有多个电源线或多个搭铁线,具体详见后面各章节。

6) 电子控制单元 CAN 网络总线

汽车技术领域中的电子技术正在飞速发展,汽车电器日趋复杂,高度集成的多功能,使汽车工程师们必须寻求更快速有效的信息传输方式,因此总线技术及车载网络的出现,使汽车具备更多更强的功能成为现实,汽车总线主要有 CAN 总线、LIN 总线、MOST 总线、FlexRay 总线等。汽车车载网络的优点是:

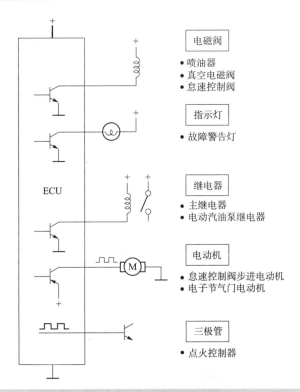

图1-17 执行器的类型及电路

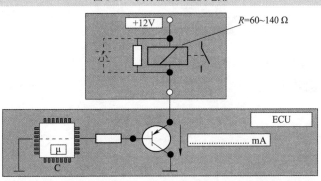

图1-18 通过ECU对继电器的控制实现输出信号

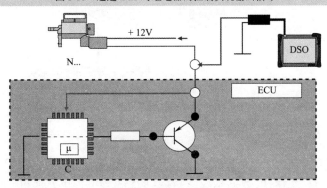

图1-19 电磁阀控制

(1)控制模块之间能共享传感器输入的信息。
(2)实现多个模块参与复杂的汽车系统操作。
(3)使用网络能提高诊断能力。
(4)减轻车辆质量。

大部分汽车厂家采用车载控制器局域网络(Controller Area Network,CAN)总线技术。图1-20为汽车车载网络拓扑图。CAN总线由CAN控制器、CAN收发器、数据传输线、数据传输终端等组成,如图1-21所示。CAN总线的数据传输线采用双绞线,称这两根线为CAN-高线(CAN-H)和CAN-低线(CAN-L),如图1-22所示。两根线上传输的数据相同,电压值互成镜像,这样两根线的电压差保持一个常值,所产生的电磁场效应也会由于极性相反而互相抵消。

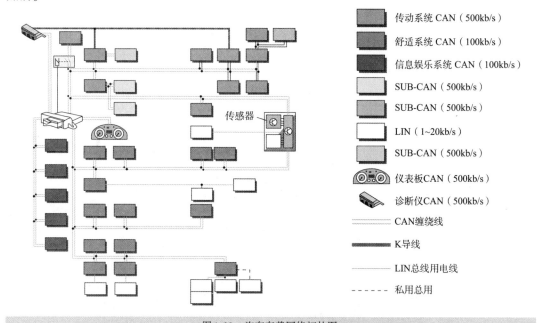

图1-20 汽车车载网络拓扑图

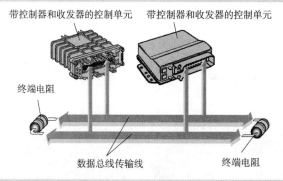

图1-21 CAN总线的基本组成

汽车CAN总线部分结构图如图1-23所示。发动机电子控制单元J623通过与双离合器变速器机电装置J743、变速杆、数据总线诊断接口J533等电控单元通过CAN总线连接,CAN控制器、CAN收发器均集成在电控单元中。

模块 1　汽油发动机电控系统基本检查

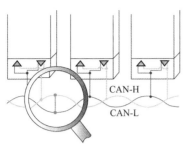

a) CAN-H 和 CAN-L

b) CAN 总线线束

图 1-22　CAN 总线数据传输线

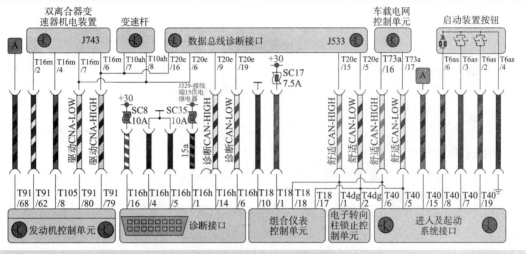

图 1-23　汽车 CAN 总线部分结构图

驱动 CAN 总线信号特征,见表 1-5,信号波形如图 1-24 所示。

CAN 总线信号特征　　　　　　　　　　　　　　表 1-5

电　位	逻辑状态	U(CAN-H—搭铁)	U(CAN-L—搭铁)	电　压　差
显性	0	3.5V	1.5V	2V
隐性	1	2.5V	2.5V	0V

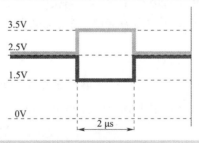

图 1-24　驱动 CAN 总线信号标准波形

在显性状态时,CAN-H 线上的电压约为 3.5V;
在隐性状态时,两条线上的电压均约为 2.5V(静电平);
在显性状态时,CAN-L 线上的电压降至约 1.5V。

【技能知识点】

1.发动机电子控制单元的电源和搭铁检修

发动机 ECU 检修前的注意事项：

(1)使用和检修中注意 ECU 要防机械撞击、防振、防水、防热、防过电压、防磁。

(2)ECU 故障率低,价格较贵,不要轻易怀疑其有故障并更换。

(3)非专业人员请勿解体 ECU。

(4)在一般维修中使用替换法检查 ECU,不必解体。

(5)怀疑 ECU 有故障,应先检查外部电路,主要是电源电路和搭铁电路,如果 ECU 电源电压小于 10V,ECU 无法工作。

(6)连接或断开 ECU 连接器之前,将点火开关转到 OFF 位置,并断开蓄电池的搭铁电缆,否则可能会损坏 ECU。

(7)断开蓄电池负极或拔下电源线路中的熔断丝,导致 ECU 常火线断电,可能会使 ECU 丢失故障码、冻结帧数据、设定参数、自适应参数、时钟信息,或锁死音响系统,执行操作前应先读取有关参数。

(8)连接 ECU 连接器时,将拔杆推到底,以便可靠地锁紧。连接不良会产生过电压导致集成电路芯片的损坏。

(9)连接或断开 ECU 连接器时,注意不要损坏插针端口。连接插针接头时,确保 ECU 插针端口没有弯曲或折断。

(10)使用电压表测量 ECU 电路时,绝对不要使两测试笔搭接。测试笔的意外搭接将会导致短路,损坏 ECU 内部电路。

发动机 ECU 的电源电路和搭铁电路检修方法：

不同车型发动机 ECU 的电源电路不完全相同,下面以图 1-11 所示的 ECU 控制电路为例,介绍控制单元 ECU 的电源电路和搭铁电路检修方法。

(1)发动机 ECU 常电源电路的检测。

发动机 ECU 常电源电路出现故障,会导致发动机 ECU 失去记忆功能,在关闭点火开关后无法保存故障代码等信息。其检测方法是：在发动机 ECU 线束插头上测量常电源端子,无论点火开关是处于关闭或打开的状态,该端子上都应有 12V 的蓄电池电压。如测得的电压为 0V,说明发动机 ECU 的常电源电路有故障,通常为断路,可根据电路图,进一步检测相关的熔断丝或电路。

(2)发动机 ECU 工作电源电路的检测。

发动机 ECU 的工作电源出现故障,会导致发动机无法起动,且发动机故障警告灯在打开点火开关后不亮。如果此时将汽车电脑检测仪与发动机电控系统连接,还会出现无法连接的状况。

当发动机电控系统出现上述故障时,可在发动机 ECU 线束插头的工作电源端子(+B 端子)上测量电压,在打开点火后,应有 12V 的蓄电池电压,如测得的电压为 0V,则可确定是发动机 ECU 的工作电源有故障。

发动机 ECU 电源电路故障的检测通常以发动机 ECU 的电源继电器(EFI 继电器)为切

入点,可根据维修资料或电路图,找到发动机 ECU 的电源继电器,将其拔下,在继电器的插座上进行检测。

一般先检测继电器开关的供电端子(端子5),应有 12V 的蓄电池电压,如有异常,则为供电电路故障,应进一步检测相关的熔断丝或电路。

如继电器开关的供电端子检测正常,可进一步检测继电器的控制电路。在继电器插座上测量与发动机 ECU 的 M-REL 端子连接的继电器线圈供电端子(端子2),在打开点火开关后,该端子应有 12V 左右的电压,如正常,则进一步在插座上检测继电器线圈的搭铁端子(端子1),在关闭点火开关后,该端子与蓄电池负极之间的电阻应接近 0Ω。如以上检测都正常,则说明是继电器有故障,或继电器开关端子(端子3)至发动机 ECU 的电路有断路。

如果继电器线圈的供电端子(端子2)上没有 12V 电压,应继续在发动机 ECU 线束插头上测量 M-REL 端子上有无 12V 左右的电压,如电压正常,则说明继电器与发动机 ECU 上的 M-REL 端子之间的电路有断路。

如果继电器线圈的搭铁端子(端子1)关闭点火开关后与蓄电池负极之间的电阻为无穷大,则说明该电路有断路。

如发动机 ECU 上的 M-REL 端子电压为 0V,则应检测发动机 ECU 的 IG SW 端子。如该端子处有 12V 电压,说明发动机 ECU 有故障;如该端子处测得的电压为 0V,说明从点火开关至发动机 ECU 的 IG SW 端子之间的线路有断路。

(3)发动机 ECU 搭铁电路检修。

发动机 ECU 搭铁电源出现故障,会导致与工作电源故障相同的现象。其检测方法是:断开点火开关(OFF),用万用表测量 ECU 的 E1 端子与搭铁之间的电阻,应约为 0Ω。否则说明该线路故障,应进行修复。

2. CAN 总线的终端电阻和波形检测

对于车辆 CAN 总线的故障,应根据 CAN 总线的具体结构和控制回路具体分析。一般来说,引起汽车 CAN 总线故障的原因主要有汽车电源系统(电压超出正常范围)引起的故障、ECU 本身的硬件或软件出现问题引起的故障(无法维修)、汽车 CAN 总线的通信线路出现故障。判断是否有线路故障时,可以用数字式万用表测量终端电阻的阻值是否正常。如果条件允许,最好采用示波器来分析通信数据波形信号是否与标准通信数据波形信号相符。

1)CAN 总线终端电阻检测方法

(1)检测步骤。

①关闭点火开关,断掉蓄电池电源 5min,直到所有的用电设备充分放电。

②将数字式万用表转到 200Ω 电阻挡,测量车辆标准诊断接口的 CAN-L 线针脚与 CAN-H 线针脚之间的电阻值。

③将一个带有终端电阻的控制单元拔下,检测总的阻值是否发生变化。

④把该控制单元插好,再将第二个带有终端电阻的控制单元拔下,检测总的阻值是否发生变化。

(2)测量结果分析。

带有终端电阻的两个控制单元是相连的,因此两个终端电阻是并联的,当测量的结果是每一个终端电阻的阻值大约为 120Ω,而总的阻值为 60Ω 时,可以判定终端电阻的连接是正常的。下面详细说明通过阻值测量结果来判定 CAN 总线通信线路的几种故障情况。

①测量电阻值为无穷大,说明 CAN 总线到标准诊断接口的线路上有断路情况。

②测量电阻值接近 120Ω,说明 CAN 线上有断路情况。

③测量电阻值为 0Ω 导通,说明 CAN 线的 CAN-H 与 CAN-L 线之间有短路的情况。

④测量电阻值为 60Ω,则应继续测 CAN-H 对地的电阻值和 CAN-L 对地的电阻值。哪个电阻值是 0Ω 说明此线与地短路。

2) CAN 波形检测方法

(1) 检测步骤。

如图 1-25 所示,采用双通道示波器通道 DSO1 的红色测量端子(正极)接 CAN-H 线(车辆标准诊断接口的 6 号针脚),通道 DSO2 的红色测量端子接 CAN-L 线(车辆标准诊断接口的 14 号针脚),且二者的黑色测量端子同时搭铁(诊断口 4 号针脚)。这样可以同时测量 CAN-H 和 CAN-L 的波形,在同一界面下同时显示 CAN-H 和 CAN-L 的同步波形,能很直观地分析系统出现哪些问题。

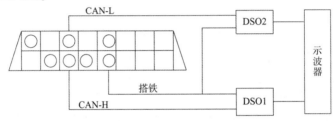

图 1-25 示波器连接示意图

(2) 正常情况下的标准波形。

在 CAN 总线上,数据信息的传递是通过两个二进制逻辑状态 0(显性)和 1(隐性)来实现的,每个逻辑状态都对应于相应的电压值。控制单元利用 CAN-H 和 CAN-L 两条线上的电压差来确认数据。驱动 CAN 总线的标准波形如图 1-24 所示。

(3) CAN 总线的维修。

CAN 总线数据双绞线的绞合方式不能改变,即不能用平行的两条线来代替双绞线;并且双绞线的节距长度(20mm)也不能改变。修理时不能有大于 50mm 的双绞线线段不绞合。修理点之间的距离至少要相隔 100mm,以避免干扰。CAN 总线通信双绞线的长度尽量不要超过 5m,否则导线所传输的脉冲信号会失真。

3. 发动机电子控制单元端子电压和电阻的检测

在确定相关传感器、执行器、线束、插接器及其他系统零部件功能正常的情况下,出现以下情况就是电控单元有故障:系统无法与外界通信,防盗锁死,无法接收传感器信号等。主要原因是发电机调节器故障输出电压过高,造成电控单元损坏或电控单元内部驱动器损坏,使驱动执行机构不工作等。

发动机电子控制单元端子电压的检测步骤:

(1) 用万用表检测蓄电池的电压,应大于或等于 11V,否则充电后再测量。

(2) 从汽车上拆下电控单元,但保持线束插接器与电控单元处于连接状态(即不拔下线束)。

(3)将点火开关置于 ON 位置。

(4)将万用表置于电压挡。

(5)依次将万用表测试笔从线束插头的导线一侧插入,测量电控单元各端子与搭铁端子之间的电压。

(6)记录各端子与搭铁端子间的电压值,并与标准检测数据相比较,若测得的电压与标准值不符,则说明电控单元或控制线路有故障。

电控单元端子间电阻的检测步骤:

(1)从汽车上拆下电控单元。

(2)拔下导线插接器。

(3)参照电控单元各端子的分布图,如图 1-26 所示,用万用表电阻挡测量导线插接器各端子间的电阻值(注意:不要触碰电控单元的接线端子,应将测试笔从导线侧插入导线插接器中)。

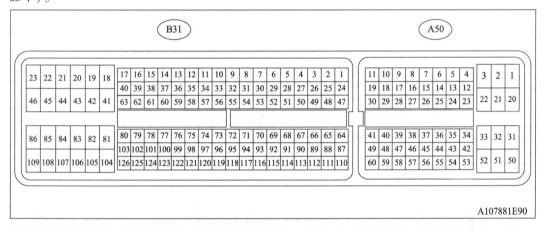

图 1-26 ECU 端子分布图

(4)记录所测电阻值,并与标准检测数据相比较,从而确定电控单元控制线路是否正常。

电子元件与控制模块之间是否导通的检测方法:

点火开关置于 OFF 位置,拔下传感器或执行器等电子元件线束插头,采用万用表电阻挡,测量电子元件接线端中与控制模块端子之间的电阻,其阻值应为 0~2Ω。如不符合标准,应维修线束。

4. 发动机电子控制单元的更换和匹配

若通过上述检查确认电控单元有故障,也不可轻易废弃它,应通过总成互换的方法再次确定是否真的是电控单元损坏,互换时须注意将怀疑有故障的电控单元安装在没有故障的车上。

发动机电控单元内部电路的初步检修方法:

发动机电控单元损坏,多数情况下是能够维修的。因为电控单元损坏多数是因检测或使用不当引起的二极管、晶体管、电容、电阻的损坏,而这些元器件是通用标准件,市场上可购得,只要熟悉电子电路维修技术就可以更换。但电控单元中的专用集成电路或可编程只读存储器(PROM)等损坏是无法维修的。

在动手检修发动机电控单元之前,要先对电控单元的控制电路(即外电路)进行检查,排除电路中的故障。因为在外电路中存在故障的情况下,易对电控单元进行误修,即使修好了或是买回了一块新电路板,装上去又会因外电路的故障而再次损坏。外围电路故障排除后,如果确定是电控单元损坏,可对电路板进行检修或更换。

发动机电控单元的更换步骤:

(1)按照维修手册的要求或根据在用 ECU 的零件号选择 ECU。

(2)点火开关断开,断开蓄电池负极线。

(3)拆卸发动机 ECU。

(4)安装发动机 ECU。

(5)接通电源。

(6)使用故障诊断仪检修有关的匹配,有些发动机 ECU 还需要进行设定或编程;在更换后的一段时间内,发动机 ECU 会自动学习调整。

【线上学习资源】

1. 线上微课

ECU 电源电路检测

2. 线上作业

3. 线上测试

模块 2

汽油发动机电控系统传感器检修

【模块导论】

1. 目标要求

发动机电控系统常见故障之一是传感器故障。因此,能够对传感器的性能和电路进行检测,判断其是否正常工作,是汽车维修工作人员的基本技能。本模块通过介绍汽车发动机电控系统主要传感器的构造和原理,分析各传感器的检测方法,使学生能够掌握对汽油发动机电控系统主要传感器进行检测的能力。

本模块的学习重点是:汽油发动机电控系统主要传感器的构造与原理,以及各传感器电路的检测方法。

本模块的学习难点是:各传感器及电路的检测技能。

2. 任务分解

本模块分 5 个任务和 4 个实训项目。

任务 1　空气流量传感器和进气管压力传感器检修

任务 2　曲轴位置传感器和凸轮轴位置传感器检修

任务 3　节气门位置传感器和加速踏板位置传感器检修

任务 4　温度传感器和爆震传感器检修

任务 5　氧传感器和空燃比传感器检修

子实训项目 1　空气流量传感器和进气管压力传感器检修

子实训项目 2　曲轴位置传感器/凸轮轴位置传感器检修

子实训项目 3　节气门位置传感器和加速踏板位置传感器检修

子实训项目 4　温度传感器与氧传感器检修

任务1　空气流量传感器和进气管压力传感器检修

【任务目标】

通过本任务的学习,学生能够理解并描述空气流量传感器和进气管压力传感器的安装位置、类型、作用、结构、原理,并具备对空气流量传感器和进气管压力传感器进行检测的职业能力。

【理论知识点】

1. 空气流量传感器

空气流量传感器(也称空气流量计)安装在发动机进气管前端的空气滤清器后面,如图2-1所示,其作用是测定吸入发动机的空气量,为发动机 ECU 计算和控制喷油量提供重要依据,它是电控汽油发动机控制系统中最重要的传感器之一。对于汽油发动机,输出功率通过增减混合气的数量来控制。混合气中的空气量取决于节气门开度的大小,而喷油量则由 ECU 按进入的空气量来控制。电控汽油发动机为了在各种运转工况下都能获得最佳浓度的混合气,必须正确地测定每一瞬间吸入发动机的空气量,使发动机 ECU 能适时计算并控制喷油量。发动机怠速节气门全闭时的进气量与汽车加速节气门全开时的进气量之间的差别可达40倍以上,进气气流的最大流速可达80m/s 以上,空气流量传感器应能精确地测量这些变化范围内的进气量。而且在工作时,空气流量传感器应不阻碍空气的流动,尽可能减少进气阻力。

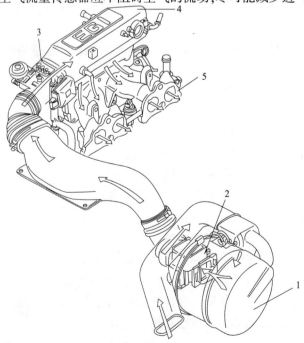

图2-1　空气流量传感器的安装位置
1-空气滤清器;2-空气流量传感器;3-节气门;4-动力腔;5-进气歧管

目前,应用在电控汽油发动机上的空气流量传感器有多种形式,常见的有热线式、叶片式、涡流式等。

涡流式空气流量传感器

1)热线式空气流量传感器的结构与工作原理

热线式空气流量传感器是目前轿车发动机上应用最多的空气流量传感器,按照其热线的类型又分为3种:热丝式、热膜式、热阻式。

(1)热丝式空气流量传感器。热丝式空气流量传感器是应用在早期一些发动机上的空气流量传感器。这种空气流量传感器在进气道中套有一个小喉管,在小喉管中架有两个极细的铂丝(直径为0.01~0.05mm)。其中一个铂丝被电流加热至120℃左右,故称为热线;另一个是温度补偿电阻,也称为冷线,如图2-2所示。由于热丝很细且暴露在空气中,在空气高速流动时,空气中的沙粒很容易击断热丝,因此热丝式空气流量传感器目前已很少使用。

(2)热膜式空气流量传感器。热膜式空气流量传感器的测量原理和热丝式空气流量传感器基本相同。它是将加热丝印刷在一块线路板上,并将线路板固定在空气通道中间,以代替热丝式空气流量传感器中的铂丝,如图2-3所示,由于热丝被固定且受到保护膜的保护,寿命和可靠性都大大提高。

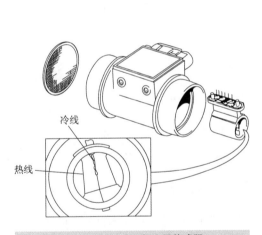

图2-2 热丝式空气流量传感器

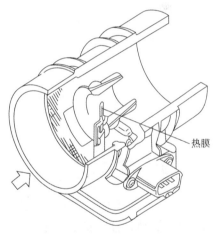

图2-3 热膜式空气流量传感器

(3)热阻式空气流量传感器。热阻式空气流量传感器和热膜式空气流量传感器相似,它将加热丝绕成线圈固定在石英玻璃管内或暴露在空气通道内,如图2-4所示。由于热阻式空气流量传感器热丝被固定,故热线寿命延长,但由于热阻面积很小,只能部分采用空气流量,要求空气通道内空气流速均匀,所以常在进气侧安装梳流格栅。热阻式空气流量传感器可靠、耐用,是目前轿车发动机上使用最多的空气流量传感器。

在热线式空气流量传感器电路中,热线是惠斯登桥形电路的1个桥臂,如图2-5a)所示。由比较放大器控制的电源转换器供给电桥4个臂的电流,使电桥保持平衡,即A、B两点的电位相等。当空气通过流量传感器时,进入小喉管的气流流过热线周围,使其冷却,温度下降,电阻随之减小。热线电阻的减小使A点电位高于B点电位,电桥失去平衡。为了使电桥恢复平衡,此时比较放大器会使电源转换器增加供给电桥的电流,流过热线的电流也因此增大,使其温度升高、电阻增大,直至电桥达到新的平衡。所增加的电流大小取决于热线被冷却的程度,也就是取决于通过流量传感器的空气流速。由于电流的增加,电阻 C 的电压降也增加,这就将电流的变化转换为电压的变化,以此作为该传感器的输出信号。这一信号输入 ECU,用来指示通过流量传感器的空气量,如图 2-5b)所示。

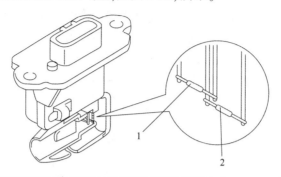

图 2-4 热阻式空气流量传感器
1-热线电阻;2-冷线电阻

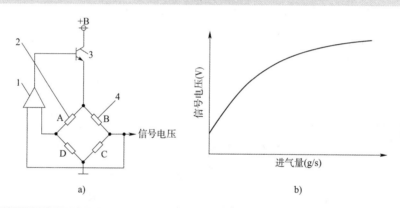

图 2-5 热线式空气流量传感器工作原理
1-比较放大器;2-冷线电阻;3-电源转换器;4-铂热线

温度补偿电阻的作用是防止因进气温度变化而影响进气量的测量精度。由于进气温度变化时,热线的温度也会发生变化,因此,在靠近热线的地方另外装有一根温度补偿电阻(也称为冷线),也是电桥的一个部分,由于其电阻会随着进气温度的不同而发生变化,起到一个参照标准的作用,使进气温度的变化不至于影响进气量的测量精度。在工作中,比较放大器使热线温度始终高于冷线温度100℃。

这种空气流量传感器能在几毫秒时间内反映出空气流量的变化。这样短的响应时间,可使空气流量传感器不受进气管内不规则流动所成进气脉动的影响(这种影响在发动机全负荷低速运转时最为严重)。

热线式空气流量传感器的优点是测量精度高、响应速度快、进气阻力小、不会磨损。其缺点是使用一段时间后,热线表面受空气中尘埃的玷污,热辐射能力降低,影响测量精度。为克服这一缺陷,可采取的一种方法是在 ECU 中设计自洁电路,即在发动机熄火后,ECU 自动将热线加热至1000℃(约1s),从而烧掉黏附在热线上的尘埃;另一种方法是提高热线的保持温度(一般使保持温度升高至200℃以上),以防止污物黏附。

2)热线式空气流量传感器的控制电路

早期的热丝式空气流量传感器的电路较为复杂,目前使用的热膜式和热阻式空气流量传感器的电路则较为简单。图2-6为热膜式空气流量传感器的控制电路简图。热线式空气流量传感器至少有3个接线端子,分别是电源、进气量信号和空气流量传感器搭铁。

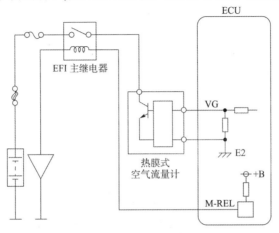

图2-6 热膜式空气流量传感器的控制电路

电源、进气量信号和搭铁是空气流量传感器最基本的3个接线。由于热膜式空气流量传感器中还包含放大器等控制电路,因此需要为其提供一个12V的工作电源,该电源通常来自EFI主继电器。进气量信号由空气流量传感器产生,是一个大于0V、小于5V的电压,并随着进气量的增大而增大,如图2-7所示。该信号送入ECM,作为ECM判定进气量的依据。空气流量传感器的搭铁线通常先接入ECM,再由ECM的搭铁端子搭铁,以保证搭铁电路的可靠性。

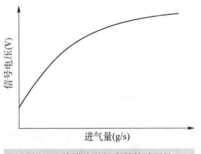

图2-7 热膜式空气流量传感器的
进气量信号电压

有些热线式空气流量传感器中有进气温度传感器,热膜式空气流量传感器中还设置有一个进气温度传感器,用来检测进气的温度,其作用与单独安装在进气管上的进气温度传感器相同(详见"温度传感器部分")。因此热膜式空气流量传感器接线端子有5个,除了上述3个接线端子外,还有进气温度传感器的信号线和进气温度传感器的搭铁线。

2. 进气管压力传感器

1)进气管压力传感器的结构与工作原理

在电子控制燃油喷射发动机技术发展的早期,进气管压力传感器是用于检测进气量的传感器。在空气流量传感器广泛应用在发动机上后,一些低档车型的发动机也采用进气管压力传感器代替空气流量传感器检测进气量,以降低成本。在发动机运转时,随着节气门开度加大,进气量增加,进气管真空度随之减小,因此进气管真空度的大小从一定程度上反映了进气量或发动机负荷的大小。根据这一原理,可以用进气管压力传感器测量节气门之后的进气管真空度,再根据发动机转速和节气门开度,由ECM通过计算确定发动机的进气量。由于空气流量传感器是直接测量进气量的,因此这种用进气管压力传感器测量进气量的方式称为间接测量式。

进气管压力传感器有多种,目前应用在发动机上的主要是应变仪式进气管压力传感器,如图2-8所示。

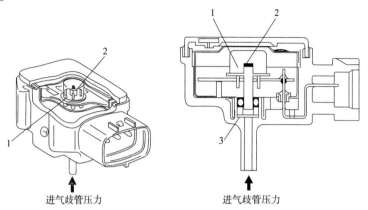

图2-8 进气管压力传感器
1-真空室;2-硅晶片;3-滤芯

进气管压力传感器通常安装在发动机周围的车架上,通过一条真空软管与节气门之后的进气管或进气歧管连接。

应变仪式进气管压力传感器是根据物体在承受应力变形时,因长度发生变化而使其电阻改变的原理设计的。这种压力传感器的主要元件是一个很薄的硅晶片,硅晶片上有一层二氧化硅膜,在膜层中分布着4个传感电阻,如图2-9a)所示。硅片装在一个密封真空室内,硅片下方通过一根橡胶管和进气管相通,使进气管压力作用在硅晶片下方。

硅晶片上的4个电阻连接成电桥的形式,如图2-9b)所示,由稳压电源供电。电桥在硅晶片无变形时调到平衡状态。当进气管压力增加时,硅晶片弯曲,引起电阻值的变化:R_1 和 R_4 的电阻增加,R_2 和 R_3 的电阻等量减小。这样,电桥失去平衡,形成电位差,经差动放大器 A 放大后,输出正比于压力的电压信号。

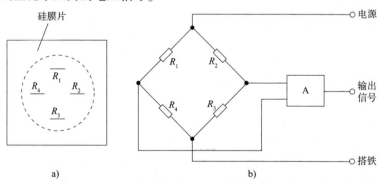

图2-9 进气管压力传感器工作原理

这种形式的进气管压力传感器能在较大范围内不受温度变化影响,因为各个电阻受热后电阻值的增加是相同的。此外,硅晶体具有良好的弹性特性,还使这种进气管压力传感器具有可靠、耐用、寿命长等优点,因此被广泛应用。现在还有些电子控制燃油喷射发动机同时安装了空气流量传感器和进气管压力传感器,将进气管压力传感器的信号作为测量进气量的补充,或将其作为对废气再循环系统工作状况进行监测的传感器。

2)进气管压力传感器的控制电路

图2-10a)所示为进气管压力传感器的控制电路。进气管压力传感器有3个接线端子,分别是电源、进气歧管压力信号和搭铁。

进气管压力传感器的电源线接至ECM,由ECM为其提供5V基准电压作为工作电源。进气歧管压力信号是一个大于0V、小于5V的电压,并随着进气歧管绝对压力值的增大而增大,如图2-10b)所示。该信号送入ECM,作为ECM计算并判定进气量的依据。搭铁线通常先接入ECM,再由ECM的搭铁端子搭铁,以保证搭铁电路的可靠性。

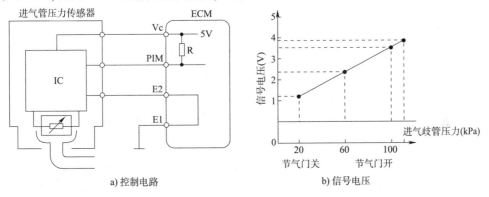

图2-10 进气管压力传感器控制电路及信号电压

【技能知识点】

1. 空气流量传感器的检测

空气流量传感器的常见故障是线路短路、断路或进气量信号异常,它的故障会使ECM不能正确地测定吸入发动机的空气量,从而不能正常地进行喷油量的控制,造成混合气过浓或过稀,使发动机运转不正常。

空气流量传感器是一种高精度的部件,在检修、拆卸过程中,应小心谨慎,切忌碰撞,不要让污物进入流量计内,也不要随意将工具或手指伸入流量计内,以免造成损坏。空气流量传感器有多种类型,其结构原理有很大的不同,各种车型的空气流量传感器的接线端子分布情况及检测标准都不完全相同。下面以丰田汽车发动机所用的热线式空气流量传感器为例,介绍其检测方法。其他车型的空气流量传感器可参考此种方法进行检测。

1)空气流量传感器的外观检查

空气流量传感器的进气道内如有杂物堵塞或有油污,将会影响进气量的检测,造成发动机动力性下降,但不会产生故障码。因此,在进行外观检查时,应检查空气流量传感器线束插头是否连接良好、牢固可靠;检查空气流量传感器进气道内有无杂物堵塞,有无油污或积炭,如有应进行清洁。

2)空气流量传感器的控制电路检测

空气流量传感器控制电路检测方法如下:

(1)关闭点火开关,拔下空气流量传感器的线束插头。

(2)打开点火开关,用数字式万用表分别测量空气流量传感器线束插头各端子。

①测量空气流量传感器电源端子(图2-11中+B),应为12V蓄电池电压。如电压与蓄电池电压不符,说明有故障,应进一步检测电源线路。

②测量空气流量传感器搭铁端子(图2-11中E2G)和进气温度传感器搭铁端子(图2-11中E2),其与蓄电池负极间的电阻应为0Ω。如有异常,应检修搭铁线路。

③测量进气温度传感器信号端子(图2-11中THA)的电压,应为5V。如有异常,应检测该端子与ECM之间的连接线路是否正常、ECM有无故障。

④对照电路图,测量VG端子(进气量信号)与ECM相应端子间的连接线路,应无异常。

3)空气流量传感器的工作性能检测

由于空气流量传感器都要在有电源的条件下才能工作,因此可以在发动机运转的过程中检测,也可以拆下后根据接线端子的分布,接好工作电源和搭铁后进行检测。

(1)关闭点火开关,拔下空气流量传感器的线束插头,拆下空气流量传感器。

(2)将蓄电池正负极分别接至空气流量传感器插座内的+B和E2G两个端子上(注意电源极性应正确),然后用万用表测量插座内VG和E2G两端之间的电压。正常时电压应为1.0V左右。

(3)将空气吹入空气流量传感器进口,同时测量VG和E2G两端之间的电压,如图2-12所示。在吹入空气时该电压应上升至2~4V。若测量结果不符合标准,说明空气流量传感器有故障,应更换。

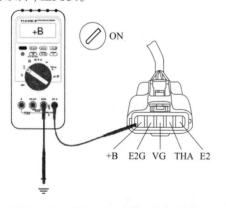

图2-11 热线式空气流量传感器的检测

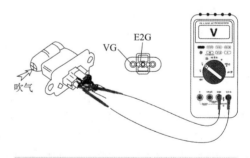

图2-12 空气流量传感器进气量信号检测

2. 进气管压力传感器的检测

进气管压力传感器常见故障如下:

(1)传感器内部线路断路或短路。

(2)传感器输出信号不能随进气管真空度的变化而变化。

(3)传感器输出信号的电压过大或过小,偏离正常值。

此外,进气管压力传感器和ECU的连接线路断路或短路、传感器和进气管之间的真空软管堵塞或漏气、进气管真空孔堵塞等也会使传感器的输出信号不正常。

进气管压力传感器出现上述故障后,会使发动机ECU的燃油喷射功能失常,出现混合气太浓或太稀、发动机怠速运转不正常或加速不良、发动机运转中进气管回火或排气管冒黑烟等现象。由于进气管压力传感器在结构上可靠性很好,一般不会损坏,因此在出现上述故障现象而对其进行检测时,要特别注意检查它的真空软管连接是否良好、控制电路是否正常。

1)进气管压力传感器的外观检查

检查进气管压力传感器线束插头是否连接良好,牢固可靠。检查进气管压力传感器的真空软管有无松动或脱落。从进气管压力传感器上拔下真空软管,检查其与进气歧管是否相通,管内有无杂物堵塞,如有堵塞应清洁并疏通。

2)进气管压力传感器控制电路的检测

(1)关闭点火开关,拔下进气管压力传感器的线束插头。

(2)打开点火开关,用数字式万用表分别测量进气管压力传感器线束插头各端子。

①测量进气管压力传感器电源端子,如图2-13a)所示,应为5V基准电压。如电压为0V,说明电源电路有故障,通常为断路,应进一步检测。

②测量进气管压力传感器搭铁端子,其与蓄电池负极间的电阻应为0Ω。如有异常,应检修搭铁线路。

3)进气管压力传感器工作性能的检测

进气管压力传感器可以在工作状态下或模拟工作状态下通过测量其输出信号电压来检测其工作性能,其检测方法如下:

(1)打开点火开关,但不要起动发动机。

(2)拔下连接进气管压力传感器与进气歧管的真空软管,如图2-13b)所示。

(3)用万用表在进气管压力传感器线束中的信号输出线上测量输出信号电压,并记下在大气压力状态下的输出信号电压。

(4)使用手动真空泵,通过真空软管向进气管压力传感器内施加真空,从13.3kPa(100mmHg)开始,一直增加到66.7kPa(500mmHg)为止。测量在不同的真空度下进气管压力传感器的输出信号电压。该电压应能随真空度的增大而不断下降。将不同真空度下的输出信号电压与所修车型维修手册中的标准值相比较,见表2-1。如不相符,说明进气管压力传感器有故障。

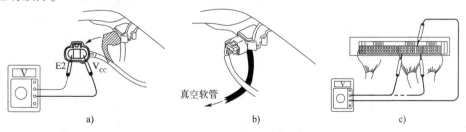

图2-13 丰田车系进气管压力传感器的检测

丰田车系发动机进气管压力传感器的检测标准值　　　表2-1

真空度(kPa)	13.3	26.7	40.0	53.5	66.7
信号电压(V)	3.15~3.35	2.75~2.95	2.35~2.55	1.95~2.15	1.55~1.75

【线上学习资源】

1. 线上微课

空气流量传感器检测

进气歧管压力传感器检测

2. 线上作业

3. 线上测试

任务2　曲轴位置传感器和凸轮轴位置传感器检修

【任务目标】

通过本任务的学习,学生能够理解并描述曲轴位置传感器和凸轮轴位置传感器的安装位置、类型、作用、结构、原理,并具备对曲轴位置传感器和凸轮轴位置传感器进行检测的职业能力。

【理论知识点】

曲轴位置传感器通常安装在皮带轮附近、飞轮附近或凸轮轴附近,早期有分电器的发动机也将其安装在分电器内。它是控制系统中最重要的传感器之一,其作用是检测曲轴或凸轮轴的位置,为ECM进行点火正时控制、喷油正时控制、气门正时控制等提供依据。此外,ECM还利用曲轴位置传感器的信号计算发动机的转速,作为控制发动机运转的重要参数。

当曲轴位置传感器安装在曲轴皮带轮附近或飞轮附近时,ECM可以根据其信号确定曲轴转动的位置,或判定各汽缸活塞到达上止点的位置,因此常被称为曲轴位置传感器,并将其信号称为NE信号;而当其安装在凸轮轴附近或分电器内时,ECM除了可以根据其信号确定凸轮轴转动的位置、曲轴转动的位置外,还可以判定第一缸活塞到达压缩上止点的位置,因此有时也称其为凸轮轴位置传感器,将其产生的用于判定第一缸活塞到达压缩上止点位置的信号称为G信号。本书除特殊原因外,将这类传感器统一称为曲轴位置传感器。

目前应用在发动机上的曲轴位置传感器主要有电磁式、霍尔式、光电式和磁阻式等类型。

1. 电磁式曲轴位置传感器

1)电磁式曲轴位置传感器的结构与工作原理

电磁式曲轴位置传感器由永久磁铁和感应线圈组成,它固定

光电式曲轴位置传感器

磁阻式曲轴位置传感器

在一个导磁性能良好、由曲轴或凸轮轴带动而转动的铁质转子附近,如图 2-14 所示。信号转子上有许多凸齿,齿数通常与发动机的汽缸数相同或成整数倍。电磁式曲轴位置传感器工作原理如图 2-15 所示。当信号转子转动到其凸齿对准传感器磁极的位置时,磁极和信号转子之间的气隙最小,磁通量最大;当信号转子的凸齿离开定子磁极时,气隙增大,磁通量减少。绕在定子上的感应线圈因磁通量的变化而产生变化的感应电压:当凸齿接近定子磁极时,磁通量增加,感应电压为正脉冲;当凸齿离开定子磁极时,磁通量减少,感应电压为负脉冲;在转子的凸齿正对定子磁极的瞬间,磁通量变化率为 0,即对应于感应电压曲线由正脉冲变为负脉冲的零点,ECM 常将该点作为判定曲轴或凸轮轴位置的基准点。ECM 还可以从感应电压脉冲的频率计算出发动机转速。

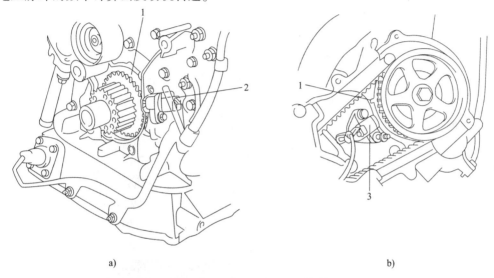

图 2-14 电磁式曲轴位置传感器
1-转子;2-曲轴位置传感器;3-凸轮轴位置传感器

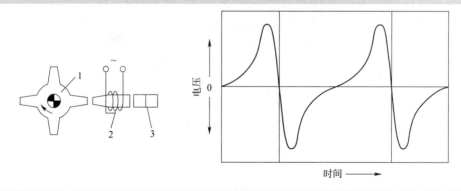

图 2-15 电磁式曲轴位置传感器工作原理
1-转子;2-感应线圈;3-永久磁铁

电磁式传感器具有结构简单、坚固耐用、能适应较高温度环境、能利用齿轮轮齿产生脉冲等优点,因而被广泛采用。其缺点是输出电压的峰值随转速的大小而变化,在发动机起动时的低速状态下,感应电压很低,影响了控制精度。

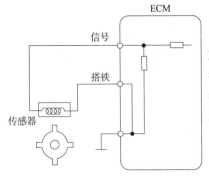

图2-16 电磁式曲轴位置传感器控制电路

2)电磁式曲轴位置传感器的控制电路

电磁式曲轴位置传感器是靠电磁线圈产生信号的,无需电源即可工作,因此其控制电路十分简单。该传感器内只有一个电磁线圈,则电磁线圈的两端就是该传感器的两个接线端子,其中一个为搭铁端,另一个为信号端。通常两个端子都与ECM连接,如图2-16所示。

2. 霍尔式曲轴位置传感器

1)霍尔式曲轴位置传感器的结构与工作原理

霍尔式曲轴位置传感器是利用霍尔效应的原理制成的。所谓霍尔效应,是指如果对一个通电的霍尔半导体片(称为霍尔元件)施加一磁场,并让磁场的方向与电流垂直,则在霍尔半导体片上垂直于电流和磁场方向的两个端面间会出现电势差,从而产生一个微小的电压(称为霍尔电压,如图2-17所示)。霍尔电压的大小与磁场强度及电流密度成正比。在电流保持恒定不变时,改变磁场强度即可改变霍尔电压的大小;当磁场消失时,霍尔电压为0V。

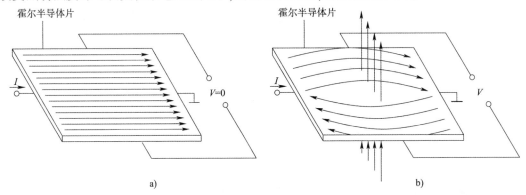

图2-17 霍尔效应示意图

霍尔式曲轴位置传感器由霍尔元件、永久磁铁及放大电路组成的定子和转子构成,它可以安装在分电器内、曲轴皮带轮附近、飞轮附近或凸轮轴附近等位置。霍尔元件固定在一个陶瓷支座上,它有4个电接头,电源由AB端输入,霍尔电压由CD端输出。该片的对面装有一个永久磁铁,它和霍尔元件之间留有一定的空气间隙(简称气隙)。传感器转子由曲轴或凸轮轴驱动,转子上有和汽缸数目相同的叶片。当叶片转离磁极和霍尔元件之间的气隙时,磁场通过霍尔元件,其CD端产生霍尔电压,如图2-18a)所示;当叶片转入磁极和霍尔元件之间的气隙时,磁力线被隔断,不能通过霍尔元件,使霍尔电压下降为0,如图2-18b)所示。

霍尔式曲轴位置传感器输出的信号是矩形脉冲,有利于ECM中数字电路的处理,而且其信号电压的大小与发动机转速无关,在发动机起动的低速状态下仍可获得很高的检测精度。

2)霍尔式曲轴位置传感器的控制电路

霍尔式曲轴位置传感器通常有3根接线,分别是电源线、信号线和搭铁线,如图2-19所示。

霍尔式曲轴位置传感器的电源可以是来自蓄电池的12V电压,如图2-19a)所示,也可以是由ECM提供的5V电压,如图2-19b)所示。

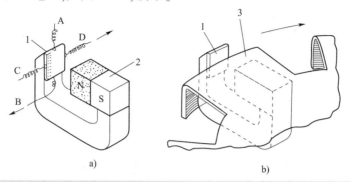

图2-18 霍尔式曲轴位置传感器工作原理图
1-霍尔元件;2-磁体;3-转子叶片

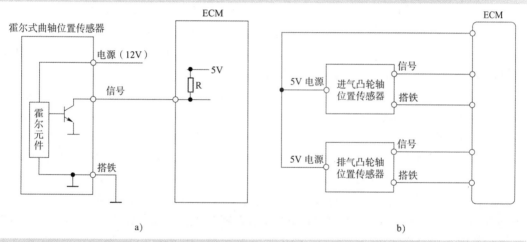

图2-19 霍尔式曲轴位置传感器的控制电路

在传感器内部的放大电路中,霍尔电压用于驱动一个晶体管开关电路,使该电路处于饱和(即导通)或截止状态。ECM中的5V基准电压通过一个较大的电阻后施加在晶体管开关电路上,当霍尔电压为高电位时,晶体管开关电路处于饱和状态,此时传感器的信号输出端与搭铁导通,5V电压经过ECM中的电阻后在该端子处被短路,其电压变为0V;当霍尔电压为低电位时,晶体管开关电路处于截止状态,使传感器的信号输出端相对于搭铁开路,其电压变为5V。由此可知,霍尔式曲轴位置传感器的输出信号电压是通过信号输出端相对于搭铁端导通状态的改变,由ECM施加在该端子上的电压产生的。由于该电路在开路状态时是一个5V电压,因此,在传感器转子转动一圈过程中,传感器输出和转子叶片(或窗口)数目相同个数的、幅值为5V的矩形电压脉冲信号。ECM通常将脉冲信号的下降沿作为判定曲轴或凸轮轴位置的基准点。

【技能点知识】

1. 电磁式曲轴位置传感器的检测

电磁式曲轴位置传感器的常见故障如下:

（1）传感器内部电磁线圈断路或短路。

（2）传感器与 ECM 之间的接线断路或短路。

（3）传感器的安装位置不正确，转子的凸齿与传感器之间的气隙过大，导致信号电压过低。

电磁式曲轴位置传感器主要通过外观检查、电磁线圈电阻的测量、信号的测量等方法来检测。

（1）电磁式曲轴位置传感器的外观检查。检查电磁式曲轴位置传感器的安装是否牢固，线束插头是否连接良好、牢固可靠；其端头与转子凸齿的气隙是否符合标准要求；传感器与转子之间有无污物或铁屑，如有应清干净。

（2）电磁式曲轴位置传感器电磁线圈电阻的测量。电磁式曲轴位置传感器电磁线圈电阻可用万用表测量，其测量方法如下：

①拔下电磁式曲轴位置传感器线束插头。

②用万用表测量电磁式曲轴位置传感器线束插座内各感应线圈两接线端之间的电阻，该电阻即为电磁式曲轴位置传感器感应线圈的电阻。不同车型电控燃油喷射发动机的电磁式曲轴位置传感器感应线圈的电阻不完全相同，通常为几百欧到几千欧。如果测得的电阻不符合标准，或感应线圈有短路、断路，说明有故障，应予以更换。

（3）电磁式曲轴位置传感器输出信号的测量。电磁式曲轴位置传感器输出信号可以用万用表测量，也可以用示波器测量。

用万用表测量电磁式位置传感器输出电脉冲时，应采用指针式万用表，并将万用表选择开关转至 1V 左右的直流电压挡位置。在传感器处于工作状态时（即转子转动时）测量其两接线柱之间有无输出电脉冲，具体方法如下：

①对于安装在曲轴皮带轮附近或凸轮轴附近的电磁式曲轴位置传感器或凸轮轴位置传感器，可用起动机带动曲轴转动，同时用万用表测量传感器有无输出电脉冲。若在转动曲轴时万用表指针有摆动，说明传感器有输出电脉冲，其工作正常；否则，说明传感器有故障。

②对于安装在分电器内的电磁式曲轴位置传感器，除了可用起动机带动曲轴转动来测量外，也可以将分电器拆下，用手转动分电器轴，同时用万用表测量传感器有无输出电脉冲。若在转动分电器轴时万用表指针没有摆动，说明传感器有故障。许多车型的分电器内有两组电磁式曲轴位置传感器，这可以通过观察分电器内感应转子结构或感应组圈的个数予以确认。这两组传感器分别用于检测第一缸活塞到达压缩行程上止点位置的信号和各缸活塞到达压缩行程上止点位置的信号，因此要分别测量这两组传感器的输出信号（不论哪一组传感器没有输出信号都会影响工作）。

用示波器测量电磁式位置传感器输出的电脉冲波形时，应将示波器测头与电磁式位置传感器线束中输出信号的导线连接，并在电控装置处于工作状态下进行测量。例如，测量曲轴位置传感器输出的电脉冲时，应在发动机运转下进行；测量车速传感器输出的电脉冲波形时，应在汽车行驶过程中进行。各种电磁式位置传感器输出电脉冲的波形基本相同，如图 2-20 所示。若有异常，如脉冲波形过于平缓或有间断，说明传感器有故障。

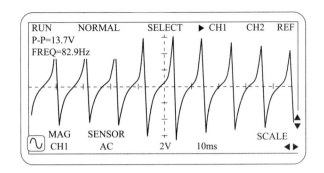

图 2-20　电磁式曲轴位置传感器输出电脉冲波形

2. 霍尔式曲轴位置传感器的检测

霍尔式曲轴位置传感器的常见故障如下：

(1) 传感器内部元件损坏,或内部线路断路、短路,无法产生信号。

(2) 传感器电源电路、搭铁电路或信号电路不正常。

(3) 传感器的安装位置不正确,与转子之间的间隙过大,导致输出信号不正常。

霍尔式曲轴位置传感器主要通过外观检查、控制电路的测量和工作状况的测量等方法来检测,如下所述：

(1) 霍尔式曲轴位置传感器的外观检查。检查传感器的安装是否牢固,线束插头是否连接良好、牢固可靠；其霍尔元件或磁铁与转子的距离是否符合标准要求；两者之间有无污物或铁屑,如有应清干净。

(2) 霍尔式曲轴位置传感器控制电路的测量。霍尔式曲轴位置传感器必须在电源搭铁正常的情况下才能产生信号,因此先检查其电源电路和搭铁电路,其方法如下：

① 关闭点火开关,拔下传感器的线束插头。

② 打开点火开关,用数字式万用表分别测量传感器线束插头各端子的电压。

测量传感器电源端子的电压,应为 12V 蓄电池电压(或 5V 基准电压)。如电压为 0V,说明电源电路有故障,通常为断路,应检修电源电路。

测量传感器信号端子的电压,若为 5V,说明信号线正常。如为 0V,说明信号线有短路或断路故障,应进一步检测。

③ 关闭点火开关,用数字式万用表分别测量传感器线束插头中的信号端子和搭铁端子与蓄电池负极之间的电阻。

传感器搭铁端子与蓄电池负极间的电阻应为 0Ω。如电阻过大,说明搭铁电路有断路,应检修。

传感器信号端子与蓄电池负极间的电阻。如果检测的电阻接近 0Ω,说明信号线有短路,应检修。

(3) 霍尔式曲轴位置传感器工作状况的测量。

传感器的工作状况可以用示波器来测量,在传感器线束插头连接良好状态下,将示波器测头与传感器线束中的信号输出导线连接,并在发动机运转过程中或用起动电动机带动发动机曲轴转动的同时,测量传感器输出电脉冲的波形。霍尔式位置传感器的输出电脉冲波形为方形波,如图 2-21 所示。如果波形异常,说明传感器有故障。

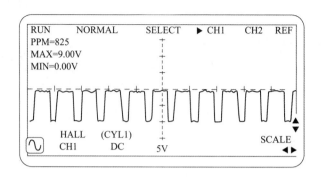

图 2-21　霍尔式曲轴位置传感器的输出信号波形

光电式曲轴位置传感器、磁阻式曲轴位置传感器的控制电路及其信号特征和霍尔式曲轴位置传感器完全相同,可以采用和霍尔式曲轴位置传感器相同的测量方法来检测。

【线上学习资源】

1. 线上微课

曲轴位置传感器检测　　凸轮轴位置传感器检测　　轮速传感器(电磁式)检测　　车速传感器检测

2. 线上作业

3. 线上测试

任务3　节气门位置传感器和加速踏板位置传感器检修

【任务目标】

通过本任务的学习,学生能够理解并描述节气门位置传感器和加速踏板位置传感器的安装位置、类型、作用、结构、原理,并具备对节气门位置传感器和加速踏板位置传感器进行检测的职业能力。

【理论知识点】

1. 节气门位置传感器

节气门由驾驶员通过加速踏板来操纵,以改变发动机的进气量,从而控制发动机的运转。不同的节气门开度以及变化速率标志着发动机的不同运转工况。节气门位置传感器安装在节气门体上,如图2-22所示,用于检测节气门的开度及其变化情况,使ECM得以判定发动机的负荷率,以及是否处于怠速、满负荷、急加速、急减速等特殊工况,为喷油控制、点火控制、怠速控制、排放控制等提供参考,使其能满足发动机不同工况的要求。

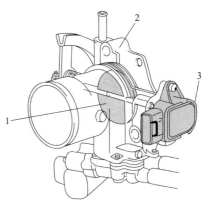

节气门位置传感器有多种结构形式,常见的有可变电阻型、双可变电阻型、霍尔型等。

1)可变电阻型节气门位置传感器

可变电阻型节气门位置传感器用于机械式节气门,其内部是一个旋转式可变电阻电位器,其滑动触点与节

图2-22 节气门位置传感器
1-节气门;2-节气门体;3-节气门位置传感器

气门轴连接(图2-23)。电位器有3个接线端子,分别与电位器电阻的两个固定端和滑动触点连接。如果在两个固定端之间外加一个恒定的电压,电位器的3个接线端子之间就形成了一个分压电路,当滑动触点在节气门的带动下转动时,触点在电阻体上的位置发生变化,改变了触点与电位器任一固定端之间的电阻,该端子上的电压便随之发生变化。

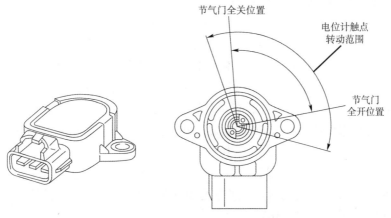

图2-23 可变电阻型节气门位置传感器

在控制电路中[图2-24a)],电位器电阻的两个固定端分别为电源和搭铁端子,来自ECM的5V基准电压施加在这两个端子上,电位器的滑动触点则作为传感器的信号端子,ECM根据该端子上信号的电压值确定节气门的开度,同时通过电压信号的变化获得节气门开度的变化速率。

为保证信号电压和节气门开度之间的线性关系,通常采用可靠性高、工作寿命长、线性度好的线绕电位器,同时使电位器触点的转动范围大于节气门的转动范围,让电位器的实际工作范围处于其线性度最好的中间70%左右范围内,ECM以该工作范围内的最小信号电压值作为判定节气门全关的信号(即怠速信号),将其最大信号电压值作为判定节气门处于全开的信号(即满负荷信号),如图2-24b)所示。

为防止电位器的制造加工误差和传感器的安装调整造成节气门开度信号与节气门实际开度之间出现偏差(特别是节气门全关的怠速位置),影响ECM对发动机的控制,有些发动

机在更换这种节气门位置传感器时,或在ECM断电后,需使用专用的ECU解码器(或检测仪),对节气门的开度进行初始化设置,让ECM获得传感器信号的实际最小值和最大值,并将其存储在存储器内,为其将传感器信号电压值转换为节气门的开度,特别是判定怠速、全负荷工况提供参照的标准。

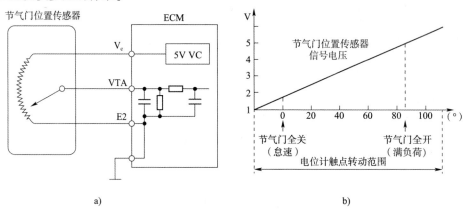

图2-24 可变电阻型节气门位置传感器控制电路

2)双可变电阻型节气门位置传感器

在采用电子节气门的发动机中,节气门位置传感器的作用是监测由ECM控制的电子节气门的开度,其信号的可靠性尤为重要。为此,在这种发动机中通常采用双可变电阻型节气门位置传感器。这种传感器由两个相互独立的电位器组成,常将其中的一个称为主电位器、另一个称为副电位器。两电位器的滑动触点由节气门轴同时驱动。

双可变电阻型节气门位置传感器有4个接线端子,其中2个分别是两电位器共同的电源端子和搭铁端子[图2-25a)中的V_C和E2],另外2个端子连接两电位器各自的滑动触点,作为传感器的两个信号端子[图2-25a)中的VTA和VTA2]。每个电位器的工作原理和控制电路都与前述的可变电阻型节气门位置传感器完全相同,但两个电位器在相同工作范围内的电阻值有所不同,使得两滑动触点上的信号电压值产生差异,两者之间形成一定角度(或平行、相交)的两条直线[图2-25b)]。

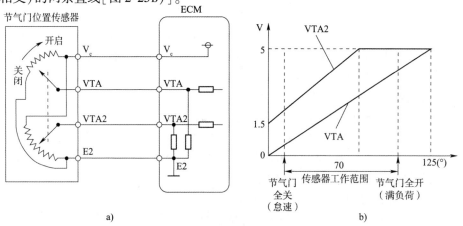

图2-25 双可变电阻型节气门位置传感器的控制电路

这种节气门位置传感器的两个信号不但可让ECM获知节气门开度,还有利于ECM对该传感器进行故障监测。ECM在发动机工作过程中不断比较这两个信号电压的数值,一旦发现两信号电压的差值(或两信号电压之和)与标准不符,即判定该传感器有故障,立即起动失效保护模式。

3)霍尔型节气门位置传感器

为进一步提高节气门位置传感器的可靠性,现今一些发动机采用了霍尔型节气门位置传感器。这种传感器采用由霍尔元件制成的霍尔型非接触式电位器,取消了接触式的滑动触点,大大提高了电位器的工作寿命。

霍尔型节气门位置传感器由固定在壳体上的霍尔元件和随节气门轴转动的永久磁铁组成(图2-26)。永久磁铁固定在节气门轴上,随节气门开度的变化而转动,霍尔元件则固定在永久磁铁的两极中间。来自ECM的5V电源施加在片状霍尔元件的一个方向上,在霍尔元件中产生一个恒定的电流。由于霍尔元件固定在永久磁铁产生的磁场中,在垂直于电流方向的两个端面间即产生霍尔电压,该电压即作为传感器的信号电压[图2-27a)]。

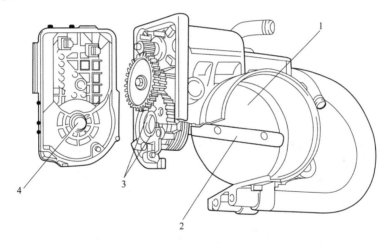

图2-26 霍尔型节气门位置传感器
1—节气门;2—节气门轴;3—磁铁;4—霍尔元件

当节气门全关时,永久磁铁的磁场方向与霍尔元件之间有较大的夹角,其产生的霍尔电压也较小;当节气门开度变大时,永久磁铁的磁场方向与霍尔元件之间的夹角逐渐减小,在节气门全开时,磁场垂直于霍尔元件[图2-27b)]。由于霍尔电压的大小与垂直作用在霍尔元件上的磁场强度成正比,因此在节气门从全关到全开的过程中,传感器即产生与节气门开度成正比的信号电压。

霍尔型节气门位置传感器也可以采用由主、副两个霍尔元件组成的双霍尔型节气门位置传感器。这种传感器的电路图如图2-28所示。该传感器有4个接线端子,分别是电源(图2-28中的V_C)、搭铁(图2-28中的E)、节气门开度信号(图2-28中的VTA1)和故障监测信号(图2-28中的VTA2)。其作用原理与双可变电阻型节气门位置传感器的原理基本相同。

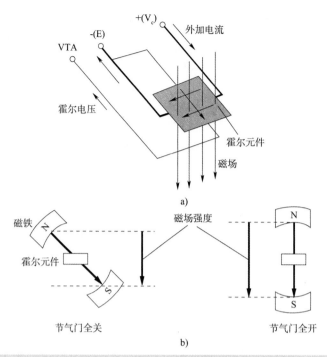

图2-27 霍尔型节气门位置传感器工作原理

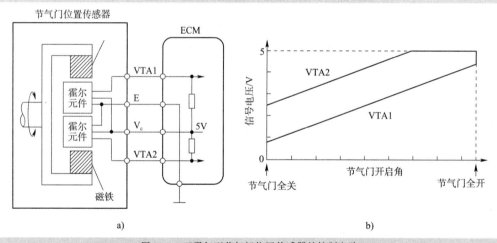

图2-28 双霍尔型节气门位置传感器的控制电路

2. 加速踏板位置传感器

加速踏板位置传感器应用在采用电子节气门的发动机中,安装在汽车加速踏板附近,其作用是监测驾驶员踩踏加速踏板的情况,为ECM控制电子节气门的开度提供依据。加速踏板位置传感器的结构、工作原理、控制电路等都与节气门位置传感器基本相同,可以采用可变电阻型电位器[称为可变电阻型加速踏板位置传感器,如图2-29a)所示],也可以采用霍尔型非接触式电位器[称为霍尔型加速踏板位置传感器,如图2-29b)所示]。为保证其信号的可靠性,通常采用主、副双电位器的方式,且两个电位器的控制电路完全独立,即采用各自独立的电源、搭铁和信号端子,因此加速踏板位置传感器通常有6个接线端子[图2-30、图2-31]。

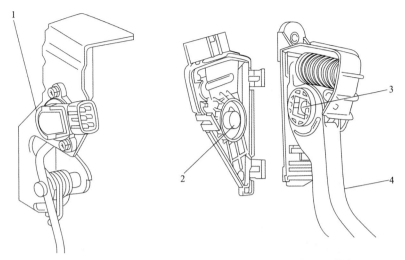

a) 可变电阻型加速踏板位置传感器　　b) 霍尔型加速踏板位置传感器

图 2-29　加速踏板位置传感器
1-加速踏板位置传感器；2-霍尔元件；3-磁铁；4-加速踏板

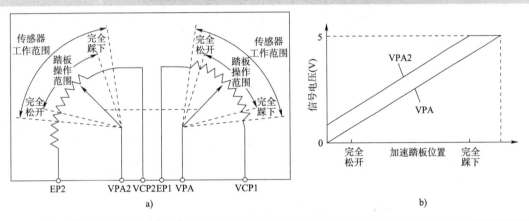

图 2-30　可变电阻型加速踏板位置传感器的控制电路

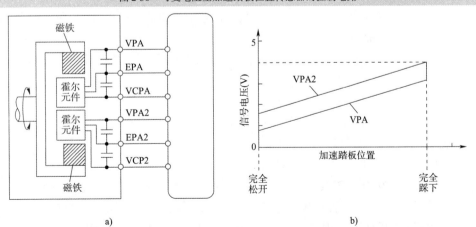

图 2-31　霍尔型加速踏板位置传感器的控制电路

与节气门位置传感器一样,ECM 通过加速踏板位置传感器的两个电位器信号,不但可获知加速踏板的位置,还能对该传感器进行故障监测,一旦发现两信号电压的差值(或两电压之和)与标准不符,即判定该传感器有故障,立即起动失效保护模式,按"未踩踏板"来进行控制。

【技能知识点】

节气门位置传感器和加速踏板位置传感器常见故障如下。

①传感器中的电位器线路断路或短路。

②传感器中电阻型电位器的滑动触点接触不良,在节气门从全闭到全开的过程中,其输出信号有间歇性中断现象。

节气门位置传感器出现上述故障时,会导致发动机怠速运转不正常(如怠速过高或过低、怠速不稳、怠速易熄火)或发动机加速不正常(如加速时发动机抖动、加速反应迟滞等),有时也会导致发动机在运转中出现间歇性抖动等现象。

1. 节气门位置传感器和加速踏板位置传感器控制电路的检测

节气门位置传感器和加速踏板位置传感器控制电路检测方法如下。

(1)关闭点火开关,拔下传感器的线束插头。

(2)打开点火开关,用数字式万用表测量传感器电源端子的电压,如图 2-32 所示,应为 5V。如电压为 0V,说明电源电路有故障,通常为断路,应检修电源电路。

(3)关闭点火开关,测量传感器搭铁端子与蓄电池负极间的电阻,应为 0Ω。如测得的电阻很大,说明搭铁电路有断路,应检修搭铁线路。

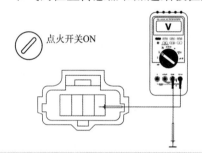

图 2-32 节气门位置传感器控制电路的检测

2. 可变电阻型节气门位置传感器和加速踏板位置传感器电阻的检测

传感器电阻可用万用表检测。其检测方法如下。

(1)拔去传感器的线束插头。

(2)用万用表在传感器线束插座上测量其电位器的总电阻。如断路、短路或阻值不符合标准,说明该电位器有故障。

(3)测量电位器滑动触点与搭铁端的电阻,该电阻应能随节气门的开启或关闭而平滑地变化,否则说明该电位器有故障。

3. 节气门位置传感器和加速踏板位置传感器工作性能的检测

可变电阻型或霍尔型节气门位置传感器和加速踏板位置传感器都可以在工作状态下通过测量其输出信号电压来检测其工作性能。其检测方法如下。

(1)打开点火开关,但不要起动发动机。

(2)让节气门(或加速踏板)处于不同的开度,同时用电压表在传感器信号输出导线上测量其信号电压的变化,该电压值应能随开度的增大而增加。测量中不可将线束插头拆开。将不同开度下测得的信号电压值与标准值比较,如不相符,则说明传感器有故障。

【线上学习资源】

1. 线上微课

节气门位置
传感器检测

加速踏板位置
传感器检测

2. 线上作业

3. 线上测试

任务4　温度传感器和爆震传感器检修

【任务目标】

通过本任务的学习,学生能够理解并描述温度传感器和爆震传感器的安装位置、类型、作用、结构、原理,并具备对温度传感器和爆震传感器进行检测的职业能力。

【理论知识点】

1. 温度传感器

1) 温度传感器的类型与作用

在发动机的许多地方都安装有温度传感器,其作用是检测发动机某些系统或其工作介质的温度,为 ECM 控制发动机的工作提供参考。发动机上常见的温度传感器主要有以下两种。

(1) 冷却液温度传感器。通常安装在发动机汽缸缸体或缸盖的水道上,与发动机冷却液接触,用于检测发动机冷却液的温度。

(2) 进气温度传感器。通常安装在发动机空气滤清器之后的进气软管上或空气流量传感器内,用于检测发动机进气的温度。

2) 温度传感器的结构与工作原理

发动机上使用的各种温度传感器的结构基本相同,大部分温度传感器的内部是一个热敏电阻,如图 2-33 所示。这种热敏电阻具有负的温度电阻系数,温度越低,电阻越高;反之,温度越高,电阻越低,如图 2-34a) 所示。

3) 温度传感器的控制电路

温度传感器有两个接线端子,通常这两个端子都和 ECM 连接。其中一个端子为搭铁线,经 ECM 后搭铁；另一个端子为信号线，ECM 中的 5V 基准电压经过一个电阻后施加在该端子上，从而形成一个分压电路，如图 2-34b)所示。当热敏电阻的阻值随温度不同而发生变化时，信号端子上的电压也发生变化，ECM 根据这一电压的变化获得该温度传感器所测得的温度值。

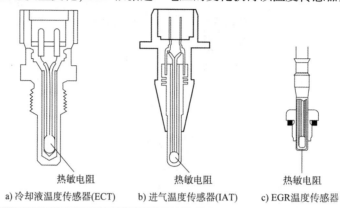

a) 冷却液温度传感器(ECT)　　b) 进气温度传感器(IAT)　　c) EGR温度传感器

图 2-33　温度传感器的结构

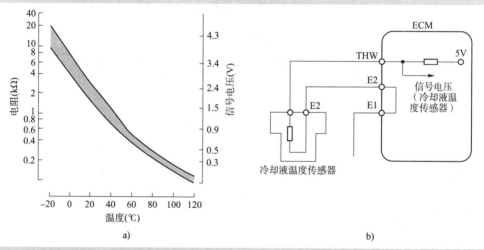

a)　　b)

图 2-34　温度传感器的控制电路

2. 爆震传感器

爆震传感器安装在汽缸缸体或缸盖上，如图 2-35a)所示，其作用是检测发动机汽缸内的混合气点火燃烧的过程中有无爆燃产生，为 ECM 进行点火正时反馈控制提供依据。

目前汽车发动机上使用的爆震传感器基本上都是利用压电效应的原理制成的。所谓压电效应，是指压电材料（如某些晶体或压电陶瓷等）受到某固定方向外力的作用时，内部就产生电极化现象，同时在它的两个相对表面上产生正负相反的电荷，出现电位差；当外力撤去后，晶体又恢复到不带电的状态；当外力作用方向改变时，电荷的极性也随之改变；压电材料受力所产生的电荷量或电位差的大小与外力的大小成正比。如果压力是一种高频振动，则产生的就是高频电压信号。

爆震传感器的内部是一个由压电陶瓷片制成的压电元件，其上下两个表面镀有电极，并引出接线，如图 2-35b)所示。一个惯性配重通过螺钉和弹簧垫片紧压在压电陶瓷片上，使之产生一定的预压力。当发动机出现爆燃时，产生 1~10kHz 的压力波。这一压力波通过缸体传给爆震传感器,又通过惯性配重,使作用在压电陶瓷片上的压力发生变化,产生约 20mV/g 的电动势。这一信号传输给 ECM,ECM 根据信号波形峰值的大小判断发动机是否产生爆燃。

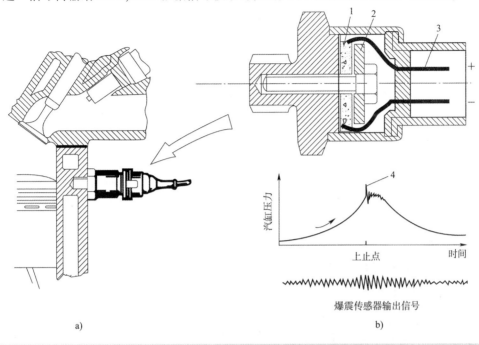

图 2-35　爆震传感器
1-压电陶瓷片;2-惯性配重;3-输出引线;4-爆燃压力波

有些早期的爆震传感器只有一根信号接线,其搭铁线经过传感器的外壳搭铁。大部分爆震传感器有 2 根接线,其中一根为信号端子,另一根为搭铁端子,2 根线都与 ECM 连接。由于爆震传感器的信号电压较小,为防止电磁波的干扰,常在其线束外面套上屏蔽线,并将其搭铁。

现今一些新型的爆震传感器内带有一个检测电阻,它与压电元件并联,作用是让 ECM 能够对爆震传感器的电路有无短路或断路进行监测。ECM 内的 5V 电压经过一个电阻后施加在爆震传感器的信号端子上,如图 2-36 所示,与检测电阻串联后经搭铁端子搭铁,在爆震传感器的信号端子上生成约 2.5V 的电压。如果爆震传感器和 ECM 之间的电路发生短路或断路,其信号端子上的电压会发生变化,ECM 据此即可判定电路的故障。

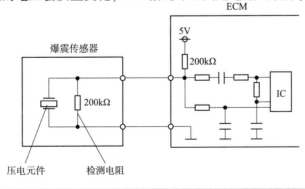

图 2-36　爆震传感器的控制电路

【技能知识点】

1. 温度传感器检测

温度传感器的常见故障是短路、断路,或其输出信号的电压和标准值不符,使 ECM 获得的温度值与实际温度之间出现偏差,影响 ECM 对发动机的控制。有些温度传感器对 ECM 控制发动机工作的影响较小(如进气温度传感器),而冷却液温度传感器的信号却是 ECM 计算和确定喷油量的一个重要信号。当冷却液温度传感器出现故障时,会影响混合气的浓度。当冷却液温度传感器送给 ECM 的冷却液温度信号低于发动机实际冷却液温度时,会导致混合气太浓,出现排气管冒黑烟、热车怠速不稳等故障;当冷却液温度传感器送给 ECM 的冷却液温度信号高于发动机实际冷却液温度时,会导致混合气太稀,出现冷起动困难、冷车怠速不稳等故障。

此外,当温度传感器出现短路、断路故障时,ECM 的故障自诊断电路会检测到这一故障,使发动机故障警告灯点亮,同时 ECM 将起动失效保护功能。因此,当温度传感器出现故障时,应进行检测,以判定故障的原因。

各种温度传感器的检测方法基本相同,下面以冷却液温度传感器为例加以说明。

(1)冷却液温度传感器控制电路的检测。

①关闭点火开关,拔下冷却液温度传感器的线束插头。

②打开点火开关,用数字式万用表分别测量冷却液温度传感器信号端子的电压,应为 5V。如测得的电压为 0V,说明该信号线有断路或短路故障,应进一步检测。

③关闭点火开关,测量冷却液温度传感器搭铁端子与蓄电池负极间的电阻,应为 0Ω。如测得的电阻很大,说明该搭铁线路有断路故障,应检修搭铁线路。测量信号线与蓄电池负极间的电阻,如测得的电阻接近 0Ω,说明该信号线有短路故障,应检修信号线路。

(2)冷却液温度传感器性能的检测。

①拔下冷却液温度传感器线束插头,拆下冷却液温度传感器。

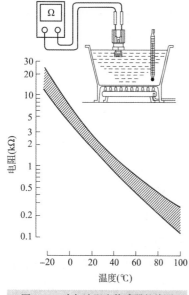

图 2-37 冷却液温度传感器的检测

②将冷却液温度传感器置于烧杯的水中,加热烧杯中的水,同时测量在不同温度下冷却液温度传感器两接线端之间的电阻,如图 2-37 所示。

③将测得的电阻值与标准值相比较。如果不符合标准,应更换冷却液温度传感器。

2. 爆震传感器检修

爆震传感器通常十分耐用,当爆震传感器失效或其电路有故障时,发动机的故障警告灯会亮起。此时应对爆震传感器的电路及其性能进行检测,以确定是爆震传感器失效故障还是电路故障。

(1)爆震传感器控制电路的检测。

爆震传感器只有信号和搭铁两根接线,检测时,应关闭点火开关,拔下爆震传感器的线束插头,对照维修手册和电路图,分别检测信号线与 ECM 端子之间、搭铁线与蓄电池负极(或 ECM 端子)之间有无断路和短路。如有异常,应进行检修。

(2)爆震传感器工作性能的检测。

爆震传感器的工作性能可以使用示波器来检测,通过信号波形来判定其工作性能是否正常。其检测方法如下。

①将示波器测头和爆震传感器的信号输出导线连接。

②运转发动机,同时检查传感器的信号波形。正常的信号波形如图2-38所示。在发动机每个汽缸点火燃烧的同时,信号波形有明显的增大。如果信号成一直线,说明传感器有故障。

③打开点火开关,不起动发动机,用小锤敲击传感器附近的发动机机体。如果传感器正常,则在敲击发动机机体的同时,在示波器上应有信号波显示,敲击越重,信号波的振动幅度就越大。如果在敲击时没有出现信号波,说明传感器有故障,应更换。

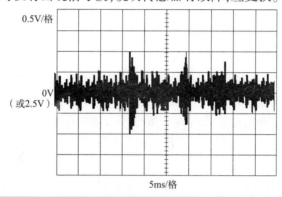

图2-38 爆震传感器的正常信号波形

爆震传感器的工作性能也可以用万用表检测,其方法是:断开爆震传感器的线束插头,用小锤在爆震传感器附件的缸体上轻敲,同时用数字式万用表的毫伏电压挡测量传感器的信号输出端和搭铁端之间的电压,如果在敲击时有电压产生,说明传感器良好,否则应更换。

【线上学习资源】

1. 线上微课

温度传感器检测

2. 线上作业

3. 线上测试

任务5　氧传感器和空燃比传感器检修

【任务目标】

通过本任务的学习,学生能够理解并描述氧传感器和空燃比传感器的安装位置、类型、作用、结构、原理,并具备对氧传感器和空燃比传感器进行检测的职业能力。

【理论知识点】

氧传感器和空燃比传感器都安装在发动机的排气管上,与排气管中的废气接触,用来检测排气中氧分子的浓度,并将其转换成电压信号。ECM根据这一信号对喷油量进行调整,以实现对可燃混合气浓度的精确控制,改善发动机的燃烧过程,达到既降低排放污染,又减少燃油消耗的目的。

排气中氧分子的浓度取决于混合气的空燃比:当混合气浓于理论混合气(即空燃比小于14.7∶1)时,在燃烧过程中氧分子被全部耗尽,排气中没有氧分子;当混合气稀于理论混合气(即空燃比大于14.7∶1)时,在燃烧过程中氧分子未能全部耗尽,排气中含有氧分子。混合气越稀,排气中的氧分子浓度就越大。因此,氧传感器发出的信号间接地反映了混合气空燃比的高低。

目前汽车发动机对空燃比的控制主要集中在理论空燃比附近和稀薄燃烧区内。通常将只能在理论空燃比附近工作的传感器称为氧传感器,将可以在整个稀薄燃烧区范围内工作的传感器称为空燃比传感器。

1. 氧传感器

氧传感器可以安装在发动机的排气管上,如图2-39所示,位于三元催化转换器的前面或后面。安装在三元催化转换器前面的氧传感器作用是通过检测废气中氧分子的浓度,让ECM获得可燃混合气浓度的反馈信号,据此对喷油量的控制进行修正,使混合气的空燃比更接近于理论空燃比。

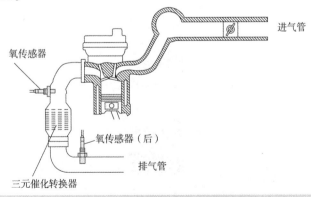

图2-39　氧传感器的安装位置

氧传感器通常和安装在排气管中段的三元催化转换器一同使用,以保证混合气的空燃比处于接近理论空燃比的一个窄小范围内,从而使三元催化转换器能有效地消除排气中的

CO、HC 和 NO$_x$ 三种主要的有害成分,充分发挥其净化作用。安装在三元催化转换器后面的氧传感器则用于监测三元催化转换器的工作效率,以保证其能正常发挥作用。

目前在汽车发动机上使用的氧传感器有氧化锆氧传感器和二氧化钛氧传感器两种,其中应用最多的是氧化锆氧传感器,其工作原理与干电池相似,所以又称为氧浓差电池型氧传感器。氧化锆是一种具有氧离子传导性的固体电解质,其作用与电解液类似。它能在一定条件下(高温和铂催化),在内外两侧氧分子浓度差的作用下,产生电位差,且浓度差越大,电位差越大。传感器体内有一个由氧化锆陶瓷体制成的一端封闭不透气的管状体(简称锆管,如图 2-40 所示)。锆管的内外表面各自覆盖着一层透气的多孔性薄铂层,作为电极。锆管内表面电极与空气相通,外表面则与废气接触。锆管外部套有一个带长缝槽的耐热金属套管,对锆管起保护作用。在外电极表面还有一层多孔陶瓷涂层,这样既可以防止废气烧蚀电极,又可保证废气渗进保护层,和电极接触。

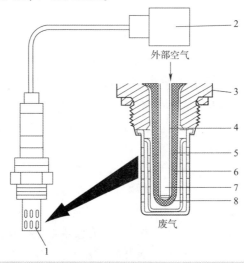

图 2-40 氧传感器的结构
1-保护罩;2-接线端子;3-外壳(搭铁);4-空气侧铂电极;5-氧化锆陶瓷体(锆管);6-排气侧铂电极;7-加热器;8-陶瓷涂层

大气中氧的含量为 21%,浓混合气燃烧后的废气实际上不含氧,稀混合气燃烧后生成的废气或因缺火产生的废气中含有较多的氧,但仍比大气中的氧少得多。发动机运转时,排出的废气从氧传感器锆管外表面流过,在高温及铂的催化下,带负电的氧离子吸附在锆管的内外表面上。锆管的陶瓷体是多孔体,氧气可以渗入该多孔体固体电解质内。由于大气中的氧气比废气中的氧气多,锆管两侧存在氧浓度差,则在锆管的内部氧离子从大气一侧向排气一侧扩散,使锆管形成微电池,在锆管铂极间产生一个微小的电压,如图 2-41a)所示。

当混合气的实际空燃比小于理论空燃比,即发动机以较浓的混合气运转时,排气中缺氧,锆管中氧离子移动较快,并产生 0.6~0.9V 的电压;当混合气的实际空燃比大于理论空燃比,即发动机以较稀的混合气运转时,废气中有一定的氧分子,使锆管中氧离子的移动能力减弱,只产生 0.1~0.3V 的电压。因此,这种氧传感器输出的电压信号是随混合气成分不同而变化的,并以理论空燃比为界产生突变,如图 2-41b)所示。

氧传感器的电压信号被送到 ECM,ECM 根据信号电压的高低判定混合气的浓度。当信号电压大于 0.45V 时,ECM 判定混合气过浓;相反,当信号电压低于 0.45V 时,ECM 判定混合气过稀。ECM 根据氧传感器传来的信号,及时对混合气的浓度进行修正,使之尽可能接近 14.7∶1 的理论空燃比。因此,氧传感器是 ECM 控制可燃混合气浓度的重要传感器。

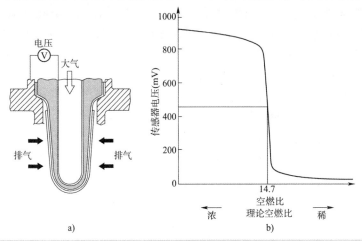

图 2-41 氧传感器工作原理图

锆管外表面的铂电极还起着催化转换器的作用。因为即使是供给较浓的混合气,由于燃烧不完全,在排出的废气中也会有一定的剩氧。铂电极可使废气中的剩氧和废气中的 CO 产生化学反应,生成 CO_2,进一步将废气中的氧分子消耗掉,以增大锆管内外表面氧分子的浓度差,提高氧传感器的灵敏度。

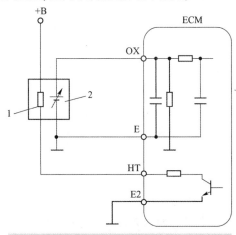

图 2-42 氧传感器的控制电路
1—加热器;2—氧传感器

氧化锆的这种特性只有在较高温度时(600℃左右)才能充分体现出来,在约 800℃时,对混合气的变化反应最快。早期使用的氧传感器靠排气加热,这种传感器必须在发动机起动运转数分钟后才能开始工作,它只有一根接线与 ECU 连接。

现在大部分汽车使用带加热器的氧传感器。在这种传感器内有一个陶瓷加热元件,可在发动机起动后的 20～30s 内迅速将氧传感器加热至工作温度。它有四个接线端子,其中两个是连接到 ECM 的氧传感器信号线和搭铁线,如图 2-42 所示。另外两个是加热器的电源正、负极接线,分别与 12V 电源和 ECM 连接,由 ECM 控制加热元件,无论排气温度是多少,只要不超过工作极限温度,陶瓷体的温度总是保持不变。

采用氧传感器的发动机必须使用无铅汽油。因为含铅汽油燃烧后废气中的铅分子会附着在氧传感器表面上,堵塞多孔性铂层,甚至侵入氧化锆内部,阻碍氧离子的扩散,使氧传感器的灵敏度下降,最终导致完全失效。这种情况也称为氧传感器铅中毒。另外,氧传感器还会发生硅中毒,汽油和润滑油中含有的硅化合物燃烧后生成的二氧化硅、硅橡胶密封圈使用不当散发出的有机硅气体,都会使氧传感器产生硅中毒而失效。因此在使用和维修作业中,要选用质量好的燃油和润滑油,正确选用和安装橡胶垫,不要在传感器上涂抹制造厂规定之外的溶剂和密封剂等。

氧化锆氧传感器用于理论空燃比附近时,具有精度高、响应快、使用范围广、寿命长等优点,但由于其信号只能在理论空燃比附近产生突变,在整个稀薄燃烧区内,信号变化很小,不够敏感。ECM只能利用这一信号,以闭环控制的方式使混合气保持在理论空燃比附近。一旦超出这一范围,氧传感器的信号电压变化很小,ECM无法据此获得所需的稀混合气。

2. 空燃比传感器

空燃比传感器又称宽带氧传感器(或宽范围氧传感器、线性氧传感器、稀混合比氧传感器等)。它安装在排气管上,位于三元催化转换器前面,其作用也是通过检测排气中氧分子的浓度,使ECM获得混合气浓度的反馈信号。与氧传感器只能检测理论空燃比的情况不同,空燃比传感器能连续检测出稀薄燃烧区的空燃比,可正常工作的空燃比范围为12∶1~20∶1,使得ECM在非理论空燃比区域范围内实现喷油量的反馈控制成为可能,为进一步减少污染和节约能源提供了技术保障。

1) 线性宽频氧传感器结构原理

线性宽频氧传感器能够在较宽的空燃比范围内检测尾气中的氧浓度,是以普通氧化锆式氧传感器为基础扩展而来。氧化锆式氧传感器有一特性,即当氧离子移动时会产生电动势,若相反将电动势加在氧化锆组件上,则造成氧离子的移动。线性宽频氧传感器安装在三元催化转换器之前,用于精确检测排气中的氧含量。

宽量程氧传感器主要由氧化锆参考电池、氧化锆泵电池(单元泵)、扩散孔、扩散室、控制器A和B及相关电路组成,如图2-43所示。

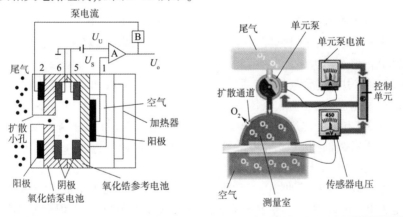

图2-43 线性宽频氧传感器结构与工作原理

2) 线性宽频氧传感器电路

迈腾B8L轿车发动机上装配有两个氧传感器,电路如图2-44所示。后氧传感器GX7为四线普通氧化锆式氧传感器,其中Z19为加热器,G39为氧传感器元件。前氧传感器GX10为五线宽频氧传感器,其中Z29为加热器,G130为宽频氧传感器元件。两个氧传感器的加热器供电由主继电器J271经熔断器SB8(15A)提供,搭铁由发动机电子控制单元J623控制。宽频氧传感器G130由3根导线与发动机控制单元J623相连接,其中端子2为搭铁,端子5是氧化锆参考电池输出电压,标准值是0.45V,端子1为泵电流输入,即泵电池上施加的变化电压,正常信号电压1.0~2.0V。

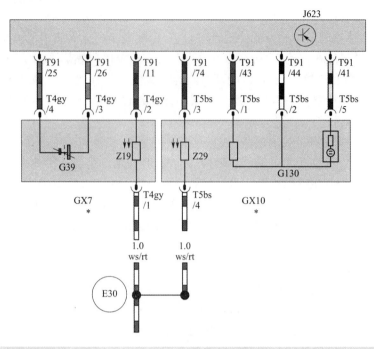

图 2-44 线性宽频氧传感器电路

【技能知识点】

氧传感器最常见的故障是失效,其原因主要有两种:一种是被炭粒堵塞,此时氧传感器的信号电压会偏高,发动机 ECU 会因此发出减少喷油量的指令,使混合气过稀;另一种是尘土和机油堵塞氧传感器与大气的通孔,此时氧传感器的信号电压会偏低,发动机 ECU 又会指示喷油器多喷油,引起混合气过浓。此外,如果使用了含铅汽油或者发动机在维修时使用了不合要求的硅密封胶,还会造成氧传感器早期损坏,使输出信号的电压不能随着混合气浓度的变化而变化,或电压变化过缓(每 10s 少于 8 次),造成 ECM 无法进行反馈控制,转而按开环控制的方式进行喷油控制,此时发动机的故障警告灯将会发亮。此外,氧传感器控制线路的短路、断路也会造成同样的后果。

氧传感器作为电子控制燃油喷射发动机的重要部件,对发动机正常运转和尾气排放的有效控制起着至关重要的作用,一旦氧传感器及其连接线路出现故障,不但会使排放超标,有时还会使发动机工况恶化,导致怠速不稳或熄火、排气管冒黑烟等各种故障。因此,适时地对氧传感器进行检测,对保证汽车在良好状态下运行大有益处。此外,在读取故障代码可得到表示氧传感器损坏或反馈控制系统有故障的故障代码时,也必须进行检测,以找出故障的真正原因。

氧传感器的检测内容和方法如下。

(1)测量氧传感器加热器电阻。拔下氧传感器线束插头,测量氧传感器接线端中加热器接柱与搭铁接柱之间的电阻,其阻值应为 4~40 Ω。如不符合标准,应更换氧传感器。测量后,接好氧传感器线束插头,以便做进一步的检测。

(2)测量氧传感器反馈电压。测量氧传感器反馈电压时,应先拔下氧传感器线束插头,对照被测车型的电路图,从氧传感器反馈电压输出端引出一条细导线,然后插好线束插头,在发动机运转时从引出线上测量反馈电压。

其具体检测方法如下。

①将发动机热车至正常工作温度(或起动后以 2500r/min 的转速连续运转 2min)。

②用电压表的负极测笔接故障检测插座内的 E1 插孔或蓄电池负极,正极测笔接故障检测插座内的 OX1 或 OX2 插孔,或接氧传感器线束插头上的引出线。

③让发动机以 2500r/min 的转速保持运转,同时检查电压表的指示值能否在 0～1V 来回变动,记下 10s 内电压变动的次数。在正常情况下,随着反馈控制的进行,氧传感器的反馈电压将在 0.45V 附近不断变化,10s 内反馈电压的变化次数应不少于 8 次。

④若电压表指示值在 10s 内的变动次数等于或多于 8 次,则说明氧传感器工作正常。

若电压表指示值在 10s 内的变动次数少于 8 次,说明氧传感器或反馈控制系统工作不正常,其原因可能是氧传感器表面有积炭而使灵敏度降低。对此,应让发动机以 2500r/min 的转速运转约 2min,以清除氧传感器表面的积炭,然后再检查反馈电压。若电压表指针变化依旧缓慢,则说明氧传感器损坏或 ECM 的反馈控制功能有故障。

⑤检查氧传感器有无损坏。拔下氧传感器的线束插头,使氧传感器不再与 ECM 连接,反馈控制系统进入开环控制状态。将电压表的正极测笔直接与氧传感器反馈电压输出端连接,在发动机运转中测量反馈电压。先脱开接在进气管上的曲轴箱强制通风管或其他真空软管,人为地形成稀混合气,同时观看电压表,其指针读数应下降。接上脱开的曲轴箱强制通风管或真空软管,然后再拔下冷却液温度传感器接头,用一个 4～8kΩ 的电阻代替冷却液温度传感器,人为地形成浓混合气,同时观看电压表,其指针读数应上升。采用机械式节气门的发动机也可以用突然踩下或松开加速踏板的方法来改变混合气浓度。在突然踩下加速踏板时,混合气变浓,反馈电压应上升;突然松开加速踏板时,混合气变稀,反馈电压应下降。如果氧传感器的反馈电压无上述变化,表明氧传感器已损坏。需要说明的是,电子节气门的发动机不可采用此方法。

如氧传感器反馈电压能按上述规律变化,说明氧传感器良好,是其他原因造成 ECM 不能进行反馈控制,使故障警告灯发亮。如发动机进气系统、燃油系统的故障而造成混合气过浓或过稀,也会影响反馈控制系统的正常工作。对此,应先检查空气供给系统和燃油供给系统有无导致混合气过稀或过浓的故障。如混合气浓度正常,则故障在 ECM 内部,应更换 ECM。

氧传感器的信号电压也可以用示波器检测,其方法如下。

①将发动机热车至正常工作温度。

②将示波器测头和氧传感器的信号输出导线连接。

③让发动机以 2500r/min 的转速稳定运转,同时检查氧传感器的信号波形。正常的氧传感器信号的波形如图 2-45 所示。如果信号波形不规则[图 2-46a)]或信号电压始终过高[图 2-46b)]或过低,则为氧传感器或反馈控制系统有故障。

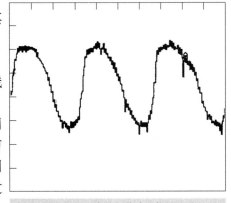

图 2-45　正常的氧传感器信号波形

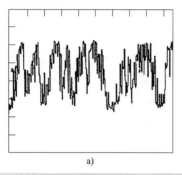
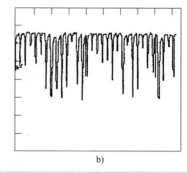

图 2-46　不正常的氧传感器信号波形

④为区别氧传感器和反馈控制系统的故障,可以人为地加浓或形成稀混合气,同时观察氧传感器信号波形的变化。如果在混合气从浓变稀或从稀变浓时,氧传感器的信号波形能随之变化,如图 2-47 所示,则说明氧传感器性能正常。反之,若混合气浓度变化时氧传感器信号的波形没有变化,则说明氧传感器有故障。

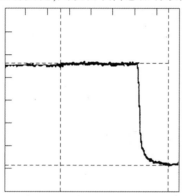
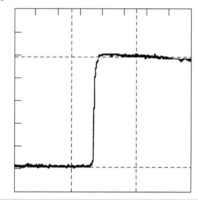

图 2-47　改变混合气浓度时氧传感器信号波形的变化

【线上学习资源】

1. 线上微课

氧传感器检测

2. 线上作业

3. 线上测试

模块 3 汽油发动机燃油控制系统检修

【模块导论】

1. 目标要求

汽油机燃油控制系统作为发动机电控系统的重要子系统,掌握燃油控制系统的结构、原理与检测方法显得非常重要。本模块主要介绍发动机燃油控制系统类型、构造和原理,分析其检测方法,使学生具备对汽油发动机燃油控制系统进行检修的职业能力。

本模块的学习重点是:汽油发动机燃油控制系统的结构与原理,汽油发动机燃油控制系统的检修方法。

本模块的学习难点是:汽油发动机燃油控制系统的检修技能。

2. 任务分解

本模块分2个任务和2个实训项目:

任务1　缸外喷射式燃油控制系统的结构与检修

任务2　缸内直喷式燃油控制系统的结构与检修

子实训项目1　缸外喷射式燃油控制系统检修

子实训项目2　缸内直喷式燃油控制系统检修

 任务 1　缸外喷射式燃油控制系统的结构与检修

【任务目标】

通过本任务的学习,学生能够理解并能描述缸外喷射式燃油控制系统的结构、原理,学会分析缸外喷射式燃油控制系统的控制电路,并具备对缸外喷射式燃油控制系统进行检修的职业能力。

【理论知识点】

1. 燃油控制系统的作用与组成

1）汽油机燃油控制系统的作用

汽油机燃油控制系统的作用是控制进入汽缸的混合气浓度,保证发动机在各种工况下都能获得最佳空燃比的混合气,以提高发动机的动力性、降低燃油消耗和减少有害气体的排放量。

汽油机燃油控制系统通过控制电动汽油泵的工作,使燃油系统中有适当压力的燃油,同时根据安装在发动机不同部位上各种传感器检测到的各种参数,判断发动机所处的工况,计算并控制喷油器的喷油时刻和喷油量,使燃油与空气混合,形成可燃混合气。

2）汽油机燃油控制系统的类型

汽油机燃油控制系统有缸外喷射式、缸内喷射式和双喷射式燃油控制系统三种,如图3-1所示。

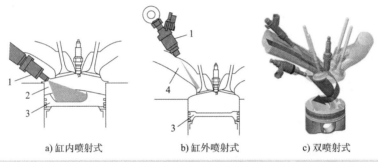

a) 缸内喷射式 b) 缸外喷射式 c) 双喷射式

图3-1 汽油机燃油控制系统类型

1—喷油器;2—汽缸;3—活塞;4—进气歧管

2. 缸外喷射式燃油控制系统的组成

汽油机缸外喷射式燃油控制系统主要由ECM、空气流量传感器(或进气管压力传感器)、曲轴位置传感器、节气门位置传感器、冷却液温度传感器、氧传感器等,以及电动汽油泵、喷油器等执行器组成,如图3-2所示。其喷油器安装在进气管或进气歧管上,以0.20～0.35MPa的喷射压力将汽油喷入进气管或进气道内,如图3-3所示。

燃油箱内的汽油被电动汽油泵吸出并加压至350kPa左右,压力燃油经汽油滤清器滤去杂质后,被送至发动机上方的分配油管。分配油管与安装在各缸进气歧管上的喷油器相通。喷油器是一种电磁阀,由发动机ECU控制。通电时喷油器开启,压力燃油以雾状喷入进气歧管内,与空气混合,在进气行程中被吸进汽缸。分配油管的末端装有油压调节器,用来调整分配油管中汽油的压力,使油压保持某一定值(250～300kPa),多余的燃油从油压调节器上的回油口经回油管返回汽油箱。混合气浓度由ECU控制。ECU控制喷油器在每次进气行程开始之前喷油一次,以每次喷油持续时间的长短来控制喷油量。ECU根据安装在发动机上的各种传感器,测得发动机的进气量、冷却液温度、进气温度、节气门开度、发动机转速等运转参数,根据ECU中设定的控制程序,在不同的工况下按不同的模式来控制喷油量。例如,在节气门全闭的怠速工况下,提供较浓的混合气;在节气门中小开度的一般运转工况下,提供理论混合气;在节气门全开或接近全开的满负荷、大负荷工况下,提供较浓的混合气。总之,使发动机在各种工况下都能获得所需的最适宜浓度的混合气,以达到既降低油耗,又保证发动机输出最大功率,同时使发动机的排放污染尽可能低的目的。

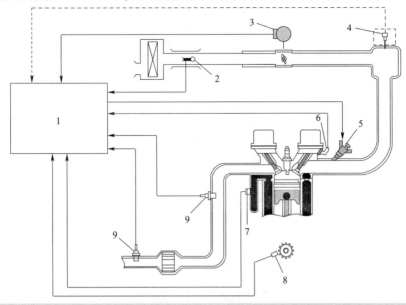

图 3-2　汽油机缸外喷射燃油控制系统部件组成
1-ECM;2-空气流量传感器;3-节气门位置传感器;4-进气歧管压力传感器;5-喷油器;6-凸轮轴位置传感器;7-冷却液温度传感器;8-曲轴位置传感器;9-氧传感器

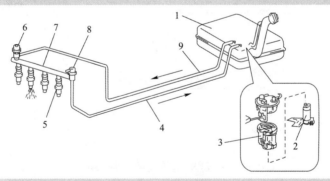

图 3-3　汽油机燃油系统组成
1-燃油箱;2-电动汽油泵;3-汽油滤清器;4-回油管;5-喷油器;6-脉动缓冲器;7-分配油管;8-油压调节器;9-输油管

3. 缸外喷射式燃油控制系统的主要部件及其电路

1)电动汽油泵的控制电路

(1)电动汽油泵控制电路的功能。

电动汽油泵的控制电路应具备下列功能。

①在发动机起动及运转过程中,电动汽油泵应始终工作,以保证足够的燃油压力。

②当点火开关由 OFF 转到 ON 位置而又未起动发动机时,电动汽油泵应能运转 3~5s,提高油路燃油压力,以利于起动。

③当发动机熄火后,即使点火开关仍处于 ON 位置,电动汽油泵也应停止运转。这一要求是出于安全方面的考虑,以防止汽车因撞车等事故造成油管破裂时,由于点火开关仍处于

ON 位置而导致燃油大量外溢。

目前常见的电动汽油泵控制电路主要有 3 种类型:由 ECM 控制的电动汽油泵控制电路,由点火开关和 ECM 共同控制的电动汽油泵控制电路,可控转速的电动汽油泵控制电路。

(2) 电动汽油泵控制电路。

不同品牌发动机的电动汽油泵控制电路也不完全相同,图 3-4 所示为目前在汽油发动机上应用最多的一种电动汽油泵控制电路。这种控制电路中油泵继电器线圈的一端与来自 EFI 主继电器的电源连接,另一端由 ECM 控制搭铁。当 ECM 使该端子搭铁时,油泵继电器线圈通电,产生磁力,油泵继电器触点闭合,电动汽油泵运转。ECM 根据点火开关的闭合信号(IGSW)、起动开关的起动信号(STA)及曲轴位置传感器测得的发动机转速信号(NE)控制电动汽油泵的工作。在转动点火开关起动发动机时,ECM 根据来自 STA 端子的起动信号,使电动汽油泵运转。在发动机运转过程中,ECM 根据曲轴位置传感器的信号,使电动汽油泵保持运转;有些品牌的发动机在未起动时,若将点火开关由 OFF 位置转到 ON 位置, ECM 会让电动汽油泵运转 3~5s,以提高油路压力。

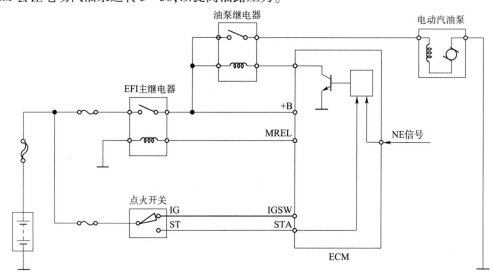

图 3-4 ECM 控制的电动汽油泵电路

(3) 可控转速的电动汽油泵控制电路。

电动汽油泵的泵油量应大于发动机的最大耗油量,以保证在发动机各种运转工况下都有足够的燃油压力。当发动机以怠速和低速工况运转时,由于耗油量很少,电动汽油泵泵出的燃油大部分都经过油压调节器和回油管流回油箱。可控转速的电动汽油泵控制电路可以在发动机怠速和低速运转时降低电动汽油泵的转速和泵油量,从而减少此时的耗电量,并延长电动汽油泵的使用寿命。

早期的可控转速的电动汽油泵控制电路是在原有的电路上增加 1 个油泵转速控制继电器,该继电器由 ECM 控制,可以实现电动汽油泵有高、低两种不同的转速,如图 3-5 所示。当发动机以怠速或低速和中、小负荷工况运转时,ECM 使油泵转速控制继电器的线圈通电,触点 B 闭合,此时 1 个电阻器串入油泵电路中,降低了电动汽油泵上的电压和电流,使油泵以低速运转,如图 3-5a)所示。当发动机处于高速、大负荷运转时,ECM 断开油泵转速控制继电器线圈的电流,使继电器触点 B 断开,同时触点 A 闭合,油泵直接与来自油泵继电器的蓄电池电源相通,从而以高速运转,保证有足够的燃油供应,如图 3-5b)所示。

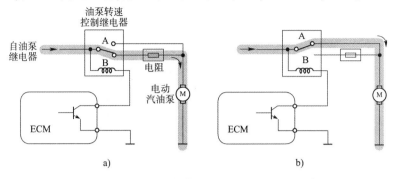

图 3-5 两速电动汽油泵控制电路

现今一些大排量的汽油喷射式发动机常采用单独的燃油泵 ECU 来控制电动汽油泵的工作,同时实现对电动汽油泵转速的控制。如图 3-6 所示为一种三速电动汽油泵控制电路。燃油泵 ECU 根据来自 ECM 的燃油泵控制信号(FPC 信号)控制电动汽油泵的工作电流,使其有高、中、低 3 种不同的转速。当 FPC 信号为 5V 直流电压时,燃油泵 ECU 使电动汽油泵以高速运转;当 FPC 信号为占空比约 75% 的脉冲信号时,燃油泵 ECU 使电动汽油泵以中速运转;当 FPC 信号为占空比约 25% 的脉冲信号时,燃油泵 ECU 使电动汽油泵以低速运转;当 FPC 信号为 0V 时,燃油泵 ECU 切断电动汽油泵的电源,电动汽油泵停止运转。

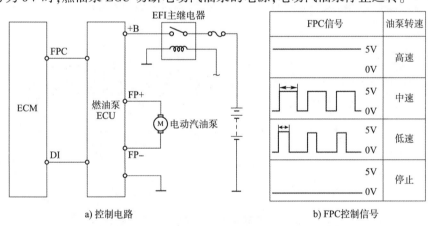

图 3-6 三速电动汽油泵控制电路

此外,燃油泵 ECU 在控制电动汽油泵运转时,还向 ECM 送回一个电压为 5V 或 12V 的反馈信号 DI,当反馈信号 DI 的电压为 0V 时,表明电动汽油泵不工作。ECM 可以据此信号判定燃油泵 ECU 的工作是否正常。

2)喷油器的控制电路

缸外喷射式发动机的每个喷油器有两个接线端子,通常将其中一个端子接电源,另一个端子与 ECM 连接。如图 3-7 所示为目前常见的 4 缸发动机喷油器控制电路。喷油器的电源可以直接来自点火开关,也可以来自 EFI 主继电器。每个喷油器的搭铁端均单独地与 ECM 连接,由 ECM 中的驱动电路(通常为三极管开关电路)控制其搭铁,使喷油器工作。

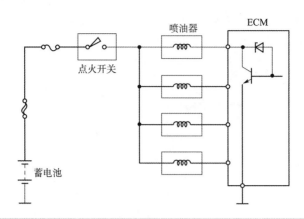

图3-7　低压喷油器的控制电路

目前大部分汽油发动机上使用的喷油器都是直接用12V蓄电池电压来驱动的,这种喷油器的电磁线圈电阻一般为12~16Ω。

有些6缸以上的多缸发动机,为了减少喷油器与ECM连接导线的个数,将做功顺序相邻的两个汽缸的喷油器合成1组,2个喷油器用一条线路和ECM连接。在发动机每个工作循环中,各组喷油器各自同时喷油一次[称为分组喷射,如图3-8a)所示]。

早期的汽油喷射式发动机,为了减小ECM中喷油器驱动电路的个数,降低成本,将所有汽缸喷油器全部并联在一起,通过一条共同的线路和ECM连接。在发动机的每个工作循环中(曲轴每转两圈),各缸喷油器同时喷油一次或两次[称为同时喷射,如图3-8b)所示]。

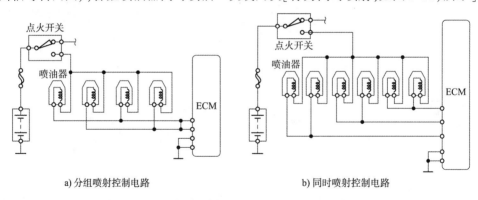

a) 分组喷射控制电路　　　　　　　　b) 同时喷射控制电路

图3-8　分组喷射和同时喷射的喷油器控制电路

4. 缸外喷射式燃油控制系统的控制功能

ECM以曲轴位置传感器的信号为依据进行喷油正时的控制,使各缸喷油器的喷油能与曲轴的运转同步,在设定的汽缸工作循环的某个时刻喷油(称为同步控制)。不同车型的喷油时刻控制方式有3种,即顺序喷射、分组喷射和同时喷射。

(1)顺序喷射。

顺序喷射是目前汽油喷射式发动机中普遍采用的控制方式。采用这种喷射方式的各缸喷油器分别由各自的控制电路和ECM连接,ECM分别控制各喷油器在各自汽缸接近进气行程开始的时刻喷油,如图3-9所示。这种喷射控制方式可使各缸的燃油喷入进气管后,在进气管中停留的时间相同,各缸混合气品质较均匀。

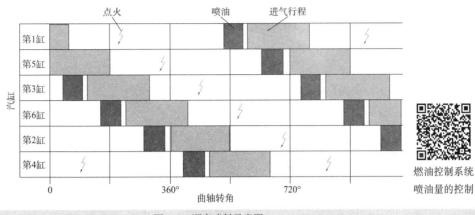

图 3-9　顺序喷射示意图

燃油控制系统喷油量的控制

(2) 分组喷射。

分组喷射是将多缸发动机的喷油器分成几组,每组有 2 个喷油器,分别通过一条控制电路和 ECM 连接,在发动机每个工作循环中(即曲轴每转动 2 圈),每组喷油器各自同时喷油 2 次,如图 3-10a) 所示。在每组的 2 个喷油器中,有一个喷油器是在该汽缸处于上止点之前的某个角度喷油,另一个喷油器是在该汽缸距离上止点较早的时刻喷油。由于发动机每个工作循环的间隔时间很短,这种喷油控制方式对各缸混合气品质的一致性影响很小。

(3) 同时喷射。

早期的汽油喷射式发动机为了降低 ECM 的成本,将各缸喷油器全部并联在一起,通过一条共同的控制电路和 ECM 连接在发动机的每个工作循环中(曲轴每转两圈),各缸喷油器在 ECM 的控制下同时喷油两次[图 3-10b)]。采用这种控制方式时,由于各缸喷油时刻与进气行程开始的时间间隔差别太大,喷入的燃油在进气歧管内停留的时间不同,对各缸混合气品质的均匀性有一定的影响。

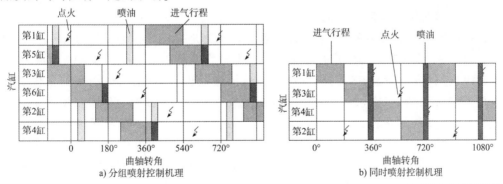

图 3-10　分组和同时喷射示意图

【技能知识点】

1. 电动燃油泵的检修

电动燃油泵或其控制电路出现故障,会导致电动燃油泵不能运转,发动机无法起动或在运转中熄火。下面以图 3-11 所示的电动燃油泵电路图为例,说明其检测方法。

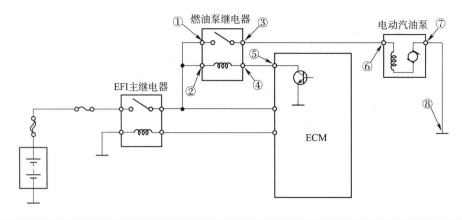

图3-11 电动燃油泵电路的检测

1)电动燃油泵工作情况的检查

(1)打开点火开关,但不要起动发动机,打开加油口盖,将耳朵靠近加油口,应听到电动汽油泵工作约3s左右。

(2)若听不到电动汽油泵工作声音,关闭点火开关,检查电动燃油泵熔断丝是否烧断。若烧断,应更换电动燃油泵熔断丝。

(3)若电动燃油泵熔断丝正常,从继电器板上拔下燃油泵继电器,用跨接线短接燃油泵继电器插脚上的1号和3号端子。若电动汽油泵工作,则应检查燃油泵继电器,必要时更换燃油泵继电器。

(4)若电动燃油泵仍不工作,应检查燃油泵继电器控制电路及连接导线。若电路无故障,则故障在电动燃油泵。

(5)拆下电动燃油泵,用蓄电池直接供电,检查电动燃油泵的泵油情况。若电动燃油泵不泵油,则电动燃油泵损坏。

2)电动燃油泵及其控制电路的检修。

在检修电动燃油泵不工作的故障时,应首先区分是电动燃油泵故障还是其控制电路故障,以便进一步有针对性地进行修理。可根据维修手册在车上找到电动燃油泵继电器,拔下继电器后,将连接继电器开关的两个插孔用导线短接,直接向电动燃油泵供电。此时若电动燃油泵能运转,说明电动燃油泵的电源电路正常,可进一步检查燃油泵继电器及其控制电路,若均正常,则故障在ECM内部,应更换ECM。如果直接供电后电动燃油泵仍不工作,则应在汽油箱上的电动燃油泵接线插头上用万用表检测有无电源。若无电源,说明故障在电动燃油泵的电源电路;若有电源,则为电动燃油泵故障,应更换电动燃油泵。

3)电动燃油泵电阻检测。

用万用表电阻挡测量电动汽油泵端子6和7之间的电阻,一般为2~30Ω,如果电阻很大则说明燃油泵的电动机内部接触不良或有断路;用蓄电池电源短时间加在电动燃油泵两端子上,如正常,应能听到燃油泵转子高速转动的声音。以上检验如有异常,则应更换电动燃油泵。

4)电动燃油泵继电器及其控制线路检测。

如果电动燃油泵继电器本身出故障时,发动机会立即熄火,或不能起动。

(1)燃油泵继电器线圈电阻值测量。

用万用表电阻挡测量燃油泵继电器线圈2、4端子之间的电阻,阻值约为90Ω。

(2)燃油泵继电器通电测试。

拔下燃油泵继电器,将继电器2、4端子加上蓄电池电压,其1、3端子应该导通,如不导通,说明燃油泵继电器损坏。

(3)燃油泵继电器控制线路电压检测。

在发动机起动或正常运行状态下,可测得燃油泵继电器2、4端子之间的电压为12V。

2.喷油器的检修

喷油器控制电路的故障有3种类型:一是喷油器的电源电路断路;二是喷油器至ECM的线路断路;三是ECM的喷油控制功能失常。这3种类型故障的检修方法如下。

(1)喷油器电源电路的检修。打开电门开关,拔下某缸喷油器线束插头,测量线束插头的两个插孔,应至少有一个插孔的电压为12V,否则说明喷油器的电源电路断路,应进一步检查电源熔断丝有无烧断、发动机电控系统的主继电器有无故障。如果熔断丝和继电器均正常,则为喷油器至主继电器的线路有断路,应予以修复。

(2)喷油器至ECM线路的检修。如果喷油器在电源电路正常的情况下不喷油,则应检查喷油器至ECM的线路有无断路。检查时应先关闭点火开关,拔下各个喷油器的线束插头,对照该车型维修资料上的ECM线束插头各端子布置图,用万用表测量各个喷油器至ECM的线路有无断路。如果喷油器至ECM的线路有断路,应予以修复。

(3)ECM喷油控制功能失常的检修。如果喷油器的电源电路和喷油器至ECM的线路均正常,但喷油器仍不喷油,则说明ECM中的喷油器驱动电路有故障,其喷油控制功能失常,应更换ECM。

1)喷油器电阻检测

如果怀疑某缸喷油器不工作,可用万用表检测该缸喷油器电磁线圈的电阻,判断正常与否,如图3-12所示。拔下喷油器插头,测量喷油器两个端子间的电阻,喷油器按其电磁线圈电阻的大小分类,可分为高阻抗型喷油器和低阻抗型喷油器两种。低阻抗型喷油器电磁线圈的电阻较小,为3~4Ω,高阻抗型喷油器电磁线圈的电阻较大,为12~16Ω。工作后,温度升高,阻值略有增大。如测得的电阻过小或过大,都需要更换该缸喷油器。

2)喷油器的供电电压检测

拔下喷油器插头,打开点火开关或起动发动机,测量插头端子1和搭铁点之间的电压,应为

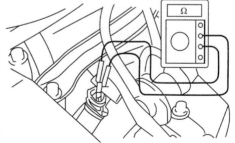

图3-12 喷油器电磁线圈电阻的测量

12V或14V左右。若电压值不符合要求,应检查喷油器插头端子1至附加熔断丝S之间的线路有无断路或接触不良。

拔下喷油器插头,打开点火开关或起动发动机,测量插头端子2和搭铁点之间的电压,

应为5V或接近6V左右(若拔下全部喷油器插头,则插头端子2和搭铁点之间的电压应为0V)。

3)喷油器线束电路是否对搭铁短路的检测方法

(1)断开钥匙开关。

(2)断开喷油器插头。

(3)测量端子1与汽缸体搭铁之间的电阻是否大于100kΩ。

4)喷油器控制信号的检测

喷油器的控制信号可用示波器或发光二极管来检测。用示波器测量时应将示波器的探头和喷油器与ECM连接线路相连,在发动机运转时,示波器应显示如图3-13所示的信号波形,且其喷油信号的脉冲宽度应随发动机负荷的不同而变化。

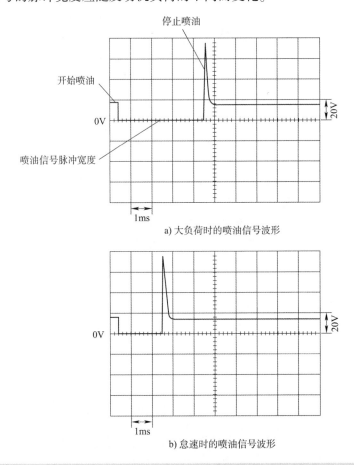

图3-13 喷油器信号波形

用发光二极管测试灯测量时应将发光二极管测试灯的正、负极分别和喷油器的电源线及ECM连接线相连。在发动机运转时或起动电动机,发光二极管测试灯应闪亮。

如果在发动机运转时或起动电动机时示波器没有显示脉冲波形或发光二极管测试灯没有闪亮,说明喷油器的控制电路有故障,应进一步检修控制电路。如果测量时控制线路中有电脉冲而喷油器不喷油,则为喷油器故障,应拆检或更换喷油器。

【线上学习资源】

1. 线上微课

低压喷油器及控制电路检测　　电动燃油泵及控制电路检修

2. 线上作业

3. 线上测试

任务2　缸内直喷式燃油控制系统的结构与检修

【任务目标】

通过本任务的学习,学生能够理解并能描述缸内直喷式燃油控制系统的结构、原理,学会分析缸内直喷式燃油控制系统的控制电路,并具备对缸内直喷式燃油控制系统进行检修的职业能力。

【理论知识点】

1. 缸内直喷式燃油控制系统的作用与组成

缸内直喷式燃油控制系统的作用是通过电动燃油泵和高压油泵将燃油加压到高压10～15MPa,输送到分配管,根据不同工况 ECU 控制高压喷油器的工作,使燃油直接喷入汽缸内,实现分层燃烧或均质燃烧,以提高发动机的动力性、经济性和功率。

缸内喷射燃油系统除了缸外喷射系统部件外,还有高压油泵、燃油压力调节阀、低压燃油压力传感器、高压燃油压力传感器,如图3-14所示。

汽油机缸内直喷式燃油控制系统由低压燃油系统和高压燃油系统两部分组成。低压燃油系统主要由燃油箱、低压电动燃油泵、汽油滤清器及低压燃油管等组成;高压燃油系统由高压燃油泵、高压燃油分配管、燃油压力调节阀、喷油器等组成,都安装在发动机汽缸盖上,如图3-15所示。由于喷油器将汽油直接喷入汽缸内,因此这种喷射系统需要较高的喷射压力,为5～15MPa。

低压电动燃油泵将燃油箱内的汽油加压至0.6MPa左右的压力,经汽油滤清器过滤后送入高压燃油泵。高压燃油泵由发动机凸轮轴直接驱动,将燃油压力进一步提高后送入燃油共轨（也称为高压燃油分配管）中。发动机 ECU 根据燃油压力传感器的信号和发动机的运转工况，通过燃油压力调节阀控制高压燃油泵输出的燃油压力，使之在 5～15MPa 之间变化，通常发动机的负荷越大，燃油压力就越高。安装在各缸燃烧室上的喷油器与燃油共轨连接，由发动机 ECU 发出的脉冲信号控制其喷油的开始时刻和喷油量。由于喷油压力很高，喷入汽缸的燃油能被雾化成极细的油滴，并在极短的时间内（约几毫秒或几十度曲轴转角）就完全蒸发成气态。缸内直喷式燃油系统的喷油控制方式主要有两种：其一是在发动机进气行程中喷油，喷入的燃油在剩余的进气行程和压缩行程中与汽缸内的空气混合，形成较为均匀的匀质混合气，根据工况需要，其混合气浓度可在稀混合气（最稀可达 20∶1）至功率混合气之间变化；其二是在压缩行程接近上止点时喷油，喷入的燃油在喷束、缸内气流、活塞顶部形状的作用下，在燃烧室中形成靠近火花塞中心较浓、外围较稀的非均质混合气。这种非均质混合气可在火花塞点火后，由已点燃的高温火焰将周围的稀混合气点着，在汽缸内混合气总体浓度很稀的条件下（最稀可达 30∶1），实现混合气分层的稀薄燃烧。

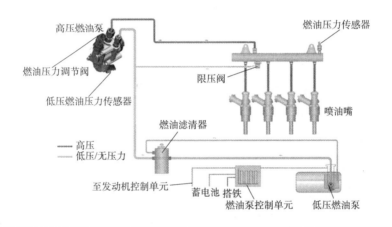

图 3-14　汽油机缸内喷射燃油系统

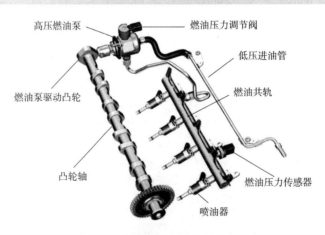

图 3-15　缸内直喷式燃油系统主要部件

2. 缸内直喷式燃油控制系统的主要部件及其电路

如图 3-16 所示为缸内直喷式燃油控制系统的电路构成图。

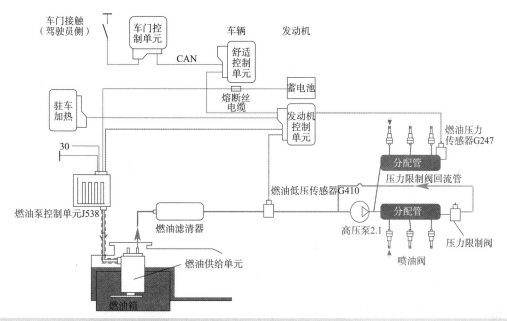

图3-16 缸内直喷式燃油控制系统的电路构成图

1)低压电动燃油泵的控制电路

缸内直喷式燃油控制系统有两个油泵控制电路,一个是低压燃油泵的控制电路,另外一个是高压油泵的控制电路,高压燃油泵由机械结构组成,详细内容见下节。低压燃油泵的控制电路如图3-17所示,主要由发动机控制单元和燃油泵控制单元、燃油供给单元等组成。低压燃油系统的压力是由燃油箱中的电动燃油泵提供的,装在燃油箱上部的燃油泵控制单元(J538)根据脉宽调制信号,控制电动燃油泵工作,使低压燃油系统压力维持在50～500kPa。在发动机起动时,低压燃油系统的压力能达到600kPa以上,用以保证发动机的正常起动及工作。燃油泵控制单元共有5个接线端子,分别是控制燃油泵工作的脉宽调制信号线(T5ax/1)、搭铁线(T5ax/2)、电源线(T5ax/3)、搭铁线(T5ax/4)、燃油泵控制单元的脉宽调制信号线(T5ax/5)。燃油泵控制单元安装在电动油泵的上面,其作用主要是通过脉宽调制信号来控制电动燃油泵,使低压燃油系统的油压达到50～500kPa。在冷热起动时使低压燃油系统的压力达到650kPa左右。

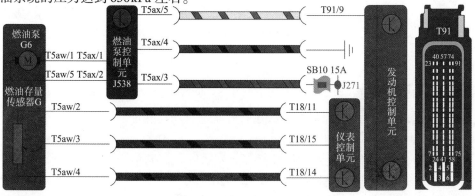

图3-17 低压电动燃油泵控制电路

2）喷油器的控制电路

高压喷油器的控制电路如图 3-18 所示，每个喷油器电路有两根接线端子，这两根接线均与 ECU 连接，分别调制脉宽信号线和搭铁线。

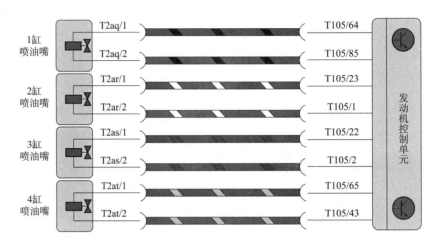

图 3-18　高压喷油器控制电路

由于缸内直喷式发动机的燃油压力大大高于缸外喷射式发动机，其控制电路应能向喷油器中的电磁线圈提供足够大的驱动电流，才能产生足够大的电磁力，使喷油器针阀正常开启。

因此，发动机控制单元内部有 DC/DC 变压器模块，将 12V 转换成 90V 左右的电压，通过 90V 电压来驱动喷油器。开启时，电容将通过喷油器放电，来使喷油器开启；之后，喷油器将利用系统的电压（12V）来维持开启的状态，同时电容将再次充电来供下一次喷油器开启使用。

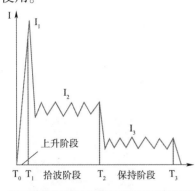

图 3-19　高压喷油器控制电路驱动电流

喷油器驱动电流分为下面 3 个阶段，如图 3-19 所示。

（1）上升阶段（T_0—T_1）：在上升阶段，需要一个高电压（85~100V）直接作用在喷油器电磁线圈上，加快驱动电流速度，使驱动电流在短时间内上升到 16A 左右，缩短喷油器开启时间。

（2）拾波阶段（T_1—T_2）：在拾波阶段，ECU 施加在喷油器上的电压降为 14V 左右，仍需提供较大的保持电流，保持约 10A 的较大电流，以防止电流突变导致喷油器针阀意外关闭。

（3）保持阶段（T_2—T_3）：在保持阶段，驱动电流下降到一个较小的值，约 2.5A，保证喷油器处于打开状态且功耗降低。

3）燃油压力调节阀的控制电路

燃油压力调节阀的作用是发动机控制单元发送脉宽调制信号打开其输入阀，调整高压燃油的压力。燃油压力调节阀控制电路如图 3-20 所示，有两个接线端子，直接与发动机控制单元连接，一个端子是电源端子，另外一根是脉宽调制信号线的控制端。

模块 3　汽油发动机燃油控制系统检修

图 3-20　燃油压力调节阀控制电路

3. 缸内直喷式燃油控制系统的控制功能

1) 喷油正时的控制

对于缸内直喷式燃油控制系统，ECU 根据工况的不同，对混合气浓度以及喷油正时的控制也不同。根据不同的工况分别采用两种控制模式，分别为中低负荷工况的分层燃烧控制模式和高负荷工况下的均质燃烧控制模式。

(1) 分层燃烧模式的喷油正时控制。

分层燃烧模式是指在压缩行程喷入燃油，随着压缩行程的进行，燃油与空气混合，直至点火时刻，从火花塞处至汽缸壁，燃油浓度由浓到稀，保证有效点火，火焰传播也正常，从而提高燃油经济性。

该模式下发动机控制单元以曲轴位置传感器、空气流量传感器、节气门开度的信号为依据，进行喷油正时的控制，发动机在进气行程活塞移至下止点时，ECU 控制喷油嘴进行一次小量的喷油，使汽缸内形成稀薄混合气。在活塞压缩行程末端时再进行第二次喷油，这样在火花塞附近形成混合气相对浓度较高的区域，实现分层燃烧，如图 3-21 所示。

进气行程喷油（第一次喷油）

压缩行程末端喷油（第二次喷油）

图 3-21　分层燃烧模式的喷油正时

(2) 均质燃烧模式的喷油正时控制。

均质燃烧模式是指在进气行程后期向燃烧室内喷入燃油，在进气行程与压缩行程中完成与空气的充分混合，并在点火时刻使缸内形成较为均匀的混合气，确保稳定点火。均质燃烧也可分为稀均质燃烧模式（过量空气系数稍大于 1）和均质燃烧模式（过量空气系数略小于 1）。

该模式下发动机控制单元根据传感器信号，控制均质燃烧模式的喷油正时，如图 3-22 所示。发动机控制单元控制喷油器，在进气行程后期向燃烧室内喷入燃油，均质燃烧可以理解为普通的燃烧方式，即燃料和空气混合

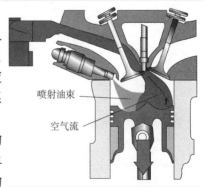

图 3-22　均质燃烧模式的喷油正时

形成一定浓度的可燃混合气,整个燃烧室内混合气的空燃比是相同的,经火花塞点燃燃烧。由于混合气形成时间较长,燃料和空气可以得到充分的混合,燃烧更均匀,从而获得较大的输出功率。

2)燃油压力的控制

(1)燃油压力控制系统。

缸内直喷式燃油控制系统的燃油压力控制系统有两级油压控制,分别是低压控制部分和高压控制部分。燃油控制系统通过高压燃油泵(由凸轮轴驱动)把低压燃油系统的低压燃油转化为高压燃油,以满足不同工况的需求。

低压控制部分基本组成和缸外喷射式燃油控制系统一致,只是控制电路原理不同,主要由燃油泵控制单元、油箱、电动燃油泵、带限压阀的燃油滤清器、低压燃油压力传感器等组成。发动机控制单元通过检测低压燃油压力传感器信号,来调整发动机控制单元对燃油泵控制单元的脉宽调制(PWM)信号,燃油泵控制单元接收PWM控制信号来控制燃油泵的供电电压,燃油泵电压在6V到蓄电池电压之间变换,进而调整低压燃油泵的供油量和油压。修正燃油泵电压的PWM信号由发动机控制单元提供。

高压控制部分主要由高压油泵、燃油压力调节阀、高压燃油压力传感器部件等组成,也是一种可控式系统,如图3-23所示。高压系统由高压燃油泵加压,系统压力通过燃油高压传感器来监控,发动机控制单元通过检测高压燃油压力传感器信号,来调整发动机控制单元对燃油压力调节阀的PWM信号,以保证燃油高压的稳定性。

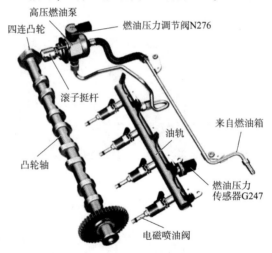

图3-23 高压控制部分

(2)带燃油压力调节阀的高压泵工作原理。

高压油泵会产生约15MPa的压力,泵活塞被凸轮轴通过圆柱挺杆驱动,这样减少摩擦也减少链条受力,使发动机运转更平顺,燃油经济性更好。高压油泵结构如图3-24所示。

①吸油行程。

高压油泵活塞在复位弹簧弹力的作用下下行,在柱塞上方形成真空,同时燃油压力调节阀通电打开,输入阀由阀针通过阀针弹簧力打开,低压系统的燃油被吸进活塞上方空间的泵室内,如图3-25所示。

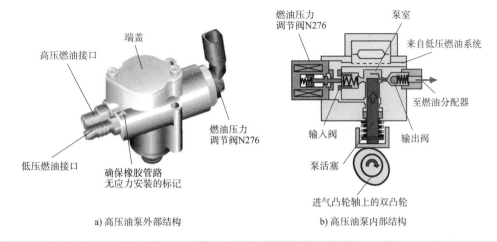

a) 高压油泵外部结构　　　　　　　b) 高压油泵内部结构

图 3-24　高压油泵结构

② 回油行程。

高压油泵活塞上行,活塞上方压力增大。在泵活塞上行初期,燃油压力调节阀仍打开,输入阀也保持开启状态,多余的燃油通过泵活塞压回到低压区域内,系统以此行程内燃油压力调节阀的通电时间来精确控制系统压力,如图 3-26 所示。

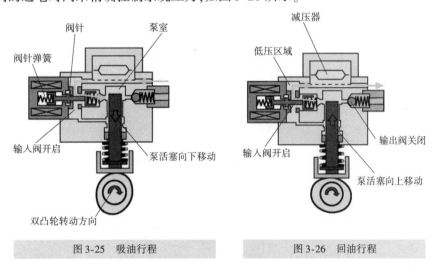

图 3-25　吸油行程　　　　　　　图 3-26　回油行程

③ 泵油行程。

高压油泵活塞上行的中后期,燃油压力调节阀断电,阀针因此克服阀针弹簧力被拉回,输入阀在输入阀弹簧力的作用下关闭。泵活塞向上移动使泵室内产生压力。如果泵室内压力大于燃油分配器内的压力,则输出阀打开。燃油泵至燃油分配器,如图 3-27 所示。

4. 双喷射式燃油控制系统

缸内喷射和缸外喷射各有优缺点。缸外喷射的优点是技术成熟、结构简单,而且相比缸内喷射,缸外喷射在低转速时有更好的排放表现。缸外喷射最大的缺点在于喷油量不够精准,造成部分燃油不能充分燃烧,造成油耗过高。

缸内喷射有着缸外喷射难以做到的精准喷油、更高的燃油效率以及更好的动力表现。

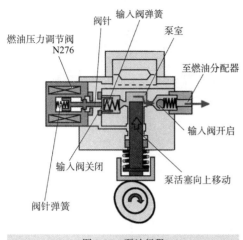

图 3-27 泵油行程

但缸内直喷系统在发动机怠速或者低负荷的时候,高压喷油嘴喷射出来的稀薄燃油和空气的混合效果不好,此时会产生相当多的氮氧化合物,给尾气处理提出了更高的要求。另外供油系统为达到更好的燃油雾化效果采用了高压部件,所以整个结构变得更为复杂,对燃油品质的要求也更加高,而且发动机产生的积炭也比缸外喷射发动机来得更多。

因此,双喷射式燃油控制系统就是由缸外喷射式燃油控制系统和缸内直喷式燃油系统组合而成,如图 3-28 所示和图 3-29 所示。该系统充分利用两种喷射系统的技术优势,来实现更高的燃烧效率和更宽泛的良好动力表现;减少积炭的形成,降低发动机的故障率;暖机更快,发动机更迅速地进入正常工作状态;发动机会根据不同的工况选择喷射方式,达到最佳工作状态,降低油耗。

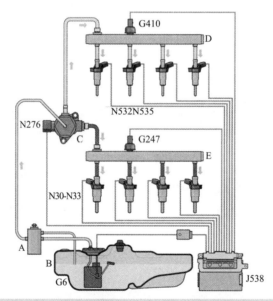

图 3-28 双喷射燃油控制系统组成图

发动机双喷射式燃油控制系统有四种运行模式:缸外喷射、高压单喷射、高压双重喷射、高压三重喷射。不同工况下,采用的运行模式不同。

(1)发动机冷起动阶段。

当发动机处于冷态且冷却液温度低于 45℃ 时,每次发动机起动,就在压缩循环中通过高压喷射系统进行三重直喷。

(2)暖机和三元催化转换器加热阶段。

发动机起动成功后,但冷却液温度仍未超过 45℃,高压喷油器由三重喷射变为双重喷射,分别喷入进气行程和压缩行程,低压喷油器此时不工作。

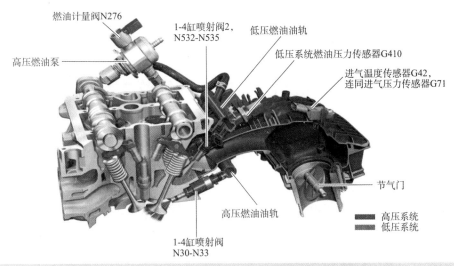

图3-29 双喷射燃油控制系统结构

(3)发动机在部分负荷状态。

如果发动机温度高于45℃,并且发动机在部分负荷范围中被驱动,则发动机切换到进气歧管喷射(SRE)模式,进气歧管翻板在大多数情况下保持关闭。

(4)发动机在全负荷状态下。

基于高性能需求,系统切换到高压模式,在进气和压缩循环中进行双重直喷。

(5)紧急运行状态。

如果任一喷油系统发生故障,发动机使用另一系统由发动机控制单元驱动,从而确保车辆仍可继续行驶,组合仪表中的红色发动机指示灯亮起。

【技能知识点】

1. 电动燃油泵及其控制电路的检修

在电源和搭铁线路正常的情况下,燃油泵控制单元接受发动机控制单元的指令,给燃油泵提供驱动电流,使燃油泵开始运转泵油。如果燃油泵不工作或者出现故障,会影响燃油压力、供油量,导致混合气过浓过稀,甚至导致发动机不起动或者熄火。造成燃油泵故障的主要原因有:

(1)供电熔断丝、继电器自身损坏或供电线路故障;

(2)发动机控制单元自身故障、燃油泵控制单元自身故障、燃油供给单元自身故障;

(3)控制单元之间相关线路故障;

(4)燃油泵电机故障、单向阀故障、安全阀故障、过滤阀故障等机械故障。

1)燃油泵功能检查

燃油泵是否正常工作,可以通过预供油功能检查及诊断来判断。

其检查方法是:开启车门或点火开关至ON挡时,应能听见燃油泵运转的声音,注意不是每次试验都会有结果。如果在两种情况下,始终没有听到燃油泵运转的声音,有可能为以下故障:

(1)燃油泵自身故障;

(2) 燃油泵与燃油泵控制单元之间电路故障;

(3) 燃油泵控制单元及其电源电路故障;

(4) 车门开启信号和点火开关信号传输故障(同时产生的可能性很小)。

如果只是在一种条件下不能听到燃油泵运转的声音,往往不影响发动机的起动,该故障多为信号传输有误。

2) 电路检修

一般情况下,燃油泵电路故障会报故障码,可先通过故障诊断仪进行诊断。常见故障码有:

(1) P310B 燃油低压力调节,燃油压力超出公差;P1250 燃油量过低。

(2) P3044 燃油泵短路;P3045 燃油泵电子装置损坏;P3043 燃油泵机械故障;P3089 燃油泵电子设备信号线故障。

(3) P125B 燃油低压回路产生气泡;P0087 油轨/系统压力过低。

燃油泵控制单元及电路电气检修方法如下。

(1) 检查各插接线束是否接触不良,检查燃油泵上的插头及插头连接是否松动,检查针脚是否有弯折或者腐蚀。

(2) 检查电源端子应为 12V,搭铁端子搭铁电阻应为 0Ω,如果不是,则进一步判断上游线路。

(3) 检查发动机控制单元与燃油泵控制单元间以及燃油泵控制单元与燃油泵间的连接是否有短路或者断路,如果存在短路或断路,应予以修复。

(4) 检查发动机控制单元、燃油泵控制单元以及燃油泵上的插头及插头连接,检查针脚是否有弯折或者腐蚀。

(5) 测量燃油泵控制单元的控制端信号,即调制脉宽信号(T 端子搭铁波形),正常波形如图 3-30 所示。

(6) 测量发动机控制单元 J623 的控制端子搭铁波形,正常波形如图 3-31 所示。

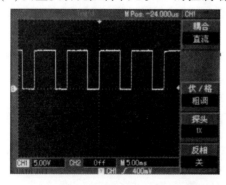

图 3-30　燃油泵控制单元端的控制信号搭铁波形

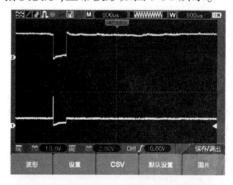

图 3-31　发动机控制单元端的油泵信号控制端子搭铁波形

(7) 测量燃油泵控制单元的信号控制端子和发动机控制单元的信号控制端子之间的导通性,检查有无断路。

(8) 测量燃油泵控制单元的信号控制端子搭铁电阻,是否为 0Ω。

2. 喷油器及其控制电路的检修

喷油器如果发生故障，视不同情况，会导致不同的故障现象。喷油器不工作，会导致发动机部分汽缸不工作，可能出现怠速不稳、发动机起动不顺利、发动机的抖动会与发动机的转速同步。

在检修喷油器及控制电路时，应首先区分是喷油器故障还是控制电路的故障。如果是喷油器自身损坏，应更换喷油器。

1) 喷油器工作性能检查

与缸外喷射喷油器的检查方法一样，可通过断缸法、螺丝刀测听法来判断喷油器是否工作。

2) 喷油器控制信号的检测

喷油器的控制信号可用示波器或发光二极管来检测，用示波器测量时应将示波器的探针和喷油器与发动机控制单元连接线路相连，示波器应显示如图3-32所示的波形。

用发光二极管测试灯测量时应将发光二极管测试灯的正、负极分别和喷油器的电源线及ECM连接线相连。在发动机运转时或起动电动机时，发光二极管测试灯应闪亮。

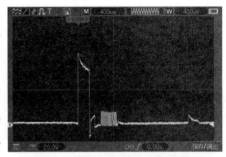

图3-32 高压喷油器怠速时信号波形

如果在发动机运转时或起动电动机时示波器没有显示脉冲波形或发光二极管测试灯没有闪亮，说明喷油器的控制电路有故障，应进行检修控制电路。如果测量时控制线路中有电脉冲而喷油器不喷油，则为喷油器故障，应拆检或更换喷油器。

3) 控制电路检修

如果喷油器不正常工作，可能故障原因及检查方法如下：

(1) 发动机控制模块进入保护模式导致不工作，例如防盗保护、失火保护等，通过故障诊断仪根据维修手册按规范工艺进行恢复。

(2) 发动机控制单元与喷油器之间线路断路、短路等，应予以修复。

(3) 如果喷油器的线路均正常，则说明发动机控制模块故障，应更换发动机控制单元。

3. 燃油压力调节阀及其控制电路的检修

如果燃油压力调节阀自身出现机械故障或者控制电路短路、断路等故障，将影响系统的运行，如果该电磁阀持续打开，将造成高压燃油系统压力过低（相当于低压燃油系统的压力）；如果该电磁阀持续关闭，则将造成高压燃油系统压力为零，发动机无法运行；如果因为控制信号故障，将可能导致高压燃油系统压力过大或过小。

1) 性能检查

由于燃油压力调节阀是高频电磁阀，电磁阀的阻值一般都很小，所以不能直接加12V电源进行通电测试，否则会导致燃油压力调节阀烧坏。在测试时，可在电磁阀的电器回路串联一个几十欧姆的电阻，对流经电磁阀的电流进行限制，这样可确保万无一失，检查电磁阀的阀芯运动是否顺畅，听到"哒"声音则为正常。

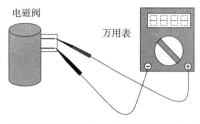

图 3-33 测量电磁阀电阻的方法

2）电阻检查

静态检查是指点火开关置 OFF 位置时,测量电磁阀的电阻值。如图 3-33 所示,用万用表的笔尖与电磁阀的插针相连,观察仪表屏幕上显示的阻值。若大于额定值,说明电磁阀线圈老化;若低于额定值,说明线圈匝间短路;若为无限大,说明电磁阀线圈开路。这些情况说明电磁阀已经失效,必须予以更换。

3）电路检修

打开点火开关,测量燃油压力调节阀两控制信号端子（T2f/1 和 T2f/2）搭铁波形,可用示波器来检测,用示波器测量时应将示波器的探针和燃油压力调节阀与发动机控制单元连接线路相连,示波器应显示如图 3-34 所示的波形,绿色为控制信号线 T2f/1 的波形,黄色为 T2f/2 搭铁线波形。

也可用发光二极管测试灯测量,将发光二极管测试灯的正、负极分别和燃油压力调节阀与 ECM 连接线、蓄电池负极相连。在发动机运转时或起动电动机时,发光二极管测试灯应闪亮。如果在发动机运转时或起动电动机时示波器没有显示脉冲波形或发光二极管测试灯没有闪亮,说明燃油压力调节阀自身损坏或控制电路有故障,应进行拆检更换或控制电路线束的修复。如果测量燃油压力调节阀插接器端子与发动机控制单元端子之间的导通性有异常,应检修线路。

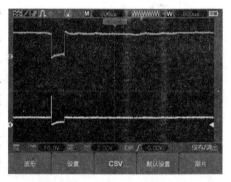

图 3-34 燃油压力调节阀的控制信号波形

【线上学习资源】

1. 线上微课

直喷发动机喷油器检测　　直喷发动机燃油压力调节阀检测　　低压燃油压力传感器检测　　J538 燃油控制信号检测

2. 线上作业

3. 线上测试

模块 4

汽油发动机点火控制系统检修

【模块导论】

1. 目标要求

点火控制系统工作不正常是发动机故障的主要原因,掌握点火控制系统的构造与检修方法,对排除车辆故障有很大的帮助。本模块通过介绍汽油发动机点火控制系统的构造和原理,分析点火控制系统的检测方法,使学生具备对发动机点火控制系统进行检修的能力。

本模块的学习重点是:汽油发动机点火控制系统的构造与原理,点火控制系统的检测方法。

本模块的学习难点是:汽油发动机点火控制系统的检修技能。

2. 任务分解

本模块分为1个任务和1个实训项目。

任务　点火控制系统检修

实训项目　汽油发动机点火控制系统检修

任务　点火控制系统检修

【任务目标】

通过本任务的学习,学生应能够理解并能描述点火控制系统的结构、原理,学会分析点火控制系统的控制电路,并具备对点火控制系统进行检修的职业能力。

【理论知识点】

1. 点火控制系统的作用与组成

点火控制系统的作用是控制汽油发动机点火系统的工作,主要任务是控制点火正时,因此,点火控制系统也被称为电控点火提前系统(Electronic Spark Advance,ESA)。与传统的触点式点火系统或电子点火系统相比,点火控制系统可以使发动机在任何工况下都能以最佳点火提前角工作,以保证发动机的功率、经济性、加速性和废气排放量等各项指标达到最优。

按照电控点火系统的类型,点火控制系统可分为分电器式点火控制系统、同时点火式点火控制系统、独立点火式点火控制系统等类型,分电器式和同时点火式点火控制系统已淘汰。不论何种形式,其基本组成和工作原理都是相似的,不同之处主要是点火控制器的个数及其控制电路略有不同,所控制的点火线圈个数不同等。

点火控制系统主要由相关的传感器、ECM、点火控制器三大部分组成,如4-1 所示。

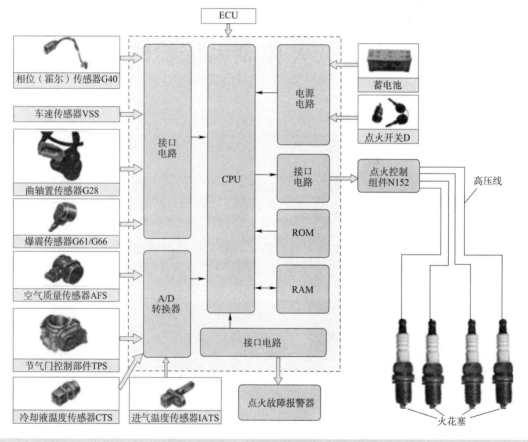

图4-1　点火控制系统的组成

与点火控制有关的传感器主要有曲轴位置传感器(包括 NE 信号和 G 信号)、空气流量传感器(或进气管压力传感器)、冷却液温度传感器、节气门位置传感器等。发动机在不同转速和负荷下的最佳点火提前角被事先存储在 ECM 的存储器内。在发动机实际运行时,ECM 先根据空气流量传感器和曲轴位置传感器测得的发动机负荷和转速信号,从存储器内读出相应工况下的点火提前角,再根据冷却液温度传感器、节气门位置传感器等测得的发动机其他运转参数,对所选取的点火提前角进行修正,以保证在任意运转工况下都能获得最佳的点火提前角。最后,ECM 还要根据曲轴位置传感器测得的曲轴位置基准信号,在各缸活塞到达压缩行程上止点之前,精确地按照这一最佳点火提前角向点火控制器发出点火信号

(IGt),通过点火控制器控制点火线圈初级电流的导通和断开,从而产生感应电压,触发火花塞跳火,如图4-2所示。

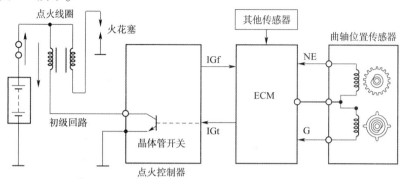

图4-2 点火控制系统的工作原理

点火控制器除了按照ECM的点火信号(IGt)控制点火线圈工作外,还会在每完成一次点火任务时,向ECM返回一个已点火信号(IGf),使ECM可以据此判定点火控制器是否正常工作。如果ECM在控制点火后没有从点火控制器得到返回的IGf信号,会立即切断喷油器的工作,以防止未经燃烧的燃油进入排气管,导致三元催化转换器损坏等不良后果。

起动开关的作用是让ECM能判定发动机是否处于起动工况,从而确定是否按起动控制方式控制点火正时。

诊断座的作用是让维修人员能通过解码器等诊断设备向ECM发出检测点火正时的指令,ECM会根据这一指令使所控制的点火提前角固定为某一标准数值,以便维修人员能用点火正时灯校正发动机的实际点火正时。

2. 点火提前角控制

电控点火系统的点火提前角由ECM根据各种传感器的信号确定并控制。ECM对点火提前角的控制分为两种模式,即起动时的点火提前角控制和起动后的点火提前角控制。在发动机起动时,ECM以固定的初始点火提前角控制点火正时。在发动机起动后的运转过程中,ECM分别计算基本点火提前角和修正点火提前角,将两者之和与初始点火提前角叠加,进行点火正时控制,如图4-3所示。

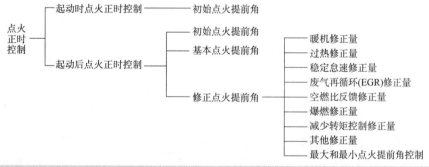

图4-3 ECM的点火提前角控制模式

1)起动时的点火提前角控制

在起动期间,发动机的转速很低(通常在500r/min以下),且转速和进气量都极不稳定,使 ECM 无法根据转速和进气量计算点火提前角。因此,在起动工况下,ECU 不实行最佳点火提前角控制,而是以固定的一个初始点火提前角来控制点火。初始点火提前角的位置随发动机不同而有所不同,一般为压缩上止点前5°~10°。在许多发动机中,ECM 是以标志第一缸压缩上止点位置的 G 信号之后第一个 NE 信号的位置(NE 信号电压由正值变为0V 的时刻),作为初始点火提前角的基准点的,如图4-4所示。初始点火提前角也是 ECM 进行点火提前角控制的一个基准,在 ECM 的数据流中所显示的点火提前角数值,是 ECM 以初始点火提前角为基准进行的提前(或推迟)点火的角度,该角度与初始点火提前角之和,才是发动机的实际点火提前角。ECM 由起动开关的信号和曲轴位置传感器测得的发动机转速信号,判定其是否以起动工况控制点火提前角。

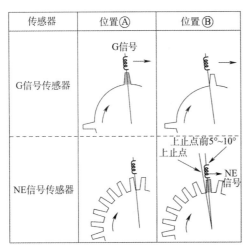 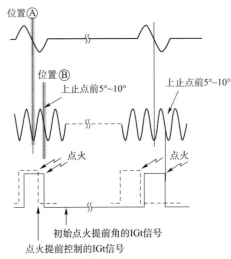

图4-4 初始点火提前角

2)起动后的点火提前角控制

当发动机转速超过一定值(一般大于500r/min)时,ECM 即认为发动机已进入起动后工况,从而开始以最佳点火提前角为目标控制发动机的点火。ECM 在计算最佳点火提前角时,分别计算基本点火提前角和修正点火提前角,并将两者之和与初始点火提前角叠加,进行点火正时控制,即起动后的实际点火提前角 = 初始点火提前角 + 基本点火提前角 + 修正点火提前角。

(1)基本点火提前角。基本点火提前角主要取决于发动机的转速和负荷,同时也与发动机的节气门开度、冷却液温度等参数有关。发动机不同工况下的基本点火提前角存储在 ECM 的存储器中,ECM 根据曲轴位置传感器、空气流量传感器(或进气管压力传感器)、节气门位置传感器、冷却液温度传感器等信号,从存储器中选择相应的基本点火提前角。

(2)修正点火提前角。修正点火提前角是 ECM 根据发动机的某些特殊工况和控制目标的需求,对点火提前角进行的修正。不同发动机对点火提前角的修正方式和内容各不相同,以下是一些常见的修正方式。

①暖机修正。在发动机处于冷车起动后的暖机运转工况时,由于冷却液温度较低,混合气燃烧较慢,为提高发动机运转的稳定性,应增大点火提前角。随着暖机过程的延续,冷却

液温度逐渐升高,暖机修正量将逐渐减小。在一些发动机中,当发动机冷却液温度很低时,暖机修正量最大可达15°。

②过热修正。当发动机冷却液温度过高时,应适当减小点火提前角,以避免发动机过热或产生爆燃。过热修正量最大可达5°。

③稳定怠速修正。在发动机处于怠速运转工况时,如果发动机转速因负荷变化等原因而偏离目标值,ECM除了通过怠速自动控制系统来稳定怠速转速外,有时还会通过调整点火提前角,使发动机在规定的怠速下稳定运转。ECU在进行稳定怠速修正时,会不断地监测发动机的转速,当该转速低于规定的目标怠速转速时,ECM将根据与怠速目标转速差值的大小相应增加点火提前角。反之,则推迟点火提前角。一些发动机只有在怠速控制系统无法完成怠速转速控制时,才会通过修正点火提前角来实现怠速转速的控制。

④废气再循环修正。当废气再循环系统(EGR)工作时,由于部分废气进入发动机汽缸,减小了发动机产生爆燃的趋势,因此,可适当增大点火提前角,以改善发动机的加速能力。

⑤空燃比反馈修正。混合气空燃比变化对混合气的燃烧速度有影响,因此,ECM需要根据氧传感器的空燃比反馈信号,对点火提前角进行修正。ECM仅在空燃比大于14.7:1情况下才进行空燃比反馈修正。当空燃比从14.7:1逐渐变大时,空燃比反馈修正量由零逐渐增大。当空燃比由大于14.7:1逐渐变小时,空燃比反馈修正量由大逐渐减小。空燃比小于14.7:1时,ECM不进行空燃比反馈修正。

⑥爆燃修正。存储在ECM内的发动机不同工况下的最佳点火提前角是根据发动机台架试验的结果,再按照预定的准则,对燃油消耗、转矩、排放、爆燃倾向以及其他行驶性能等进行优化后确定的。它只能代表这种发动机的一般情况。制造加工上的误差或燃油品质的不同以及发动机磨损等原因,都会使个别发动机对点火提前角的实际要求偏离这种点火特性。这时,若仍按这一点火特性来控制点火提前角,就会使发动机因点火过早或过迟而产生爆燃或造成动力下降、加速性变差。

为解决上述问题,可在缸体上靠近燃烧室的地方安装一个爆震传感器。它能将发动机爆燃时产生的压力波转变成电信号输送给ECM;ECM根据爆震传感器传来的反馈信号来调整点火提前角,以保证在任意工况下的点火提前角都处于接近发生爆燃的最佳角度,这种反馈修正即为爆燃修正。

有爆震传感器的发动机,其ECM在进行点火提前角控制时,会先按存储器内最佳点火提前角的数值控制点火,然后逐步增大点火提前角,直至爆震传感器测出一定程度的爆燃。当ECM接收到最初的爆燃信号后,就按预定的控制程序将点火提前角推迟某一角度,使爆燃消失。随着爆燃的消失,ECM又逐渐地增大点火提前角。这样不断地循环往复,就可将点火提前角始终控制在接近爆燃的最理想范围内,从而进一步改善发动机的性能。

⑦减少转矩控制修正。配备电控自动变速器的汽车,当汽车在行驶中换挡时,ECM会适当减小点火提前角,使发动机的输出转矩降低,以减小换挡冲击。

⑧最大和最小点火提前角控制。如果发动机的实际点火提前角(初始点火提前角+基本点火提前角+修正点火提前角)超出某一范围,发动机将不能正常运转。为了防止这种情况的出现,ECM进行点火提前角控制时,会防止基本点火提前角和修正点火提前角之和大于设定的最大值或小于设定的最小值。

3. 闭合角控制

闭合角是指点火初级线圈电流导通期间,曲轴或凸轮轴所转过的角度。闭合角控制也称点火线圈初级线圈通电时间控制。对于电感储能式点火系统,点火次级线圈产生的感应电压取决于初级线圈断开瞬间流过线圈的电流大小。在初级线圈断开瞬间,通过线圈的电流值越大,点火线圈的次级就能感应出越高的感应电压。由于线圈的感抗作用,在电源电压不变的条件下,从初级线圈导通开始,流过线圈的电流是按指数规律增长的,需要经过一定的时间后,才能达到饱和电流。在闭合角保持不变的情况下,初级电流导通的时间将随着发动机转速的增加而减少。为了满足汽油机对点火系统在点火电压和点火能量上的要求,ECM 会根据发动机的转速,自动控制点火系统的闭合角。当发动机转速升高时,ECM 会适当地增大闭合角,以保证初级线圈电流有足够的导通时间,使初级线圈的电流在断开瞬间能达到或接近饱和电流,提高感应电压,如图 4-5 所示。反之,当发动机转速降低时,ECM 会适当地减小闭合角,以防止初级线圈电流的导通时间过长,造成初级线圈过热,耗电量过大。

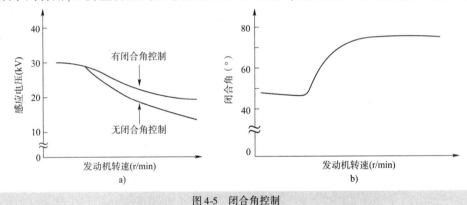

图 4-5 闭合角控制

4. 点火控制器及其控制电路

点火控制器的主要作用是根据 ECM 的点火信号(IGt),导通和断开点火线圈初级回路的电流,如图 4-6 所示。IGt 信号是一种电压为 5V 的矩形脉冲信号,如图 4-7 所示,点火控制器中的点火控制电路按照这一信号使晶体管开关电路导通或截止。当 IGt 信号由 5V 变为 0V 时,晶体管开关电路截止,切断初级线圈电流,从而在次级线圈中产生感应电压,使火花塞点火。

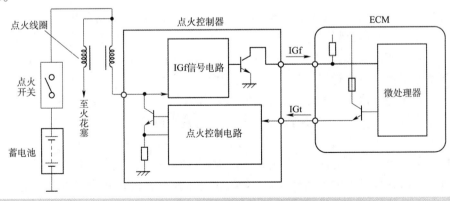

图 4-6 点火控制器的工作原理

除此之外,不同车型发动机的点火控制器还可能具有以下一些功能。

(1)产生已点火信号(IGf)。点火控制器每次完成对点火线圈初级电流的导通和断开控制时,都会向 ECM 返回 1 个已点火信号(称为 IGf 信号),ECM 据此确认点火控制器已完成点火控制,其工作状态正常。IGf 信号由点火控制器中的 IGf 信号电路产生,不同车型发动机点火控制器的 IGf 信号产生的方式不同,其特征也不一样。有些 IGf 信号电压为 5V,如图 4-8 所示,有些则为 12V 左右。早期的点火控制器利用初级线圈电流切断时产生的感应电压来产生 IGf 信号,以脉冲信号由 0V 变为 5V(或 12V)作为确认已点火的标志。现在的点火控制器是以初级电流达到某一值来触发 IGf 信号,以脉冲信号由 5V(或 12V)变为 0V 作为确认点火的标志。

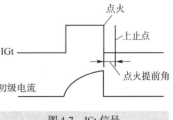

图 4-7 IGt 信号

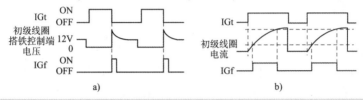

图 4-8 IGf 信号

(2)闭合角控制。即自动控制初级电流导通所占的凸轮轴转角,当发动机转速升高时,自动增大闭合角,使初级电流有足够的导通时间。

(3)锁止保护控制。在因某些原因而使初级电流导通时间过长时(如 IGt 信号线与电源线短路),自动切断初级电流,以保护点火线圈和点火控制器。

(4)超电压保护控制。在电源电压过高时,自动切断初级电流,以保护点火线圈和点火控制器。

(5)超电流保护控制。控制初级电流,使之不会超过设定的某一限值,以防止点火线圈过热。由于有了这个功能,传统点火系统中的附加电阻在电控点火系统中即被取消。

(6)提供转速信号。在许多车型中,发动机转速表的信号由点火控制器提供。

点火控制器的控制电路随点火系统不同而不同,详见各种类型点火系统的控制电路。由于每一种点火控制器都是为特定的点火系统和点火线圈设计制造的,因此,不同型号发动机的点火控制器和点火线圈都是不能随便互换使用的,否则,会损坏点火控制器或点火线圈。

5. 独立点火式电控点火系统的控制电路

独立点火式电控点火系统的每个汽缸都有一个点火线圈和点火控制器,两者被集成在一个总成内,安装在火花塞的上方,点火线圈的次级线圈直接与火花塞相连。图 4-9 所示为这种点火系统控制电路的一种形式。在这种点火系统中,每个点火控制器都与 ECM 连接,ECM 根据各种传感器的信号,计算出点火提前角,并根据曲轴位置传感器测得的各缸活塞位置,按各缸工作顺序,依次向各个点火控制器发出点火信号(IGt1、IGt2…IGt6)。各个汽缸的点火控制器按照 ECM 的点火信号,控制各点火线圈初级绕组电流的导通和断开,使之产生次级高压,直接输送给火花塞进行点火。

大部分车型发动机的这种点火系统的点火控制器有 4 根接线,分别为电源线、IGt 信号线、搭铁线和 IGf 信号线。点火控制器除了控制点火线圈产生点火高压外,还能在每次点火时,向 ECM 返回已点火信号(IGf),此外还具有除闭合角控制外的其他保护控制功能。为了简化电路,通常将各个点火控制器的 IGf 信号线合并为 1 根或 2 根线,再与 ECM 连接,如图 4-10 所示。当有个别汽缸的点火控制器没有返回 IGf 信号时,ECM 可以按照点火顺序,判定是哪个汽缸的点火控制器或点火线圈不工作。

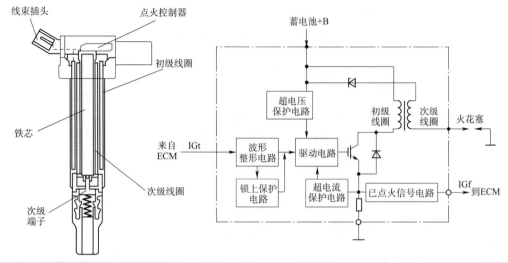

图 4-9 点火控制器和点火线圈总成结构和工作原理

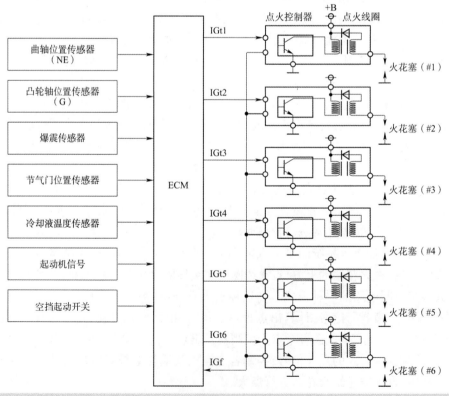

图 4-10 独立点火式电控点火系统的控制电路

模块 4　汽油发动机点火控制系统检修

少数一些发动机的这种点火控制器只有 3 根接线,即电源、IGt 信号、搭铁三根线,没有 IGf 信号线。也有汽车每个点火控制器有 4 根接线:2 根搭铁线 T4u/1、T4u/3,1 根控制点火信号线 T4u/2,1 根电源线 T4u/4,如图 4-11 所示。

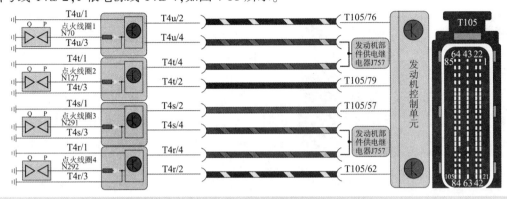

图 4-11　点火系统控制电路

【技能知识点】

若发动机在起动电动机时点火线圈不能产生高压火花,其原因可能是曲轴位置传感器、ECM、点火控制器、点火线圈等部件中的某个部件损坏,也可能是点火系统的控制电路有断路、短路等故障。曲轴位置传感器的检测方法参见模块 2,下面主要分析各种电控点火系统控制电路的检测方法及点火控制器的性能检查方法。

独立点火式电控点火系统出现个别汽缸不点火的故障时,可以很方便地采用互换点火控制器和点火线圈总成的方法,来判定原因是部件损坏还是电路故障。如果所有汽缸都不点火,则故障原因应当在控制电路、传感器或 ECM,而不太可能是所有点火控制器和点火线圈总成同时损坏。因此,只要通过对控制电路进行检测,即可确定故障的范围。

1. 独立点火式电控点火系统控制电路的检测

独立点火式电控点火系统控制电路的检测步骤可参照图 4-12 所示的序号,方法如下。

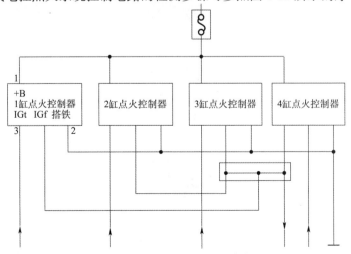

图 4-12　独立点火式电控点火系统控制电路的检测

(1)拔下点火控制器和点火线圈总成的线束插头,打开点火开关。参照维修手册,测量线束插头的电源端子,应为12V蓄电池电压。如果电压为0V,说明电源电路有故障,通常为断路,应进一步检修。

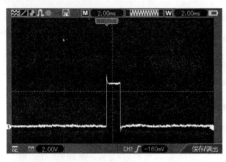

图 4-13　点火信号控制线的波形
（N70-T4u/2 信号波形）

(2)测量线束插头的搭铁端子,其与蓄电池负极之间的电阻应为0Ω。如测得的电阻很大,说明搭铁电路有断路,应修复。

(3)用发光二极管试灯测量线束插头的IGt端。在起动电动机以起动发动机时,试灯应闪烁,否则说明ECM没有向点火控制器发出点火信号。可能是曲轴位置传感器有故障,也可能是ECM不工作,应进一步检修。

也可以用示波器检测点火信号控制线,正常的信号波形如图4-13所示。

2. 独立点火式点火控制器和点火线圈总成的性能检查

(1)把3个1.5V的干电池串联起来,使其负极接汽车蓄电池负极(或将其搭铁),用一根导线将其正极引出。

(2)将点火控制器和点火线圈总成的电源线和搭铁线接好(或插上线束插头,打开点火开关),接好火花塞并使之搭铁。将干电池正极引出线与点火控制器和点火线圈总成的IGt端子挂碰,同时检查火花塞电极处有无高压火花产生。如果有高压火花,则说明点火控制器和点火线圈总成是正常的;如果没有高压火花,则说明该总成有故障,应更换新件。

【线上学习资源】

1. 线上微课

点火控制器检测

2. 线上作业

3. 线上测试

模块 5
汽油发动机进气控制系统检修

【模块导论】

1. 目标要求

汽油发动机进气控制系统是发动机的重要组成部分,本模块主要讲述汽车发动机进气控制系统的类型、组成及工作原理,检测与维修方法,使学生具备对发动机进气控制系统进行检修与诊断的职业能力。

本模块的学习重点是:发动机进气控制系统的结构及工作原理、检测方法。

本模块的学习难点是:发动机进气控制系统的检修技能。

2. 任务分解

本模块分为4个任务和1个实训项目。

任务1　怠速控制系统检修

任务2　电子节气门控制系统检修

任务3　可变气门控制系统和可变进气管控制系统检修

任务4　涡轮增压控制系统检修

实训项目　汽油发动机进气控制系统检修

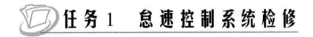
任务1　怠速控制系统检修

【任务目标】

通过本任务学习,学生应能描述怠速控制系统的基本组成与工作过程,以及怠速控制系统主要构件的结构原理和检测方法,并具备对怠速控制系统进行检测与诊断的职业能力。

【理论知识点】

1. 怠速控制系统

1）怠速控制系统的作用

怠速控制系统是发动机电控系统的一个组成部分，它由相关的传感器、ECM、怠速控制阀等组成，其作用是在发动机怠速运转时（即节气门全关时），自动控制发动机的怠速转速，使发动机在不同的运转条件都有最适当的怠速转速，提高怠速转速的稳定性，改善怠速工况下的排放性能，并保证发动机和汽车其他有关系统在怠速工况下的正常工作。

2）怠速控制系统类型

电控汽油发动机怠速控制系统按控制怠速进气量方式的不同，可分为节气门直动式（采用电子节气门的发动机）和进气道旁通式（采用机械式节气门的发动机）两种，如图5-1所示。

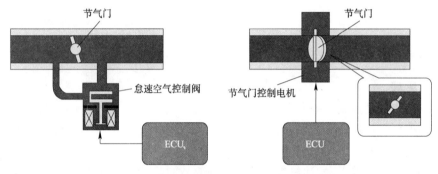

图5-1 怠速控制系统类型

3）怠速控制系统的主要控制功能

不同发动机的怠速控制系统有各种不同的控制功能，常见的主要有以下几种。

（1）起动过程控制。起动过程控制包括起动前控制和起动后的控制。起动前控制是指ECM会根据起动开关的信号，在起动前或起动过程中，将怠速控制阀开启到足够大的开度，即使此时节气门全关，也能有足够的进气量，保证发动机顺利起动（图5-2中的A点）。起动后控制是指在发动机起动中转速超过500r/min后（即发动机已经起动），ECM会按照存储器内储存的不同工作温度的怠速值，立即将怠速控制阀关小，使发动机转速降至与当前工作温度相适应的怠速转速（图5-2中的B点），起动过程至此结束。

（2）暖机过程怠速控制。暖机过程怠速控制是指发动机冷车起动后，在冷却液温度尚未达到正常工作温度的冷车运转过程中，ECM会通过改变怠速控制阀的开度，将发动机怠速保持在与当前工作温度相适应的较高转速值（图5-2中的B→C），以保证发动机冷车工况下的怠速运转稳定性。发动机冷却液温度越低，ECM所控制的怠速转速就越高。这一控制过程从发动机起动后即开始，一直持续到发动机达到正常工作温度为止（通常为70~80℃）。这种在冷车工况下较高的怠速也称为冷车快怠速。

（3）无负荷怠速控制。无负荷怠速控制是指发动机在正常工作温度下处于怠速运转工况时（即节气门全关），如果发动机没有其他负荷，ECM会控制发动机的怠速转速，使之保持为某一目标值(通常为 700～800r/min),以保证其具有最佳的怠速稳定性和较低的排放污染。此时 ECM 会从曲轴位置传感器获得发动机实际转速,并将该转速与目标怠速转速相比较,一旦发现发动机的实际转速与目标怠速转速不同,就会通过改变怠速控制阀的开度,控制发动机的进气量,直至发动机转速达到目标值为止。

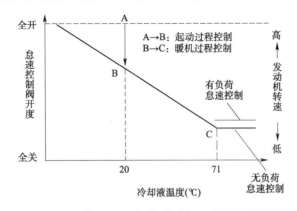

图 5-2　怠速控制系统的主要功能

(4)有负荷快怠速控制。有负荷快怠速控制是指发动机在正常工作温度下处于怠速运转工况时,ECM 会根据有关传感器或开关的信号(如空调开关、挡位开关等),在发动机有一定的负荷时(如使用汽车空调、自动变速器挂上挡位、开启前照灯或后窗除霜器等用电设备、转向助力器工作等),自动提高怠速转速,以防止发动机在怠速工况下因负荷过大而熄火,同时保证所开启的系统对发动机怠速转速的要求(如空调压缩机要求发动机有较高的怠速转速,通常为 900r/min)。这种在不同负荷下较高的怠速转速也称为快怠速(如空调快怠速等)。

(5)减速控制。有些发动机的怠速控制系统具有减速控制功能。这种功能是在发动机节气门突然关闭时,ECM 会控制怠速控制阀的开度,逐渐减小发动机的进气量,延缓发动机转速的下降速率,以改善发动机的排放性能,同时防止发动机在急减速时由于进气管真空度过大,燃油过度蒸发,导致混合气太浓,造成发动机熄火。

除了上述各种功能外,有些发动机的怠速控制系统还将蓄电池电压作为怠速控制的一个参考信号,当蓄电池电压过低时,ECM 会通过怠速控制阀提高发动机的怠速转速,以提高发电机的充电电压。许多发动机电控系统还能通过诊断座接收来自电脑检测仪的相关指令,并据此控制发动机的怠速转速。ECM 会根据维修人员通过电脑检测仪发出的诸如提高转速、降低转速、保持初始转速等指令,向怠速控制阀发出相应的控制信号,以控制其开度,从而改变发动机的怠速转速,满足维修人员的检测要求。

2. 怠速控制阀

机械式节气门的发动机采用旁通式怠速控制系统,这种发动机在怠速工况时,节气门全关,此时发动机进气是通过一条绕过节气门的旁通气道进入进气歧管的,主要部件是怠速控制阀(Idle Speed Control,ISC)。ECM 根据有关传感器获得与发动机怠速运转有关的信号,通过怠速控制阀控制旁通气道的大小,以改变发动机在怠速运转时的进气量,实现对发动机怠速转速的控制,如图 5-3 和图 5-4 所示。

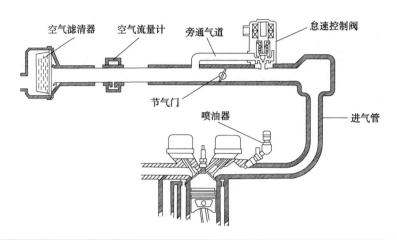

图 5-3 旁通式怠速控制系统的组成

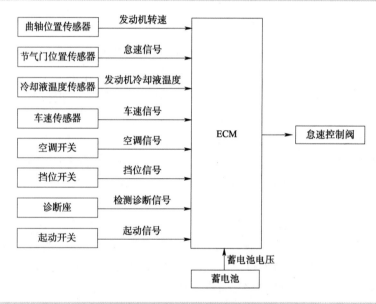

图 5-4 旁通式怠速控制系统的工作原理

在发动机电控系统中,与怠速控制有关的传感器及控制开关主要有:曲轴位置传感器、节气门位置传感器、冷却液温度传感器、车速传感器、空调开关、挡位开关、起动开关等。

怠速控制阀有多种结构形式,常见的主要有旋转电磁阀式、步进电机式等。下面主要介绍旋转电磁阀式的结构原理,步进电机式可详见线上学习文件 6:步进电机式怠速控制阀。

1)旋转电磁阀式怠速控制阀的结构和工作原理

旋转电磁阀式怠速控制阀由转子、定子、旁通气道等组成,如图 5-5 所示。转子的中部是控制阀门开度大小的阀片,转子的一端是一个磁场呈径向分布的圆柱形永久磁铁。定子由电磁线圈和铁芯组成。电磁线圈未通电时,转子由于其端部的永久磁铁与铁芯的相互吸引而处于某个固定的位置,此时阀片使旁通气道有一较小的开度;当电磁线圈通电时,铁芯中产生磁场。永久磁铁在该磁场的作用下,带动转子偏转至某一角度并保持不动。

传统的旋转电磁阀式怠速控制阀的定子中有两个相对布置、极性相反的电磁线圈,如

图 5-6a)所示。其中一个线圈产生的磁场使阀门关闭,另一个线圈产生的磁场则使阀门开启。ECM 以频率相同、相位相反的两个正方波脉冲电信号同时控制这两个电磁线圈的电流,并通过改变脉冲电信号的占空比来控制两个电磁线圈通电电流的大小,达到控制阀门开度的目的。所谓占空比,是指在一串频率固定的脉冲信号(一般为方波)中,正脉冲(高电平)的持续时间与脉冲总周期的比值,如图 5-7 所示。当一个电磁线圈因脉冲电信号的占空比增加而使磁场强度增大时,另一个线圈脉冲电信号的占空比则减小而使磁场强度减弱,如图 5-6b)所示,转子在两个磁场的作用下偏转至某一角度。

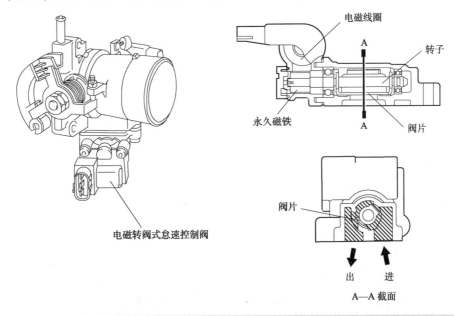

图 5-5 旋转电磁阀式怠速控制阀

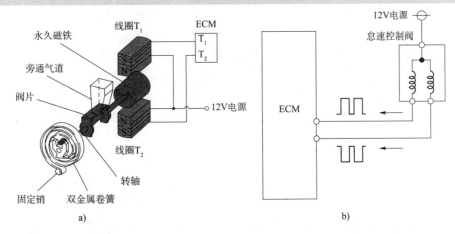

图 5-6 旋转电磁阀式怠速控制阀的工作原理

近年来采用的新型旋转电磁阀式怠速控制阀只有一个定子线圈,如图 5-8a)所示,ECM 通过改变脉冲电信号占空比的大小控制该定子线圈的电流,如图 5-8b)所示,以改变磁场强度的大小,达到改变转子的偏转角度和怠速控制阀开度的目的。

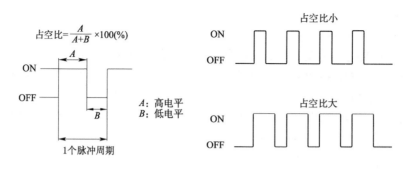

图5-7 脉冲电信号占空比示意图

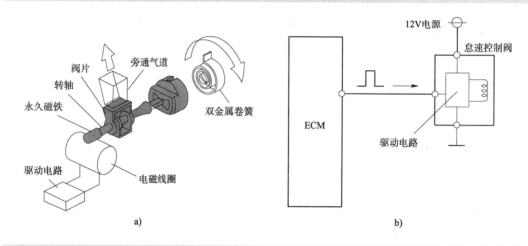

图5-8 新型旋转式怠速控制阀的工作原理

有些旋转电磁阀式怠速控制阀中有一个双金属卷簧。卷簧的一端固定在阀体上,另一端与转子连接。由于双金属卷簧会随着流经怠速控制阀水道的发动机冷却液温度变化而产生扭转变形,从而改变了转子在自由状态下的位置,也即改变了怠速控制阀的初始开度。当怠速控制阀因控制电路出现故障而断电时,双金属片卷簧可使发动机的怠速转速仍能随发动机工作温度的不同而变化,从而在一定程度上实现冷车快怠速的自动调整。

旋转电磁阀式怠速控制阀转子的最大转动范围通常为90°~180°,因此其所控制的旁通气道的大小有限,无法满足发动机所有怠速工况对进气量的控制需求,往往要和其他怠速控制阀共同使用。

2) 旋转电磁阀式怠速控制阀的控制电路

旋转电磁阀式怠速控制阀有3个接线端子,其中1根为来自EFI主继电器的12V电源。传统的旋转电磁阀式怠速控制阀除了电源接线外,另外2根接线是2个电磁线圈的搭铁控制端,都与ECM连接,如图5-9a)所示。ECM用互为反相的2个脉冲电信号分别控制这2个电磁线圈的电流。

新型旋转电磁阀式怠速控制阀除电源外,另外2个接线分别为搭铁端和连接ECM的控制端,如图5-9b)所示。在这种怠速控制阀中有一个由晶体管放大器等组成的驱动电路,它根据来自ECM的脉冲电信号,控制电磁线圈的通电。

模块 5　汽油发动机进气控制系统检修

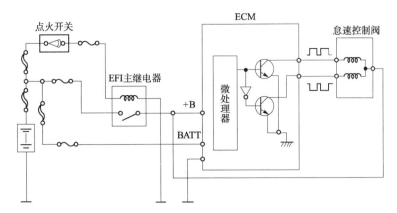

a) 传统的旋转电磁阀式怠速控制阀

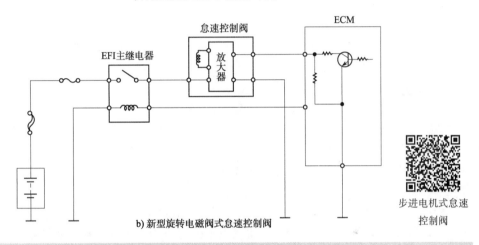

b) 新型旋转电磁阀式怠速控制阀

步进电机式怠速控制阀

图 5-9　旋转电磁阀式怠速控制阀的控制电路

【技能知识点】

怠速控制系统的故障会使发动机怠速失常,出现怠速不稳、怠速转速过高或过低、无冷车快怠速、无空调快怠速等。其原因主要是 ECU 的控制功能、有关的传感器或信号线路、怠速控制阀以及怠速控制系统的线路出现故障。这些故障有些能被 ECU 的自诊断系统检测出来,检修时可根据故障代码查找相应的故障原因。但有些故障可能无法被 ECU 的故障自诊断系统检测出来,此时要通过人工检测的方法找出故障部位。

1. 怠速控制系统的性能检查

当发动机的怠速运转出现异常时,应先对怠速控制系统的工作性能进行检查,以判断怠速控制系统是否有故障。怠速控制系统工作性能的检查方法如下。

(1) 在冷车状态下起动发动机,暖机过程中发动机怠速应能达到规定的快转怠速(通常为 1500r/min 左右)。在发动机达到正常工作温度后,怠速转速应能恢复正常(通常为 750r/min 左右)。如果冷车起动后怠速不能按上述规律变化,则说明怠速控制系统有故障。

(2) 当发动机达到正常工作温度后,打开空调开关,发动机怠速应能上升至 900r/min 左右。若打开空调开关后发动机转速下降,则说明怠速控制系统有故障,无法完成空调快怠速控制。

(3)用数字式万用表或示波器测量怠速控制阀各个端子上的信号。如果在发动机怠速运转中,怠速控制阀线束插头有脉冲电信号输出,说明怠速控制系统的有关传感器和 ECU 的怠速控制功能正常。若无脉冲电信号输出,可打开空调开关后再测试;若仍无脉冲电信号输出,说明怠速控制系统不工作。

2. 旋转电磁阀式怠速控制阀及其电路的检测

(1)旋转电磁阀式怠速控制阀控制电路的检测。

旋转电磁阀式怠速控制阀有 3 个接线端子。传统的旋转电磁阀式怠速控制阀的 3 根接线中,1 根为电源线,另外 2 根为接 ECM 的控制线。新型旋转电磁阀式怠速控制阀的 3 根接线分别为电源线、搭铁线和接 ECM 的控制线。检测时,应拔下怠速控制阀的线束插头,打开点火开关,用数字式万用表测量电源线端子,应为 12V 蓄电池电压。关闭点火开关,测量控制线端子与 ECM 线束插头相应端子之间的通断,应导通无断路,与其他控制电路和搭铁之间应无短路,搭铁线与蓄电池负极之间的电阻应为 0 Ω。

(2)旋转电磁阀式怠速控制阀的性能检测。

测量旋转电磁阀式怠速控制阀各电磁线圈的电阻。传统的旋转电磁阀式怠速控制阀的电磁线圈可通过测量其电阻,来判断其是否有短路或断路的故障。测量方法是:拔下旋转电磁阀式怠速控制阀的线束插头,用数字式万用表分别测量怠速控制阀线束插座上的电源接脚和其余两个接脚之间的电阻。其正常电阻均为 12.3 ~ 19.3 Ω(丰田汽车)。如阻值不符合标准或有短路、断路,应更换怠速控制阀。

检查旋转电磁阀式怠速控制阀的性能。传统的旋转电磁阀式怠速控制阀的性能检查方法是:拆下旋转电磁阀式怠速控制阀,将蓄电池的正极用一根电线和怠速控制阀插座上的电源接脚保持连接,同时用另一根电线将蓄电池负极分别与怠速控制阀插座上的其余两个接脚(控制端)连接。当其中一个接脚和蓄电池负极连接时,怠速控制阀的阀芯应旋转至关闭位置,如图 5-10a)所示;当另一个接脚和蓄电池负极连接时,怠速控制阀的阀芯应旋转至开启位置,如图 5-10b)所示。如果连接蓄电池后,阀芯不能正常开启和关闭,则应更换怠速控制阀。

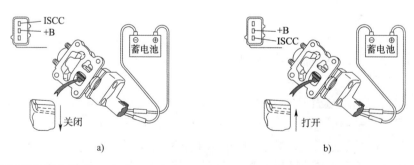

图 5-10 丰田轿车发动机旋转电磁阀式怠速控制阀的检查

新型旋转电磁阀式怠速控制阀的性能检查方法是:拆下旋转电磁阀式怠速控制阀,将蓄电池的正、负极分别用电线和怠速控制阀插座上的电源、搭铁接脚保持连接,同时用另一根电线将蓄电池负极与怠速控制阀插座上的控制接脚连接,此时怠速控制阀的阀芯应旋转至全开位置。如果连接后阀芯不能正常旋转,则应更换怠速控制阀。

【线上学习资源】

1. 线上微课

怠速控制阀的检修

2. 线上作业

3. 线上测试

任务2 电子节气门控制系统检修

【任务目标】

通过本任务的学习,学生应能够理解并能描述电子节气门控制系统的结构、原理,会分析电子节气门控制系统的控制电路和检测方法,并具备对电子节气门控制系统进行检修的职业能力。

【理论知识点】

1. 电子节气门控制系统的作用与组成

电子节气门控制系统(Electronic Throttle Control,ETC)的作用是根据驾驶员对加速踏板的踩踏量,由ECM通过电机控制节气门的开度,从而完成对发动机负荷的控制。该系统是发动机电控系统的一个组成部分,主要由电子节气门(含节气门电机、节气门位置传感器)、加速踏板位置传感器及其他与节气门开度控制有关的传感器和控制开关组成,如图5-11所示。

对于传统的配备机械式节气门的发动机,由于节气门与加速踏板之间是通过拉索机械连接,因此其开度与加速踏板之间的比例关系是固定,无法满足各种不同使用条件下对节气门开度变化特性的要求。配备电子节气门控制系统的发动机则取消了传统的节气门拉索,其节气门不再由驾驶员通过加速踏板以机械的方式直接控制,而是由ECM根据加速踏板位置传感器及其他传感器的信号,通过节气门电机驱动节气门,使之开启或关闭,达到控制节气门开度的目的。ECM 在控制电子节气门的开度时,能够使节气门开度与加速踏板角度之间始终处于最佳的比例关系,从而保证发动机在各种工况和工作条件下都有最佳的性能表现。此外,电子节气门还具有怠速自动控制、驱动防滑控制、巡航控制等功能,可使发动机及汽车电控系统的结构得到简化。因此,电子节气门控制系统已成为当前汽车发动机的主流配置。

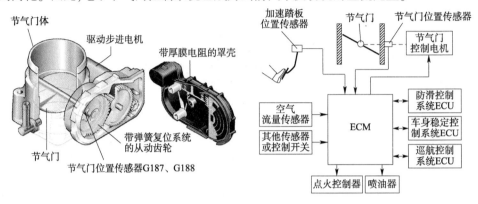

图 5-11　汽车电子节气门控制系统组成

ECM 在控制节气门开度时,是以加速踏板位置传感器所测得的加速踏板被踩下的角度,作为控制节气门开度的主要依据。ECM 通过改变节气门电机的电流大小和方向,使电机朝不同的方向转动,驱动节气门开启或关闭,并以节气门位置传感器监测节气门的实际开启角度,实现对节气门开度的精确控制。当加速踏板被踩下时,ECM 通过节气门电机使节气门朝开启方向转动,直至节气门位置传感器所测得的节气门开度达到与加速踏板位置相对应的角度为止。反之,当加速踏板被松开时,ECM 通过使节气门朝关闭方向转动,直至节气门开度达到与加速踏板位置相对应的角度为止。ECM 在控制节气门开度时,还要同时参考其他各种传感器测得的发动机运转工况,并根据汽车防滑控制系统、车身稳定控制系统、巡航控制系统等其他系统的要求,以控制节气门处于最佳的开度。此外,ECM 在控制节气门的同时,还会根据需要,对点火正时、喷油量作出适当的控制,以配合节气门开度的变化,如图 5-12 所示。

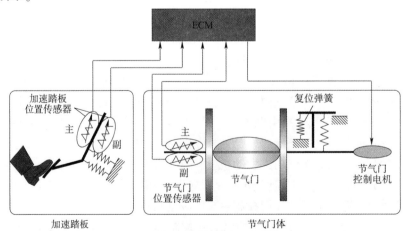

图 5-12　电子节气门控制系统的工作原理

2. 电子节气门及其控制电路

1) 电子节气门的结构和工作原理

电子节气门由节气门体、节气门、复位弹簧、节气门电机、减速齿轮、节气门位置传感器等组成,如图 5-13 所示。

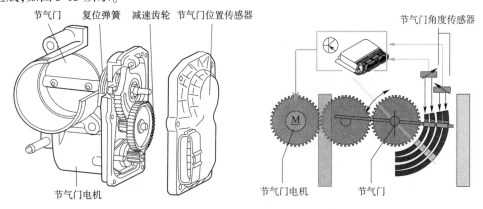

图 5-13 电子节气门

节气门电机可以在 ECM 的控制下朝不同的方向转动,通过减速齿轮驱动节气门轴,使节气门开启或关闭,同时带动节气门位置传感器的转子转动,将节气门的位置转换成电信号输送给 ECM。复位弹簧可以在节气门电机的电流被切断时(如点火开关关闭时),将节气门关小至接近关闭的初始位置,此时节气门保持为较小的开度(为 6°~8°)。

电子节气门控制系统的主要控制模式和功能

节气门电机是一种反应灵敏度高、耗电量小的直流电机,其两个接线端子都和 ECM 连接,如图 5-14 中的 M+ 和 M-。每个端子在 ECM 中都有两个三极管开关电路控制,其中一个三极管可为该端子提供电源,另一个三极管则可使该端子搭铁。ECM 通过控制各端子两个三极管开关电路的导通或截止,改变节气门电机的电流方向,达到控制节气门电机转动方向的目的。ECM 控制电源端的三极管开关电路,使施加在节气门电机上的电流是一个频率固定的脉冲电流,并通过改变脉冲电流的占空比,达到控制节气门电机电流大小的目的。

节气门的转动方向和位置由节气门电机电流的方向、大小及节气门复位弹簧弹力三个因素决定。ECM 通过控制节气门电机电流的方向和大小,即可以让节气门开大、保持开度不变、关小。

当节气门电机的电流从 M+ 流向 M- 时,如图 5-14a)所示,电机朝节气门开启的方向旋转。电流较大时,电机克服复位弹簧的弹力使节气门开大,电流越大,节气门开启的速度越快。当电流减小到电机的转动力矩等于复位弹簧的弹力时,节气门保持在某一开度不变。当电流继续减小时,电机的转动力矩将小于复位弹簧的弹力,节气门在复位弹簧的作用下关小。

当电机电流为零时,节气门在复位弹簧的作用下回到接近全关的初始位置,其开度为 6°~8°(此时发动机转速比正常怠速转速高)。

要使节气门在小于初始位置的开度下工作(如怠速自动控制时),应使节气门电机的电流从 M- 流向 M+,如图 5-14b)所示,此时节气门在电机带动下克服复位弹簧的弹力关小。

增大电流,可使节气门关闭的速度加快,开度减小。反之,减小电流,可使节气门保持开度不变或开启。

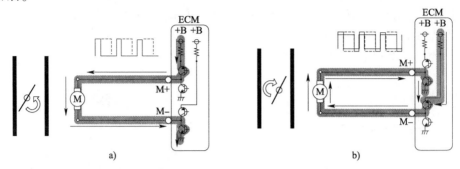

图5-14 节气门电机的控制电路

2)电子节气门的控制电路

电子节气门的控制电路由节气门电机控制电路和节气门位置传感器控制电路两部分组成。如图5-15所示为丰田轿车发动机所用电子节气门的控制电路,它有6根接线,全部都与ECM连接。其中2根为节气门电机的接线端子,另外4根为节气门位置传感器的接线端子。

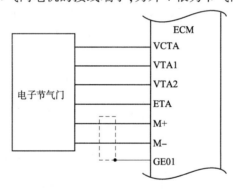

图5-15 电子节气门的控制电路

【技能知识点】

电子节气门控制系统出现故障,可能会使发动机怠速失常,出现怠速不稳、怠速转速过高或过低、无冷车快怠速、无空调快怠速等。其故障原因主要包括ECM的控制功能失常、有关的传感器或控制电路异常、电子节气门或其控制电路异常等。当上述故障出现时,如果发动机故障警告灯亮起,应先用解码器读取故障代码,根据故障代码查找相应的故障原因。但如果发动机故障警告灯没有亮起,说明该故障没有被ECM的故障自诊断系统检测出来,此时要通过其他方法找出故障部位。

1. 电子节气门控制系统的性能检查

1)怠速自动控制性能的检查

当发动机的怠速运转出现异常时,应先对电子节气门控制系统的怠速自动控制性能进行检查,以判断其控制功能是否正常。怠速自动控制性能的检查方法如下:

(1)在冷车状态下起动发动机,暖机过程中发动机怠速应能达到规定的快转怠速(通常为

1500r/min 左右)。在发动机达到正常工作温度后,怠速转速应能恢复正常(通常为 750r/min 左右)。如果冷车起动后怠速不能按上述规律变化,则说明怠速自动控制性能异常。

(2) 当发动机达到正常工作温度后,打开空调开关,发动机怠速应能上升至 900r/min 左右。若打开空调开关后发动机转速下降,则说明怠速自动控制性能异常,无法完成空调快怠速控制。

2) 电子节气门工作性能的检查

当发动机出现加速无力、转速过高等运转异常时,应检查电子节气门的工作性能,其方法是:

(1) 运转发动机,检查发动机转速能否随着加速踏板的踩下或松开而变化,如有异常,应做进一步检查。

(2) 将解码器与检测诊断座连接,打开解码器,读取发动机电控系统的数据流。踩踏加速踏板,同时观察节气门位置传感器和加速踏板位置传感器的信号,两者应能同步增大或减小,否则说明电子节气门控制系统有故障。

3) 电子节气门控制系统主要部件及其电路的检测

(1) 电子节气门的性能检测。

① 打开点火开关,踩下加速踏板,检查节气门电机的工作声音,应无任何摩擦或卡滞的声音。

② 拆下连接在节气门上的进气管,检查电子节气门与壳体之间应无异物或大量污物。打开点火开关,节气门开度应能随加速踏板的踩下而开大,无卡滞现象。

③ 关闭点火开关,观察节气门是否能处于接近全关的初始位置。用手推动节气门,应能使节气门开启到最大位置,松开手后节气门应能回到初始位置,无任何卡滞现象。

④ 拔下电子节气门的线束插头,用数字式万用表测量节气门电机线圈的电阻。节气门电机两个接线端子之间的电阻应小于 100Ω。

用导线将蓄电池的正负极与节气门电机的两个接线端子作短暂的连接。在更换正负极的连接方向时,节气门应能迅速地开启或关闭。断开接线后,节气门应能回到接近全关的初始位置。

以上检查如有异常,应拆检、清洗或更换电子节气门。

(2) 电子节气门控制电路的检测。电子节气门的控制电路有两个部分,分别是节气门位置传感器和节气门电机的控制电路。节气门位置传感器控制电路的检测方法参见模块 2。节气门电机只有两个接线端子,检测时应关闭点火开关,拔下电子节气门的线束插头,分别测量两个端子与 ECM 线束插头相应端子之间的通断,应导通无断路,与其他控制电路和搭铁之间应无短路。

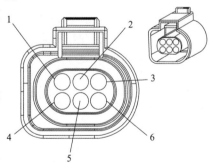

图 5-16 大众迈腾电子节气门线束插接器

① 将点火开关置于 OFF 位置,脱开电子节气门插接器,插接器上有 6 个端子,如图 5-16 所示。端子 1 为节气门位置传感器信号,端子 2 为传感器 5V 参考电压(供电),端子 3、5 为节气门电机控制,端子 4 为节气门位置传感器信号,端子 6 为传感器低电平参考电压(搭铁)。

② 用万用表检测电子节气门线束端子 6 与搭铁之间的电阻,应小于 5Ω,否则应检查对应线路或更换发动机控制单元。

③将点火开关置于 ON 位置,用万用表检测电子节气门线束端子 2 和搭铁之间的电压,应为 4.8~5.2V,即传感器供电正常。否则应检查对应线路或更换发动机控制单元。

④将点火开关置于 ON 位置,用接到搭铁的测试灯分别检测电子节气门线束端子 3、端子 5,确认测试灯未点亮,即线束没有对电压短路,否则应检查对应线路或更换发动机控制单元。

⑤将点火开关置于 OFF 位置,连接电子节气门线束,起动发动机,改变节气门开度的同时,分别检测电子节气门端子 3、端子 5 与搭铁之间的电压,分别为 0~12V,2.5~12V,即节气门控制电机供电正常。否则应检查对应线路或更换发动机控制单元。

(3)节气门电机控制信号的检测。将点火开关置于 OFF 位置,按照正确方法连接汽车诊断仪及示波测试线,示波器一个探针的信号输入端连接端子 1,另一端接搭铁;示波器另一个探针的信号输入端连接端子 4,另一端接搭铁。用示波器分别检测节气门电机两个接线端子上的信号波形,应如图 5-17 所示。检测节气门电机的控制信号时,应运转发动机。在踩下或松开加速踏板时,信号的占空比应随之变化。

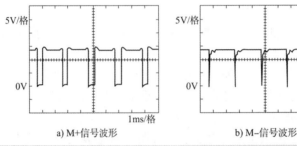

图 5-17 节气门电机的控制信号波形

【线上学习资源】

1. 线上微课

电子节气门的检测

2. 线上作业

3. 线上测试

任务3 可变气门控制系统和可变进气管控制系统检修

【任务目标】

通过本任务的学习,学生应能够理解并能描述可变气门控制系统和可变进气管控制系统的结构、原理,会分析可变气门控制系统和可变进气管控制系统的控制电路,并具备对可变气门控制系统和可变进气管控制系统进行检修的职业能力。

【理论知识点】

1. 可变气门控制系统

可变气门控制系统的作用是控制发动机可变气门机构的工作,使发动机的配气相位(有些发动机还包括气门升程)能随发动机运转工况的变化而变化,始终保持最佳,从而保证发动机在任意工况下都有良好的燃料经济性、动力性、运转稳定性,减少排放污染物。

1)可变气门正时控制系统

可变气门机构有多种形式,但不论何种形式,其控制系统的组成都是相似的,以下以丰田轿车发动机所采用的可变正时齿轮控制器形式为例加以说明,如图5-18所示。这种可变气门控制系统主要由ECM、气门正时控制阀、曲轴位置传感器、凸轮轴位置传感器及其他与气门正时控制有关的传感器组成。

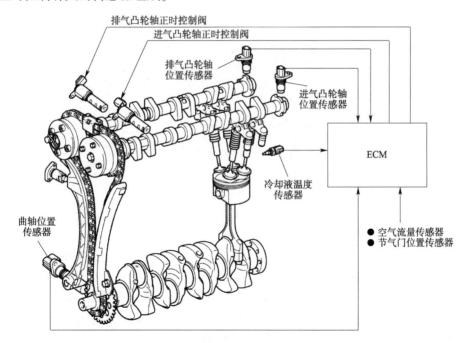

图5-18 可变气门控制系统的组成

配备可变气门机构和可变气门控制系统的发动机,其配气相位(或气门正时)不再是固定不变的。ECM根据发动机转速、负荷等有关的工况参数,计算出在该工况下最佳的目标气门正时,通过气门正时控制阀控制可变正时齿轮控制器的工作,以改变凸轮轴与正时齿轮之间的相对角度,使配气相位提前或推迟。同时,ECM 通过凸轮轴位置传感器,监测凸轮轴与正时齿轮之间的实际角位移,判定此时的实际配气相位(或气门正时),从而对气门正时控制阀的控制作出反馈调整,达到精确控制气门正时的目的,如图 5-19 所示。

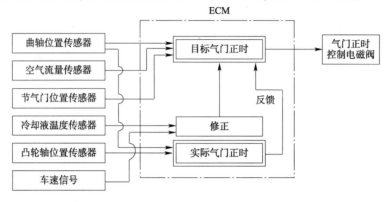

图 5-19　可变气门控制系统的工作原理

2)气门正时控制阀及其控制电路

气门正时控制阀是一种线性电磁阀,它由 ECM 控制,用于控制进入正时齿轮控制器的油路。气门正时控制阀由电磁线圈、衔铁、滑阀、套筒、复位弹簧等组成,如图 5-20 所示。来自发动机润滑系统主油道的压力机油从套筒上的进油孔进入控制阀。

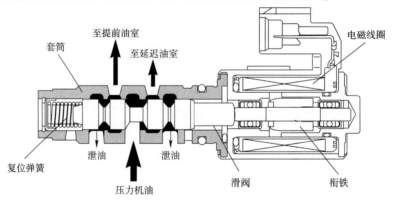

图 5-20　气门正时控制阀

当 ECM 施加在电磁线圈上的脉冲电信号的占空比小于某一数值时,滑阀在弹簧的弹力作用下向右移动,使压力机油进入延迟油室,同时让提前油室的机油从泄油孔排出,此时正时齿轮控制器使凸轮轴相对于正时齿轮朝延迟方向转动。

当 ECM 施加在电磁线圈上的脉冲电信号的占空比大于某一数值时,滑阀克服弹簧的弹力向左移动,使压力机油进入提前油室,同时让延迟油室的机油从泄油孔排出,此时正时齿轮控制器使凸轮轴相对于正时齿轮朝提前方向转动。

当 ECM 检测到实际气门和目标气门正时相等时,会将施加在电磁线圈上的脉冲电信号控制在某一中间值,此时滑阀处于套筒的中间位置,使提前油室和延迟油室的机油压力相同,此时正时齿轮控制器使凸轮轴与正时齿轮的相对角度保持不变。

当电磁线圈中没有电流时,滑阀将在复位弹簧的作用下右移至极限位置。

气门正时控制阀有两根接线端子,其控制电路与线性电磁阀式怠速控制阀相同。

3)可变气门升程控制系统

可变气门升程控制系统可使发动机气门的升程随发动机的工况进行调节,在高转速时,采用长升程来提高进气效率,让发动机的进气更顺畅;在低转速时,采用短升程,能产生更大的进气负压及更多的涡流,让空气和燃油充分混合,因而提高低转速时的转矩输出。以下以迈腾轿车发动机所采用的可变气门升程控制系统(AVS)形式为例加以说明。可变气门升程控制系统为每个进气门设计了两组不同角度的凸轮,同时在凸轮轴上安装有螺旋沟槽套筒。螺旋沟槽套筒由电磁驱动器加以控制,用以切换两组不同的凸轮,从而改变进气门的升程,其结构如图5-21所示。

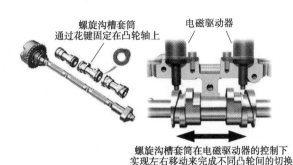

图5-21 可变气门升程控制系统结构

发动机在高负载的情况下,可变气门升程控制系统将螺旋沟槽凸轮件向右推动,使角度较大的凸轮得以推动气门。在此情况下,气门升程可达到11mm,以提供燃烧室最佳的进气流量和进气流速,实现更加强劲的动力输出。当发动机在低负载的情况下,为了追求发动机的节油性能,此时系统则将螺旋沟槽凸轮件轮推至左侧,以较小的凸轮推动气门。可变气门升程控制系统工作原理如图5-22所示。

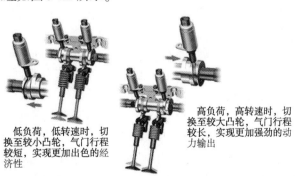

图5-22 可变气门升程控制系统工作原理

图5-23所示为迈腾发动机排气凸轮轴采用AVS的电路图,在排气凸轮轴上安装有排气门凸轮调节阀,调节阀有两条线,一根搭铁线,另一根由发动机控制单元J623控制搭铁,提供脉宽调制(PWM)的控制信号线。

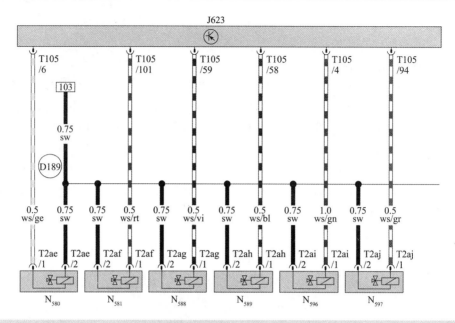

图 5-23　迈腾 B8L 发动机排气凸轮调节阀电路

2. 可变进气管控制系统

现今的汽油喷射式发动机在进气管上采用了各种特殊的结构形式,以便充分利用进气管内的空气动力效应,进一步提高各种转速工况下的进气量,增加发动机的动力输出,并改善其转矩输出特性。这些特殊的结构形式包括采用长进气管,设置动力腔、谐振腔及采用可变进气管。

可变进气管控制系统的作用是控制发动机可变进气管的工作,使进气管的长度、形状能随发动机的运转工况而变化,以充分利用进气管内的空气动力效应,获得实现最佳的进气充量。

进气道可变控制系统是利用进气气流的惯性和压力波来提高充气效率的,可分为进气谐波增压系统和动力阀控制系统。

1) 进气谐波增压系统

进气谐波增压系统也称为声控进气系统(Acoustic Control Induction System,ACIS),是利用了进气管内的压力波与进气门的开启配合,当进气门开启时,使反射回来的压力波正好传到该气门附近,从而产生进气增压的效果,提高发动机的充气效率和功率。进气谐波增压系统由真空电磁阀、真空拉力器、进气控制阀、真空罐、长进气道和短进气道等组成,如图 5-24 所示。

发动机低速运转时,进气控制阀关闭,使用细长管道,有利于提高进气涡流,获得最大转矩;发动机高速运转时,进气控制阀完全打开,进气歧管由细长管道转换为短粗管道,有利于提高充气效率,以获得较高的输出功率。进气谐波增压系统工作原理如图 5-25 所示。

2) 动力阀控制系统

动力阀控制系统是控制发动机进气道的空气流通截面大小,以适应发动机不同转速和负荷时的进气量需求。在进气量较少的低速、小负荷工况下使进气道空气流通截面积减小,提高进气流速、增大进气惯性、加强汽缸内的涡流强度,以提高发动机的充气效率,改善发动机低速性能。而在进气量较多的高速、大负荷工况下增大进气空气流通截面积,以减小进气阻力,有利于改善发动机的高速性能。

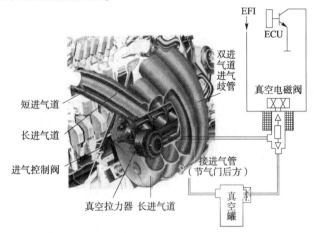

图 5-24 进气谐波增压系统的组成

a) 发动机低速时,进气歧管变长

b) 发动机高速时,进气歧管变短

图 5-25 进气谐波增压系统工作原理

动力阀控制系统由真空电磁阀、真空控制阀、动力阀(进气翻版)等组成。迈腾 B8L 发动机进气道采用动力阀(进气翻板)控制系统,由进气歧管翻板、进气歧管风门(翻板)电位计 G336、进气歧管风门控制阀 N316、真空促动器组成,如图 5-26 所示。

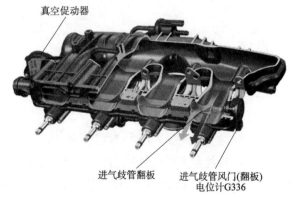

图 5-26 迈腾发动机进气歧管

在迈腾发动机上装配有真空泵,由凸轮轴驱动,为真空促动器、制动系统真空助力器等提供真空,如图 5-27 所示。

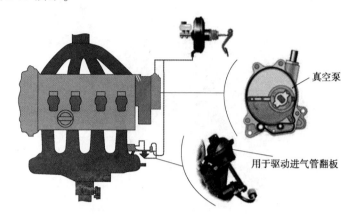

图 5-27　迈腾发动机真空系统

控制进气道空气流通截面积大小的动力阀安装在进气管上,动力阀的开闭由真空控制阀控制,ECU 根据各传感器信号通过进气歧管风门控制阀 N316 控制真空罐和真空控制阀的真空通道。

当发动机小负荷运转时,进气量较少,ECU 断开真空电磁阀,真空罐中的真空进入真空控制阀,动力阀处于关闭位置,进气通道面积变小,如图 5-28a)所示。当发动机大负荷运转时,进气量较多,ECU 接通真空电磁阀搭铁回路,真空罐中的真空不能进入真空控制阀,控制动力阀开启,进气通道面积变大,如图 5-28b)所示。

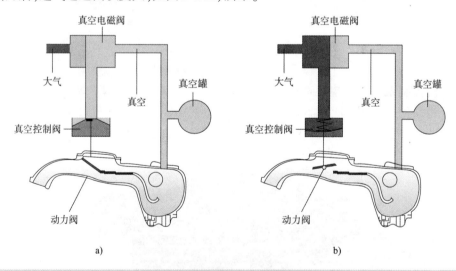

图 5-28　动力阀控制系统工作原理

图 5-29 所示为可变进气歧管控制系统电路图,其中 N316 为进气歧管风门控制阀,进气歧管风门控制阀 N316 经熔断丝 SB4,由主继电器 J271 供电,由发动机控制单元 J623 控制搭铁。进气歧管风门电位计 G336 三根导线均与发动机控制单元 J623 相连接,三根线分别是电源线、搭铁线、信号线。

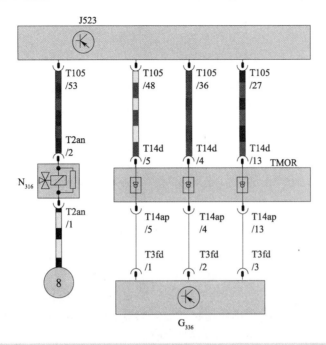

图 5-29　迈腾发动机可变进气歧管控制系统电路

【技能知识点】

1. 气门正时控制系统检修

气门正时控制系统出现故障时,会使实际气门正时与 ECM 的目标气门正时不符,ECM 会及时检测到这一故障,从而使发动机故障警告灯亮起。在检修时,应先使用解码器读取故障代码,根据故障代码查找故障原因。

正时控制阀是气门正时控制系统的主要执行器,其故障包括电磁线圈短路或断路、阀芯卡滞等,可通过测量电磁线圈的电阻和检查电磁阀的动作等方式来检测。

(1) 测量电磁线圈的电阻。检查时,可将正时控制电磁阀从发动机上拆下,用万用表测量电磁线圈的电阻,并与标准值比较。如果测得的线圈电阻与维修手册中的标准不符,或测得电磁线圈短路、断路,均应更换电磁阀。

(2) 检查电磁阀的动作。以进气凸轮轴正时控制电磁阀为例,从发动机上拆下正时控制电磁阀,清洗后,将电磁阀的接线端子与蓄电池连接,通过阀孔目视检查阀芯的动作是否正常。当电磁阀的两个接线端子分别和蓄电池正、负极连接时,阀芯应从最大延迟位置移动到一侧的极限位置;断开电磁阀和蓄电池的接线后,阀芯应回到最大延迟位置。

如果以上检查有异常,应更换正时控制电磁阀。

正时控制电磁阀电路的检测与线性电磁阀式怠速控制阀相同。

2. 气门升程可变控制系统检修

(1) 将点火开关置于 OFF 位置,脱开 1 缸两个排气凸轮调节器的线束插头,每个插头上有 2 个端子。端子 2 为 12V 供电电源,端子 1 为发动机控制单元 J623 控制信号。

(2) 用万用表分别检测 1 缸两个排气凸轮调节器的内阻,20℃环境温度下应为 5~10Ω。

(3)将点火开关置于 ON 位置,用万用表检测 1 缸两个排气凸轮调节器线束端子 2 和搭铁之间的电压,应为蓄电池电压 12V,即供电电压正常,否则应检查对应线路或熔断器 SB5 或主继电器 J271。

(4)用万用表检测进、排气凸轮轴调节器线束端子 1 和搭铁之间的电压,应为 2~3V,即控制信号电压正常,否则应检查对应线路或更换发动机控制单元。

(5)将点火开关置于 OFF 位置,按照正确方法连接汽车诊断仪及示波测试线。示波器信号输入端连接 1 缸排气凸轮调节器 AN580 控制信号端子 1,另一端连接搭铁,起动发动机,检测 1 缸排气凸轮调节器脉冲宽度调制(PWM)波形,并观察波形随发动机转速变化的情况。

3. 可变进气歧管控制系统的检修

(1)将点火开关置于 OFF 位置,脱开进气管风门控制阀 N316 线束插头,插头上有 2 个端子。端子 1 为 12V 供电电源,端子 2 为发动机控制单元 J623 控制信号。

(2)用万用表检测进气管风门控制阀的内阻,20℃环境温度下应为 10Ω 左右。

(3)将点火开关置于 ON 位置,用万用表检测进气管风门控制阀线束端子 1 和搭铁之间的电压,应为蓄电池电压 12V,否则应检查对应线路或熔断器 SB4 或主继电器 J271。

(4)将点火开关置于 OFF 位置,在进气管风门控制阀端子 2 上连接带搭铁的试灯,起动发动机,快速踩下、抬起加速踏板,观察真空促动器动作,试灯闪亮(低速时点亮、高速时熄灭),否则应检查对应线路或更换发动机控制单元。

(5)将点火开关置于 OFF 位置,脱开进气歧管风门电位计 G336 线束插头,插头上有 3 个端子。端子 1 为电位计 5V 供电电源,端子 2 为信号,端子 3 为搭铁,进气歧管风门电位计的详细检步骤不再赘述。

【线上学习资源】

1. 线上微课

气门升程可变系统(AVS)
控制元件检测

2. 线上作业

3. 线上测试

模块 5　汽油发动机进气控制系统检修

任务 4　涡轮增压控制系统检修

【任务目标】

通过本任务的学习,学生应能够理解并能描述涡轮增压控制系统的结构、原理,能够分析涡轮增压控制系统的控制电路,并具备对涡轮增压控制系统进行检修的职业能力。

【理论知识点】

废气涡轮增压控制系统是利用发动机排出高温、高压废气的热能和动能,驱使涡轮增压器中增压涡轮对进气加压,从而加大循环进气量,提高发动机的输出功率与动力性能。

1. 组成和原理

废气涡轮增压控制系统由涡轮增压器、排气旁通阀、中冷器、旁通阀压力调节单元、增压压力传感器、涡轮增压器循环空气阀等组成,如图 5-30 所示。发动机工作时,由排气管排出的高温、高压废气流经增压器的涡轮壳,在废气进入涡轮壳时利用废气通道截面的变化(由大到小)来提高废气的流速,使高速流动的废气按一定方向冲击涡轮,并带动压气机叶轮一起旋转,增压器转子的转速很高,每分钟可达上万转甚至数十万转。经空气滤清器滤清后的空气被吸入压气机壳,旋转的压气机叶轮将进入压气机壳的空气甩向叶轮边缘出气口,使空气的压力和流速升高,并利用压气机出气口处通道截面的变化(由小到大)进一步提高空气压力,增压后的空气经进气冷却器(中冷器)和进气管进入汽缸。

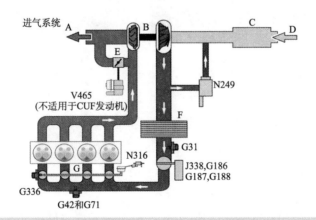

图 5-30　废气涡轮增压控制系统的结构组成

G31-增压压力传感器;G42-进气温度传感器;G71-进气歧管压力传感器;G186-电子节气门的节气门驱动器;G187-电子节气门的节气门驱动器的角度传感器1;G188-电子节气门的节气门驱动器的角度传感器2;G336-进气歧管翻板电位计;J338-节气门控制单元;N249-涡轮增压器循环空气阀;N316-进气歧管翻板阀;V465-增压压力调节器;A-废气气流;B-废气涡轮增压器;C-空气滤清器;D-新鲜空气气流;E-废气泄放阀;F-增压空气冷却器;G-进气歧管翻板

废气涡轮增压器主要由废气涡轮机、空气增压器、增压压力调节器等组成,废气涡轮机和空气增压器的叶轮安装在同一轴上,如图 5-31 所示。涡轮的进气口与发动机排气管相

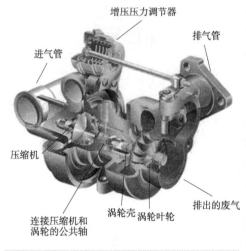

图 5-31　废气涡轮增压器

连,出气口与排气消声器相连;压气机的进气口前端装有空气滤清器,排气口则经中冷器与进气管相连。

2. 增压压力的控制

废气涡轮增压控制系统主要是对增压压力进行控制。根据其控制方法的不同,分为旁通阀式、节流阀式和可调叶片式。旁通阀式增压控制是利用旁通阀控制流经涡轮的废气量;节流阀式增压控制是利用节流阀控制涡轮进气口流通截面;可调叶片式增压控制是利用可调叶片控制涡轮受力有效截面。最终都是通过改变废气流经涡轮的速度,实现对增压压力的控制。在此仅介绍常用的旁通阀式增压压力控制方式。增压压力控制原理如图 5-32 所示,发动机控制单元根据增压压力传感器信号结合发动机工况,控制增压压力限制电磁阀 N75 打开或者关闭,控制旁通阀压力调节单元的动作,打开或者关闭废气管路上的旁通阀,控制进入废气涡轮的废气量,进而控制了涡轮的转速就控制了增压压力。

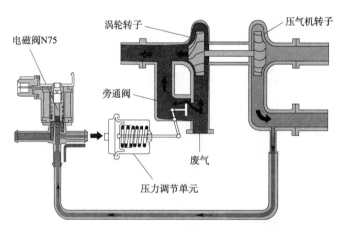

图 5-32　迈腾发动机增压压力控制原理

涡轮增压器上安装的内循环空气阀是为了避免在发动机从高负荷突然过渡到怠速状态时废气涡轮增压器产生气体冲击,工作原理如图 5-33 所示。

当发动机在高速运行,驾驶员在迅速松抬加速踏板时,涡轮增压器排气侧的增压气体未能迅速减小,增压器的叶轮转速依然很高,但进气侧由于节气门的暂时关闭导致进气侧气体供给不足,从而导致进气侧叶轮受到比较大的空气阻力,进而影响舒适性及缩减增压器寿命。

迈腾 B8L 发动机废气涡轮增压系统控制电路如图 5-34 所示,增压压力限制电磁阀 N75、内循环空气阀 N249 经熔断器 SB4,由主继电器 J271 供电,由发动机控制单元 J623 控制搭铁,提供脉宽调制(PWM)控制信号。增压压力传感器 G31 通过四根导线与发动机控制单元 J623 相连接,分别是电源、搭铁、压力信号线、温度信号线。

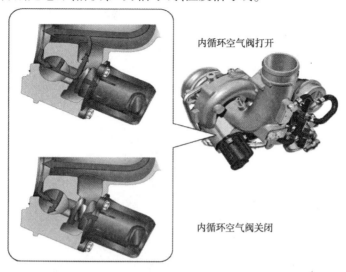

图 5-33　内循环空气阀工作原理

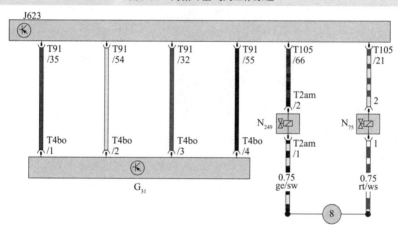

图 5-34　迈腾发动机废气涡轮增压系统控制电路

【技能知识点】

废气涡轮增压控制系统检修方法如下。

(1)将点火开关置于 OFF 位置,脱开增压压力限制电磁阀、内循环空气阀线束插头,插头上各有两个端子。端子 1 为 12V 供电电源,端子 2 为发动机控制单元控制信号。

(2)用万用表分别检测增压压力限制电磁阀、内循环空气阀的内阻,20℃ 环境温度下分别为 10~15Ω、25~30Ω。

(3)将点火开关置于 ON 位置,用万用表分别检测增压压力限制电磁阀、内循环空气阀线束端子 1 和搭铁之间的电压,应为蓄电池电压 12V,即供电电压正常。否则应检查对应线路或熔断丝或主继电器。

(4)增压压力限制电磁阀、内循环空气阀脉宽调制(PWM)控制信号的检测需用示波器进行,检测方法可参照排气凸轮调节器控制信号检测,在此不再赘述。

(5)将点火开关置于OFF位置,脱开增压压力传感器线束插头,插头上有4个端子。端子1为搭铁,端子2为温度信号,端子3为供电电源,端子4为传感器信号。增压压力传感器的详细检测步骤不再赘述。

【线上学习资源】

1. 线上微课

涡轮增压控制系统检测

2. 线上作业

3. 线上测试

模块 6

汽车发动机排放控制系统检修

【模块导论】

1. 目标要求

随着每个国家机动车排放标准越来越严厉,发动机排放控制系统的技术也越来越先进。通过本模块的学习,学生应能够掌握汽车发动机排放控制系统各类型的结构原理和检修方法,以及尾气检测与分析方法。

本模块的学习重点是:排放控制系统各类型的结构原理、检测方法。

本模块的学习难点是:发动机排放控制系统各类型的检修技能。

2. 任务分解

本模块共有 2 个任务和 1 个实训项目。

任务 1　汽车发动机排放控制系统的结构与检修

任务 2　尾气检测与分析

实训项目　汽车发动机排放控制系统检修

 任务 1　汽车发动机排放控制系统的结构与检修

【任务目标】

通过本任务的学习,学生应能够描述发动机排放控制系统的类型,掌握燃油蒸发控制系统、废气再循环控制系统、二次空气喷射装置的结构原理,并具备检修以上各控制系统的职业能力。

【理论知识点】

1. 发动机排放污染物的产生原因及种类

发动机排放污染物主要来自发动机工作时汽缸内可燃混合气燃烧后的废气,以及发动机汽缸向曲轴箱中汽缸窜气的泄漏、汽车燃油箱中燃油蒸气的泄漏等。

汽油发动机的排放污染物主要有一氧化碳（CO）、碳氢化合物（HC）、氮氧化合物（NO_x），如图 6-1 所示。

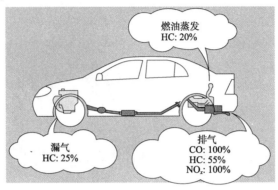

图 6-1　汽油机主要排放污染物

汽油发动机的 CO、HC 和 NO_x 与可燃混合气的浓度有很大的关系，如图 6-2 所示。当可燃混合气较浓时（空燃比小于理论空燃比），由于燃烧不完全，会使 CO、HC 的排放量上升；随着可燃混合气浓度的降低，CO、HC 的排放量均下降，但由于稀混合气中氧的比例增加，NO_x 的排放量随之会升高，在空燃比稍大于理论空燃比时，燃烧室温度最高，加上氧气充足，所以生成的 NO_x 最多。

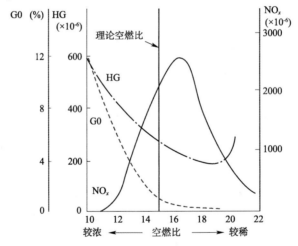

图 6-2　汽油发动机空燃比与排气污染物浓度的关系

柴油发动机的排放污染物除了一氧化碳（CO）、碳氢化合物（HC）、氮氧化合物（NO_x）之外，还有来自燃烧废气的颗粒物（PM，又称炭烟）。

炭烟通常在柴油发动机大负荷时生成，例如汽车加速、爬坡及超负荷时排气就冒黑烟。黑烟的生成机理较为复杂，目前还没有统一的说法。一般认为，黑烟也是不完全燃烧的产物，是燃料的氢先燃烧完后的中间产物。炭烟中含有大量的黑色炭颗粒，其特有的臭味及烟雾令人产生直接的不愉快的厌恶感。炭烟不仅本身对人的呼吸系统有害，而且炭烟颗粒的孔隙中往往吸附着二氧化硫及有致癌作用的多环芳香烃等。

除了上述几种有害排放物之外,发动机工作时还会产生大量的 CO_2 排放。目前大气增加的 CO_2 有 30% 左右来自汽车排气。CO_2 为无色无毒气体,对人体无直接危害,但大气中的 CO_2 大幅度增加,因其对红外热辐射的吸收而形成的温室效应,会使全球气温上升,南北极冰层溶化,海平面上升,大陆腹地沙漠趋势加剧,使人类和动植物赖以生存的生态环境遭到破坏。

2. 汽油发动机排放控制系统类型和作用

现在轿车上排放控制系统主要包括燃油蒸发控制系统、废气再循环控制系统和二次空气喷射控制系统,曲轴箱强制通风系统和三元催化转换系统已在《汽车发动机机械系统检修》一书中介绍。

1) 燃油蒸发控制系统

燃油蒸发控制系统作用是将汽车油箱内的汽车蒸气回收至发动机进气管,使之和新鲜混合气一同进入发动机汽缸内燃烧,防止其排入大气中污染环境。

2) 废气再循环控制系统

废气再循环控制系统作用是将 5%～15% 的废气引入进气歧管,返回汽缸燃烧,以降低燃烧温度,减少高温燃烧时 NO_x 的生成量。

3) 二次空气喷射控制系统

二次空气喷射控制系统的作用是适时适量地向排气净化系统喷入新鲜空气,促进排气管中 HC、CO 的燃烧和转换,以减少其排放量。

除了上述几种排放控制装置外,发动机上还有一些无须电控系统控制的排放控制装置,如曲轴箱强制通风系统、三元催化转换系统等。

3. 燃油蒸发控制系统

燃油蒸发控制(Evaporative Emission Control, EVAP)系统由活性炭罐、活性炭罐电磁阀、止回阀及相应的蒸气管道和真空软管组成,如图 6-3 所示。

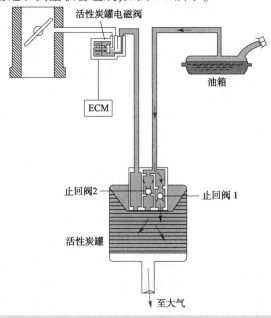

图 6-3 燃油蒸发控制系统

燃油箱内产生的汽油蒸气经管道进入活性炭罐,打开止回阀1,流入活性炭罐内。活性炭可以吸附汽油蒸气中的汽油分子。当油箱内的汽油蒸气经管道进入活性炭罐时,蒸气中的汽油分子被吸附在活性炭表面,剩下的空气则经活性炭罐的出气口排到大气中。

活性炭罐上方的另一个出口经软管与发动机进气管相通。软管中部的活性炭罐电磁阀控制该管路的通断。当发动机运转时,如果电磁阀开启,则在进气管内真空吸力的作用下,空气从活性炭罐下方进入,经过活性炭从上方出口经软管进入发动机进气管,使吸附在活性炭表面的汽油分子又重新蒸发,随空气一起被吸入发动机燃烧,使燃料得到充分利用,同时还能使活性炭罐内的活性炭恢复吸附能力,不会因使用太久而失效。

经回收进入进气管的燃油蒸气量必须加以控制,以防破坏正常的混合气成分。这一控制过程由ECM通过操纵电磁阀的开闭来实现。在发动机停机或怠速运转时,ECM使电磁阀关闭,这时从油箱蒸发的燃油蒸气被活性炭罐吸收。当发动机以中高速运转时,ECM使电磁阀开启,储存在活性炭罐内的汽油蒸气经过软管被吸入发动机。此时发动机的进气量较大,少量的燃油蒸气不会影响混合气的浓度。

有些发动机在燃油蒸发控制系统中采用线性电磁阀,ECM通过控制电磁阀的开度,来控制进入进气管的燃油蒸气流量。

当燃料箱中出现真空时(如因外部温度低等原因),止回阀2开启,使外部空气经活性炭罐进入燃料箱内,以防止燃油箱因过大的负压而变形。

4. 废气再循环控制系统

废气中含有大量的CO_2,而CO_2不能燃烧,却能吸收大量的热,使汽缸中混合气燃烧的最高温度降低,从而减少了燃烧过程中氮氧化合物(NO_x)的生成量,降低废气中NO_x的含量,减少排放污染。但新鲜混合气中掺入废气后,热值降低,发动机的输出功率有所下降。为了使废气再循环(Exhaust Gas Recirculation,EGR)控制系统能更有效地发挥作用,达到既减少NO_x生成量,又能保证发动机动力性能的目的,必须对参加再循环的废气数量加以控制,即根据发动机的进气温度及负荷的大小,适当地控制进入进气系统的废气数量。当发动机冷却液温度较低或处于怠速及小负荷运转时,NO_x的生成量很少,通常不需要引入废气再循环。当发动机冷却液温度已达到正常工作温度,而且处于大负荷运转工况时,NO_x的生成量较多,必须引入废气再循环,并随着发动机负荷的增大相应地增加再循环的废气量。

废气再循环控制系统主要部件是废气再循环阀,即EGR阀,如图6-4所示。

现代电控汽油机采用线性电磁阀控制的EGR装置。在这种形式的EGR装置中,ECM通过改变作用在EGR线性电磁阀上的脉冲信号占空比,来调节施加到EGR阀上的真空度,控制EGR阀的开度,从而使废气再循环的控制更加精确,如图6-5所示。

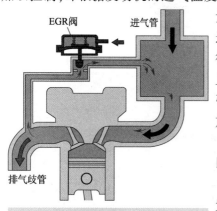

图6-4 废气再循环控制系统

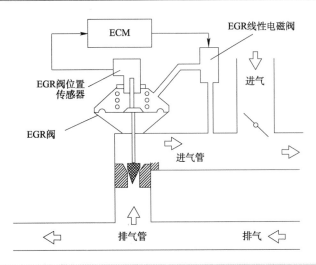

图 6-5　线性电磁阀控制的废气再循环装置

ECM 中存储有适应发动机各种工况的最佳废气再循环阀开度数据。在发动机工作过程中，各种传感器将发动机工况的有关信息，如发动机冷却液温度、节气门位置、进气量、进气温度、废气再循环阀位置、发动机转速、变速器挡位等不断地输入 ECM，ECM 将收到的信息随时与存储的数据进行比较，然后通过 EGR 线性电磁阀来不断地控制进入废气再循环阀真空膜片室的真空度，以调整废气再循环阀的升程，从而保证废气再循环阀始终保持在所规定的最佳开度。作用在废气再循环阀膜片上的真空度越大，废气再循环阀的升程就越大，进入进气歧管的废气就越多。

对大多数行驶状况，EGR 线性电磁阀上的信号占空比是在 10%～90% 的范围内变化。占空比越小，提供给废气再循环阀的真空度就小；占空比越大，提供的真空度就越大。当发动机处于怠速运转时，占空比为 0。

废气再循环装置是降低发动机排放污染水平的重要装置，为保证该装置在汽车整个使用寿命期间都能正常工作，一旦出现故障即能得到及时检修，通常要在该装置中设置一个监控 EGR 装置是否能正常工作的传感器，如 EGR 位置传感器（EGR 阀开度传感器）、EGR 温度传感器等。

EGR 位置传感器实际上是一个电位器，也称为 EGR 阀开度传感器，它安装在 EGR 阀的上方，电位器的活动触点（臂）与 EGR 阀芯连接在一起，当 ECM 向 EGR 线性电磁阀发出控制指令，使 EGR 阀开启时，活动触点随阀芯移动，产生与阀的移动位置相应的电压信号并反馈给 ECM。ECM 不仅可根据此电压信号判断 EGR 装置是否根据指令已正常工作，还可根据反馈的信号进一步修正 EGR 阀的开度，以达到精确控制 EGR 流量的目的。当 EGR 装置不能正常工作时，ECM 将使发动机故障警告灯亮起，表示发动机电控系统出现故障。一般情况，汽车 EGR 阀开度传感器和 EGR 阀合在一起，共用一个 5 针插头，如图 6-6 所示。其中有两个端子 A、端子 E 分别和发动机控制单元 ECU 连接，采用正极驱动器和 ECU 中的搭铁电路控制，用于驱动废气再循环真空控制电磁阀，另外三个端子为电位计式的废气再循环 EGR 位置传感器所使用，它能够监视 EGR 阀的位置，确保阀门对 ECU 的指令作出正确的响应。电位计的 D 端子为 5V 参考电源、B 端子为搭铁端子、C 端子为信号输出端子。

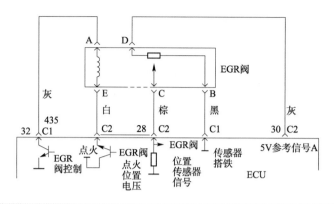

图 6-6 EGR 控制电路图

有些发动机采用 EGR 温度传感器来监控 EGR 装置的工作。EGR 温度传感器一般安装在 EGR 阀至进气管之间的通道上,该温度传感器通常是热电偶式。当没有 EGR 循环时,EGR 温度传感器向 ECU 反馈一个与此时气体温度相应的电压信号。当 ECU 根据发动机的实际运行工况向 EGR 电磁阀发出控制指令,使 EGR 阀开启时,由于再循环的废气流经温度传感器,传感器的温度迅速升高,反馈给 ECU 的电压信号也随之发生突变,ECU 根据这一变化判断 EGR 装置是否已正常工作。EGR 温度传感器结构简单、成本低,但它仅能反馈 EGR 装置是否已工作,不能准确地反映 EGR 阀开启的确切开度(或流量)。

除了这两种传感器外,许多发动机也可能采用其他的传感器来监控 EGR 装置的工作,如压力传感器、压差传感器等。

5. 二次空气喷射控制系统

二次空气喷射(Air Injection,AI)控制系统的主要功用是:由 ECU 根据发动机温度,在发动机冷起动时,将新鲜空气喷入排气歧管或三元催化转换器中,以促进废气中 HC 和 CO 在排气管中燃烧和转换,从而降低其排放量,同时加快三元转化转换器的升温过程,提高催化剂的转化率。

二次空气喷射控制系统由电子空气泵、二次空气喷射控制阀、空气喷射驱动器和连接管等组成,如图 6-7 所示。发动机控制单元通过空气喷射驱动器控制空气泵及空气喷射控制阀工作,共有 3 根控制线,包括电动空气泵运行信号线、空气开关阀运行信号线,同时空气喷射驱动器将二次空气喷射系统工作状态通过占空比信号反馈给发动机控制单元,如图 6-8 所示。

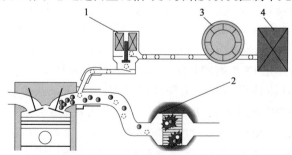

图 6-7 二次空气喷射控制系统
1-空气喷射控制阀;2-三元催化转换器;3-电子空气泵;4-空气滤清器

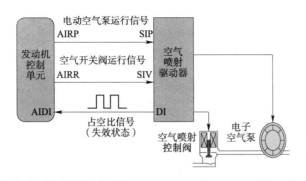

图 6-8　二次空气喷射控制电路

空气泵由直流电动机驱动,或由发动机通过带传动驱动,将新鲜空气加压至约 35kPa 的压力,经空气喷射控制阀喷入各缸排气歧管或三元催化转换器内,在排气歧管或三元催化转换器内与高温废气混合燃烧,使 CO、HC 变成 CO_2、H_2O。ECU 根据发动机工作温度控制新鲜空气的喷入,高负荷运转时,发动机温度上升,高温传感器向 ECM 输入信号,ECU 控制空气泵电磁阀使切换阀切换,停止向排气管喷射空气。

当该系统正常工作时,排气的 HC、CO、CO_2 值会降低,但 O_2 值升高。因此,在使用废气分析仪检测排气时,应将二次空气喷射装置的工作考虑进去。

【技能知识点】

1. 燃油蒸发控制系统的检修

燃油蒸发控制系统由 ECU 根据冷却液温度、转速、节气门开度等运转参数,通过活性炭罐电磁阀来控制该装置的工作。如果 ECU、电磁阀或其控制电路有故障,会使该装置不工作或工作不正常,其常见故障主要有两种:一是失效,即无法对油箱中的燃油蒸气进行回收,出现夏天行车时车厢内有燃油气味;二是工作失常,例如在发动机怠速运转时进行燃油蒸气回收工作,会导致混合气过浓或影响发动机怠速的稳定。

1)燃油蒸发控制系统工作性能的检查

燃油蒸发控制系统可按下述方法检查其是否工作正常:

(1)将发动机热车至正常工作温度,并使之怠速运转。

(2)拔下活性炭罐上的真空软管,检查软管内有无真空吸力。若装置工作正常,在发动机怠速运转中电磁阀应不通,软管内应无真空吸力。

如果此时软管内有吸力,应检查活性炭罐电磁阀线束插头内有无电压信号。若有电压信号,说明 ECU 的控制失常,可能是某些传感器的故障所致;若无电压信号,说明电磁阀关闭不严,应更换电磁阀。

(3)踩下加速踏板,使发动机转速大于 2000r/min,同时检查上述软管内有无真空吸力。若有吸力,说明正常;若无吸力,应检查电磁阀线束插头内的信号电压。若电压正常,说明电磁阀有故障;若电压异常或无电压,说明 ECM 或控制线路有故障。

2)活性炭罐电磁阀的检查

活性炭罐电磁阀的检查方法是:拔下电磁阀线束插头,向电磁阀内吹气,电磁阀应不通气;再将 12V 电源接在电磁阀两接线柱上,同时向电磁阀内吹气,电磁阀应可以通气。如有异常,则说明电磁阀有故障,应更换。

3)活性炭罐电磁阀及电路检测

(1)测量活性炭罐电磁阀。

活性炭罐电磁阀可以通过测量其线圈电阻的方法判断其是否正常,其方法是:将点火开关置于OFF位置,脱开活性炭罐电磁阀线束插接器,用万用表检测活性炭罐电磁阀插座两端子之间的电阻,应为10~30Ω。若异常应更换电磁阀。

(2)测量活性炭罐电磁阀的控制电路。

活性炭罐电磁阀只有两根接线,通常为来自蓄电池的12V电源和接至ECM的控制线。其检测方法是:

①将点火开关置于OFF位置,用万用表检测活性炭罐电磁阀线束插头中接至ECU控制线端子与搭铁之间的电阻,应大于500kΩ,如测得的电阻很小,说明电路有短路故障,应检修电路。

②将点火开关置于ON位置,用万用表检测活性炭罐电磁阀线束插头中电源端子的电压,应为12V。如异常应根据电路图检查供电熔断丝、继电器或线路。

(3)测量活性炭罐电磁阀的控制信号。

将点火开关置于OFF位置,连接电磁阀线束,并按照正确方法连接示波器。将示波器信号输入端连接活性炭罐电磁阀与ECU连接的控制线端子,另一端连接搭铁,起动发动机,检测活性炭罐电磁阀控制信号波形,正常波形如图6-9所示。

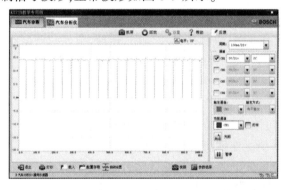

图6-9 活性炭罐电磁阀控制信号波形

2.废气再循环控制系统的检修

废气再循环装置的常见故障主要有两种:一是在不该起作用的工况(如发动机怠速运转或冷车等)下起作用,例如,由于EGR阀与高温的废气接触,经过一定时期使用后,会在EGR阀门上产生结胶、积炭,从而造成阀门密封性能变差,甚至使阀门卡住而常开,以致怠速时废气进入进气歧管,造成怠速运转不稳定,严重时会造成怠速下发动机熄火。此外,维修中将废气再循环装置的真空软管插错也会导致这一故障。二是在应该起作用的工况下不起作用,例如该装置的控制电路、真空管路、电磁阀等部件失常都会造成这一后果。这种故障会使发动机排放物中的NO_x含量超标,有时还会使发动机的故障警告灯亮起。

1)废气再循环系统工作性能的检查

废气再循环装置中的EGR电磁阀、EGR阀、EGR调节阀及废气管道和真空管道,任一部件的损坏都会造成废气再循环系统工作不正常,使发动机怠速运转不稳或增加排放污染。废气再循环装置是否正常工作的检查方法如下:

(1)起动发动机,并以怠速运转。

(2)将手指伸入 EGR 阀上部的膜片室中,按在膜片上,检查废气再循环阀有无动作。

(3)在冷车状态下踩下加速踏板,便发动机转速上升至 2000r/min 左右,此时废气再循环阀应不开启,手指上应感觉不到膜片的动作。

(4)在发动机热车后(冷却液温度高于 50℃),踩下加速踏板,使发动机转速上升至 2000r/min 左右,此时废气再循环阀应开启,手指应可感觉到膜片的动作。

若废气再循环阀不能按上述规律动作,则说明该系统工作不正常,应检查该系统各零部件。

2) EGR 位置传感器的检修

以图 6-6 所示的废气再循环系统 EGR 阀位置传感器为例,说明 EGR 位置传感器的检修方法。

(1)测量 EGR 阀位置传感器中电位计的电阻。

关闭点火开关,拔掉 EGR 阀位置传感器线束插头,测量传感器中电位计的电阻。插座端子"B"与"D"之间的电阻应为 4.92kΩ;插座端子"B"与"C"之间的电阻应随 EGR 阀开度的变化而变化。如有异常,应更换 EGR 阀位置传感器。

(2)测量 EGR 位置传感器的线路。

断开 EGR 阀位置传感器线束插头,打开点火开关至"ON"位置,用数字式万用表电压挡检查 D 端子与搭铁端电压,应有 5V 参考电压,若为 0V,说明该线路有故障,通常为断路,应检修该电路。

关闭点火开关至"OFF"位置,测量 B 端子与蓄电池负极或车身搭铁之间的电阻,应接近 0Ω。若测得的电阻很大,说明该电路有断路,应检修。

连接 EGR 阀位置传感器线束插头,打开点火开关至"ON"位置,测量 C 端子信号电压,在 EGR 阀全关时为 0.14~1.0V,手动打开 EGR 阀,其信号电压随着 EGR 阀开度的变化而变化,全开时为 4.5~4.8V。如果测量结果不符合要求,则应更换 EGR 阀。

(3)用解码器检测废气再循环系统。

连接解码器读取故障码,如果废气再循环系统 EGR 阀位置传感器有故障,可能会出现下述故障码。

①P0403:EGR 阀控制线路故障。

如果电路功能失效,驱动器向 ECU 发送信号,设置 DTC P0403(EGR 电磁阀控制电路不良)故障码。

②P0404:EGR 阀打开位置不正确。

在 EGR 阀打开时,ECU 将真实的 EGR 位置与要求的位置比较,如果真实位置小于要求位置 15%,将设置 DTC P0404(EGR 打开位置不准确)的故障码。造成此故障一般为 EGR 枢轴或轴座积炭过多引起。

③P0405:EGR 阀位置传感器信号电压低。

如果 ECU 检测到 EGR 阀位置传感器反馈的电压低于 0.14V,将设置 DTC P0405(EGR

位置传感器信号电压过低)的故障码。

④P1404:EGR阀关闭不严。

如果ECU指令EGR阀关闭时,真实的EGR位置仍指示EGR阀处于打开的位置,将设置DTC P1404（EGR阀卡滞）的故障码。

(4)检查EGR位置传感器输出信号波形。

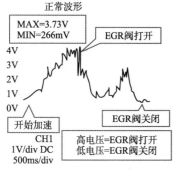

图6-10　EGR位置传感器输出波形

将示波器信号测量线探针插入传感器信号线中,起动发动机并加速,观察波形变化情况,如图6-10所示。当EGR阀打开时波形上升,这时废气排放;当EGR阀关闭时,波形下降,此时限制废气排出。汽车怠速时,EGR阀是关闭的,不需要废气再循环;汽车正常加速时,EGR阀开大;汽车减速时,EGR阀也是关闭的。

3) EGR电磁阀的性能检查

(1)起动发动机,使发动机达到正常工作温度,踩下加速踏板,使发动机转速到2000r/min以上,这时EGR阀拉杆应能随发动机转速的变化而动作。

(2)如果EGR阀拉杆不动作,关闭发动机,用手指移动拉杆,检查是否运动自如,如果不能移动,可将EGR阀拆下进行清洗,若还不能移动,则应换用新的EGR阀。

(3)如果EGR阀拉杆用手能移动,可起动发动机,拔下EGR阀上的真空软管,用真空测量仪或用手指检查去感觉有无真空吸力,如果没有真空吸力,则说明EGR控制部分有故障,应进一步检查。

(4)拆下EGR阀,检查EGR阀中的膜片是否有破损,是否存在真空泄漏;如果存在破损,产生真空泄漏,则应更换EGR阀。

(5)检查EGR阀废气再循环量是否合适。检查时,应起动发动机,并使发动机达到正常温度,拆下EGR阀上的真空软管,并将管头堵住,用真空泵对EGR阀软管抽真空。发动机怠速时,施加19.95kPa的真空力,观察EGR阀拉杆是否运动。若此时发动机运转变坏甚至熄火,说明EGR阀工作正常;若发动机运转情况没有变化,说明EGR阀损坏,应更换。

4) EGR电磁阀的电路检测

关闭点火开关,拔下EGR电磁阀连接器,万用表测量电磁阀线圈的电阻值,其值一般为20~50Ω,否则,应更换EGR电磁阀。

3. 二次空气喷射控制系统检修

发动机低温起动后,拆下空气滤清器盖,应能听到舌簧阀发出的"嗡、嗡"声。从空气滤清器上拆下二次空气供给软管,用手指盖住软管口检查,应符合下列要求:发动机温度在18~63℃范围内怠速运转时,有真空吸力;发动机温度在63℃以上,起动后70s内应有真空吸力,起动70s后应无真空吸力;发动机转速从4000r/min急减速时,应有真空吸力。

拆下二次空气控制阀,从空气滤清器侧软管接头吹入空气应不漏气;用手动真空泵从真空管接头施加20kPa真空度,从空气滤清器侧软管接头吹入空气应通畅;若不符合上述要求,说明膜片阀工作不良,应检修或更换。用手动真空泵从真空管接头施加20kPa真空度,从排气管接头吹入空气应不漏气,否则说明舌簧阀密封不良,应该更换。

给二次空气电磁阀检查时,测量电磁阀电阻,一般为36～44Ω;拆开二次空气电磁阀上的软管,电磁阀不通电时,从进气管侧软管接头吹入空气应不通,从通大气的滤网处吹入空气应畅通。当给电磁阀接通蓄电池电源电压时,吹气通畅情况应与上述相反。若不符合上述要求,应更换电磁阀。

空气喷射控制阀检测方法:断开空气喷射控制阀与空气泵的连接软管,起动发动机。在发动机怠速工作时,用故障诊断仪的元件动作测试功能,强制二次空气喷射系统工作,并将手放在空气喷射控制阀进气口处,可以感到发动机的排气气流,但感受不到空气泵的气流。这表明二次空气喷射系统的空气阀工作正常,但空气泵没工作。

空气泵电机检查方法:以图6-11为例,找到空气泵的电源端,可用试灯连接该端,试灯点亮,也可用万用表检测电源电压,应为12V,若有异常,说明电源电路有故障。如果空气泵电源端有电,但电机未运转,可能是空气泵电机本身故障或者空气喷射驱动器有故障。

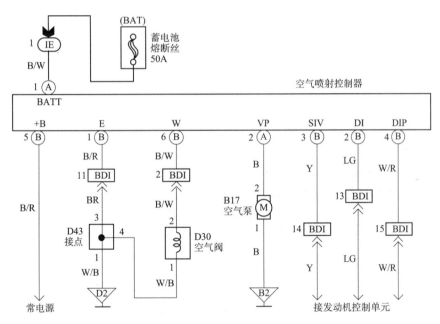

图6-11 二次空气喷射控制系统电路

【线上学习资源】

1. 线上微课

二次空气喷射控制系统　　汽车排放控制系统检修　　三元催化转换器系统　　发动机排放控制系统

2. 线上作业

3. 线上测试

任务2 尾气检测与分析

【任务目标】

通过本任务的学习与实训,学生应会描述汽车排放的相关标准与尾气检测的方法,并具备对汽车尾气检测与分析的职业能力。

【理论知识点】

1. 汽车尾气排放标准

中国汽车排放标准大体上采用欧洲标准体系,国家标准略低于欧洲标准,随着标准的不断加严,中国的汽车排放控制标准与世界先进水平的差距也在不断缩小,我国轻型汽车排放标准与欧洲排放标准实施时间见表6-1。

我国轻型汽车排放标准　　　　表6-1

标　准	中国实施年份	欧洲实施年份	相差时间(年)
国Ⅰ前(欧0)	1990	1973	17
国Ⅰ(欧Ⅰ)	2000	1992	8
国Ⅱ(欧Ⅱ)	2004	1996	8
国Ⅲ(欧Ⅲ)	2007	2000	7
国Ⅳ(欧Ⅳ)	2010	2005	5
国Ⅴ(欧Ⅴ)	2017	2009	8

2021我国汽车尾气检测国六排放标准执行,而早在2019年就已经有部分城市开始执行国六排放标准。据《轻型汽车污染物排放限值及测量方法(中国第六阶段)》(GB 18352.6—2016)显示,国六排放标准将分阶段、分车型进行全面实施。

国六排放标准分为A、B两个阶段,其中国六A标准在2019年7月1日首先对燃气车辆实施,直至2021年7月1日逐步对所有车型实施。国六B标准将在2021年1月1日—2023年7月1日对所有车型实施。国六A、B标准具体情况见表6-2。

模块 6 汽车发动机排放控制系统检修

轻型汽车国六排放标准 I 型试验排放限值　　　　　表 6-2

类型		测试质量(TM)(kg)	限值						
			CO (mg/km)	THC (mg/km)	NMHC (mg/km)	NO_x (mg/km)	N_2O (mg/km)	PM (mg/km)	PN① (个/km)
I 型试验排放限值(6a)									
第一类车	—	全部	700	100	68	60	20	4.5	6.0×10^{11}
第二类车	I	TM≤1305	700	100	68	60	20	4.5	6.0×10^{11}
	II	1305<TM≤1760	880	130	90	75	25	4.5	6.0×10^{11}
	III	1760<TM	1000	160	108	82	30	4.5	6.0×10^{11}
I 型试验排放限值(6b)									
类型		测试质量(TM)(kg)	CO (mg/km)	THC (mg/km)	NMHC (mg/km)	NO_x (mg/km)	N_2O (mg/km)	PM (mg/km)	PN① (个/km)
第一类车	—	全部	500	50	35	35	20	3.0	6.0×10^{11}
第二类车	I	TM≤1305	500	50	35	35	20	3.0	6.0×10^{11}
	II	1305<TM≤1760	630	65	45	45	25	3.0	6.0×10^{11}
	III	1760<TM	740	80	55	50	30	3.0	6.0×10^{11}

① 2020 年 7 月 1 日前,汽油车适用 6.0×10^{12} 个/km 的过渡限值。

注:TM-汽车测试质量,THC-总碳氢,NMHC-非甲烷碳氢烃,PM-颗粒物,PN-粒子总数。

国六 A 标准对比国五标准,最大的区别就是 CO 排放限值从 1000mg/km 下降为 700mg/km。而其他污染物排放限值则和国五标准相同。其检测方法和国五标准相差无几,只是在原来的基础上增加车辆外观检查、车载诊断系统(OBD)、调整污染物排放限值。

2. 汽油发动机尾气检测方法

汽车分为汽油车和柴油车,这两种车辆尾气检测的标准是不一样的,汽油车主要检测排放尾气中的气体成分,而柴油车除了检测排放尾气中的气体成分,还应检测尾气的烟度。因此,汽油车和柴油车尾气检测使用的仪器是不一样的,汽油车检测时使用尾气分析仪,而柴油车除了尾气分析仪外,还应使用烟度计。

1)尾气分析仪

汽油机尾气检测需要使用尾气分析仪,常见的型号有南华 506、博世 BEA600 等。尾气分析仪可检测多种气体,常见为四气体或五气体。四气体是指 HC、CO、CO_2、NO_x 四种气体,而五种气体的检测仪也称为五气分析仪,它可测量 HC、CO、CO_2、NO_x 和 O_2 五种气体成分。

2)汽油车尾气检测方法

(1)怠速工况法。

怠速法/双怠速法:采用简易的便携式气体分析仪,检查汽油车在怠速工况下污染物排放浓度。其缺点是只能检测 CO 和 HC 的浓度。

优点:怠速时 CO 和 HC 浓度最大;仪器简单价廉,操作方便。

缺点:不全面表征大气污染程度、怠速排放的 NO_x 浓度很低、测试时容易舞弊。

测试条件：

①汽车发动机在没有负载运转状态下，离合器正处于接合位置而变速器处于空挡位置（此时自动变速器应该在"停车"或"P"挡位这个位置）。关闭空调和动力转向油泵等。

②四冲程水冷发动机冷却液温度60℃以上。

③规定怠速转速和点火正时（按制造厂规定）。

④确定排气系统无泄漏。

(2) 双怠速法。

在怠速工况法基础上增加了高怠速检测。将发动机转速稳定控制在50%额定转速，或制造厂技术中规定的高怠速转速时的工况。该方法十分便利、成本低。但是存在严重的局限性：该方法的检测结果只反映车辆怠速时的排放情况，检测不出NO_x。

使用原因：防止单一怠速测试作弊现象，三元催化转换器在高排气温度才正常工作。

测试步骤：

①安装转速计、点火正时仪、冷却液和润滑油测温计（不低于80℃）。

②由怠速加速到0.7倍的额定转速，维持60s，降至高怠速（0.5倍额定转速）。

③插入取样探头，深度400mm。

④发动机稳定高怠速15s后开始采样，取30s内最高、低值的平均值，为高怠速测量结果。

⑤降至低怠速，维持15s后，取30s内最高、低值的平均值，为低怠速测量结果。

⑥取平均数为怠速排放测量结果。

⑦多排气管时取各排气管的平均测量结果。

(3) 稳态工况法（ASM）。

工况法/简易工况法：工况法是模拟车辆在道路上实际的运行工况（如怠速、加速、等速、减速），同时测量其污染物的排放量，测得的排放结果基本上可以反映该车辆的实际排放情况，被公认是评价汽车（或发动机）排放状况最科学的试验方法。但工况法设备昂贵、试验条件严谨、试验时间较长，一般只用于对新定型汽车和新生产汽车的排放检测。简易工况法是让车辆按规定车速在底盘测功机上"行驶"，同时测量其污染物排放量，所采取的工况和测试设备都比工况法简单，常用于在用车的污染物排放检测。它们不但可以检测CO和HC的浓度，还可检测NO_x的浓度。

稳态工况法是在汽车有荷载的情况下进行的排放测试，该方法利用底盘测功机模拟道路行驶阻力，汽车按照一定速度行驶，并克服一定的阻力，在保持该阻力不变的情况下进行试验，利用稳态工况法可以测量尾气中的污染物含量。

稳态工况法在底盘测功机上的测试运转循环由ASM5025和ASM2540两个工况组成。

①ASM5025工况。

ASM5025是快速检查工况的一种方法。

经预热后的车辆加速至25km/h，将加速度为1.475m/s²时输出功率的50%作为设定功率对车辆加载，工况计时器开始计时（$t=0$s）。

车辆的速度持续运转5s，如果底盘测功机模拟的惯量值在计时开始后持续3s超出所规定误差范围，工况计时器将重新开始计时（$t=0$s）。

如果再次出现该情况,检测将被停止。系统将根据分析仪最长响应时间进行预置,然后系统开始取样,持续运行10s,即为ASM5025快速检查工况。

②ASM2540工况。

ASM2540工况检测步骤:

ASM5025工况检测结束后车辆立即加速至40km/h,测功机以车辆速度为40km/h、加速度为$1.475m/s^2$时输出功率的25%作为设定功率对车辆加载。工况计时器开始计时($t=0s$)。车辆以$(40.0±1.5)$km/h的速度持续运转5s。系统将根据分析仪最长响应时间进行预制(如果分析仪响应时间为10s,则预制时间为10s,$t=15s$),然后系统开始取样,持续运行10s($t=25s$)即为ASM2540快速检查工况。ASM2540快速检查工况结束后继续运行至90s($t=90s$)即为ASM2540工况。

3. 柴油发动机烟度检测方法

柴油机的排放除了应使用废气分析仪来检测排气成分外,通常还使用烟度计来测量柴油机排放的炭烟量。"烟度"是一定容量排气所透过滤纸的黑度。滤纸被染黑的程度用数量表示,称为FSN(Filter Smoke Number),是没有量纲的数值,又称波许(Bosch)烟度单位,用Rb表示。滤纸最白为Rb0,最黑为Rb10。烟度检测方法分为滤纸式烟度计检测法、不透光式烟度计检测法。

自由工况检测法:我国目前主要通过采用滤纸式烟度计测试柴油车在自由加速工况下排放的炭烟,来判定在用柴油车发动机燃烧状况是否正常,以及与排放有关的零部件是否需要维修。

4. 遥感检测方法

遥感检测器由一台综合分析仪、一对红外光发射和接收器、一台摄像机组成。遥感检测法是利用红外光检测仪器的红外线测试原理,检测行驶中车辆排放污染物的浓度,识别出污染物排放严重超标的车辆,同时将车辆的牌照用摄像机拍摄下来。机动车尾气遥感检测技术能够在不影响交通的条件下进行大量路上车辆的实际排放测试,其测试过程简便、费用低且时间短。相比于传统技术,该技术在区域机动车污染现状和发展趋势评估、在用车检查以及高排放车筛选等方面具有独特的优势,是一种有效快速检测车辆尾气的先进技术,目前在我国许多城市的尾气检测工作中得到广泛应用并取得了良好的效果。

【技能知识点】

以怠速检测法为例,汽油车尾气分析仪检测步骤如下。

(1)检查尾气分析仪主机、电源线、取样管等部件齐全,并按正确方法连接,同时检查电脑、测试软件运行正常,且与尾气分析仪通信正常。

(2)对五气分析仪进行校准(调零、密封性检测、低流量检测)。分析仪预热时间为15min,完毕后,分析仪进入清零、检漏程序,此时应堵住尾气取样探头,检漏过程为17s,如有漏气,系统会提示"有泄漏,请堵塞取样探头",并重复进行检漏程序。如无漏气,系统会提示"无泄漏"。

(3)核查排气管有无泄漏,以免影响采气管采气,造成数据不准确。

(4)将尾气分析仪的取样管插入尾气抽排管上的小孔内,再将尾气抽排管吸头套接在车辆的排气管上,取样管插入深度大于400mm,如图6-12所示。简易瞬态工况的套入流量传感器套管,双怠速检测的应接入油温传感器和转速传感器。

(5)起动发动机,车辆暖机至正常工作温度,即冷却液温度不低于80℃,保持怠速运转。系统自动检测,得出尾气数据,如图6-13所示。

图6-12 尾气分析仪取样管连接

图6-13 检测尾气数据

【线上学习资源】

1. 线上微课

汽车尾气排放标准和检测

2. 线上作业

3. 线上测试

模块 7

柴油发动机电控共轨燃油喷射系统检修

【模块导论】

1. 目标要求

越来越多的汽车采用柴油发动机,掌握柴油发动机电系统的维修技能对于汽车维修人员尤为重要。本模块主要介绍柴油发动机电控共轨燃油喷射系统的结构、原理、检修方法,使学生能够描述柴油发动机电控共轨燃油喷射系统的结构、原理、检修方法,并具备对柴油发动机电控共轨燃油喷射系统进行检修和诊断的职业能力。

本模块的学习重点是:柴油发动机电控共轨燃油喷射系统的结构及工作原理、检修方法。

本模块的学习难点是:柴油发动机电控共轨燃油喷射系统的检修诊断方法。

2. 任务分解

本模块共有 1 个任务和 1 个实训项目

任务　柴油发动机电控共轨燃油喷射系统的结构与检修

实训项目　柴油发动机电控系统基本检查

任务　柴油发动机电控共轨燃油喷射系统的结构与检修

【任务目标】

通过本任务的学习,学生应能够描述柴油发动机电控共轨燃油喷射系统的组成机构与工作原理,能够分析预热控制系统的控制电路,具备对柴油发动机电控共轨燃油喷射系统进行检修诊断的职业能力。

【理论知识点】

柴油发动机电控系统共经历三代,分别是第一代位置控制方式,第二代时间控制方式,第三代时间压力控制方式,即柴油机电控共轨燃油喷射系统,广泛应用在柴油发动机上。与汽油机电控系统一样,柴油机电控系统由传感器、电控单元(ECU)与执行器三部分组成。本任务主要讲解柴油发动机(简称柴油机)电控共轨燃油喷射系统。

1. 柴油机电控燃油喷射系统的特点

随着汽车节能减排法规的日益严格,目前在车用柴油机上已普遍使用电控燃油喷射系统。与传统的柴油机相比,采用电控燃油喷射系统的柴油机具有以下优点。

1)改善了低温起动性

电子控制系统能够以最佳的程序替代驾驶员进行那种麻烦的起动操作,使柴油机低温起动更容易。

2)提高柴油机的动力性和经济性

在柴油机电控燃油喷射系统中,ECU 根据传感器信号实现对供油正时、发动机温度、负荷、转速和增压压力的监控,精确计算喷油量和喷油压力,能大大提高柴油机的经济性和动力性。

3)减少柴油机的排气污染物和降低烟度

根据柴油机工况调节喷油时刻,提高喷油压力,采用分次喷射(高压共轨)等技术,可减少排气污染物(NO_x、HC 等)和降低烟度。

4)提高柴油机的运转稳定性

与传统柴油机燃油喷射系统相比,电控燃油喷射系统的响应速度更快,精度更高,被控对象的性能指标更接近最优值,使柴油机运转更稳定。例如:采用电控燃油喷射系统的柴油机在怠速运转时,可不受负荷的影响,始终以最低的转速稳定运转。

5)适应性广

只要改变 ECU 的控制程序和数据,一种喷油泵就能广泛用在各种柴油机上,而且燃油喷射控制可与变速器控制、怠速控制等各种控制系统进行组合,实现集中控制,有利于缩短柴油机电控系统开发周期,并降低成本,从而扩大柴油机电控系统的应用范围。

6)具有自动保护功能

当 ECU 通过传感器检测到如机油压力、柴油机转速、排气温度等参数超出设定的安全值时,控制系统就会立即报警,同时控制执行器进行相应的调节,直到这些参数恢复正常为止。对一些影响柴油机可靠性的重要参数,电控系统还会自动降低柴油机的功率,甚至使柴油机停止工作。

7)精确控制涡轮增压

采用电子控制技术,可以对增压装置进行精确控制,有效提高动力性。

2. 柴油机电控共轨燃油喷射系统的结构组成

柴油机电控共轨燃油喷射系统具体组成如图 7-1 所示,它可以划分为下述 4 个部分。

(1)燃油低压子系统包括油箱、输油泵、滤清器和低压回油管。

(2)共轨压力控制子系统包括高压油泵、高压油管、共轨压力控制阀(Pressure Control Valve,PCV)、共轨、共轨压力传感器,以及提供安全保障的安全泄压阀和流量限制阀。

(3)燃油喷射控制子系统包括电磁阀式或压式的喷油器等。

(4)电控发动机管理系统包括电控单元(ECU)和发动机的各种传感器、预热控制系统。

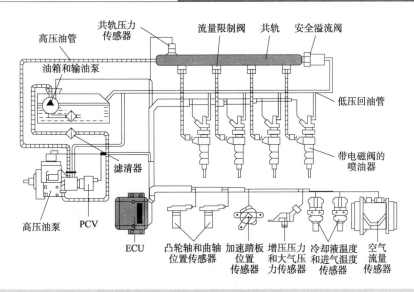

图 7-1 柴油机电控共轨燃油喷射系统组成

1) 柴油机电控共轨燃油喷射系统传感器

(1) 燃油温度传感器。燃油温度传感器一般安装在第二级燃油滤清器盖内,用于向 ECU 提供燃油温度信号。燃油温度的变化将引起燃油体积的变化,导致喷油量的变化,影响柴油机的功率。ECU 根据此信号对喷油量进行修正。

(2) 冷却液温度传感器。冷却液温度传感器一般安装在汽缸体水道上或冷却液出口处,用于向 ECU 提供柴油机冷却液温度信号,用于燃油喷射控制、起动控制和 EGR 控制,还可以用于触发自动降低柴油机功率的保护功能。

(3) 机油温度传感器。机油温度传感器用于向 ECU 提供柴油机的机油温度。当机油温度超过正常的安全限值时,ECU 首先会将仪表板上的黄色报警灯点亮,当机油温度进一步升高到预设的最高温度限值时,将会触发柴油机停机功能。之后,柴油机将像机油压力超限后一样停止运转。许多电控柴油机在起动时,特别是在寒冷气温状态下,该传感器信号将使 ECU 进入快怠速控制,有些柴油机的 ECU 在这种情况下是根据冷却液温度传感器的输入信号进行快怠速控制的。该信号会使 ECU 改变喷油持续时间,以控制柴油机冷态时的白烟排放。当机油温度或冷却液温度达到预设限值或柴油机运转了规定时间之后,柴油机的怠速转速将自动恢复正常。

(4) 空气温度传感器。空气温度传感器用于向 ECU 提供进气管内的空气温度信号,ECU 将根据进气温度调节喷油脉宽,以控制排放。

(5) 空气流量传感器。空气流量传感器用来检测柴油机的实际进气量,其信号主要用于进气控制和废气再循环控制。

(6) 加速踏板位置传感器。在加速踏板下安装了一个电位计(或变阻器)和怠速开关,利用怠速开关检测加速踏板是否处于完全放松位置(也就是怠速位置),电位计用于连续测量加速踏板的位置及其位置变化。ECU 根据这一电压信号确定加速踏板位置及其变化,以完成相应的控制,如:自动怠速控制、急加速控制等。

(7) 针阀升程传感器。针阀升程传感器安装在喷油器中,用于向 ECU 提供实际喷油正时的反馈信号。

（8）冷却液液位传感器。冷却液液位传感器安装在散热器上水室或膨胀水箱中，用于监测冷却液液位，是ECU启动自动保护功能的依据。当冷却液液位过低时，ECU会使柴油机停止运转。此外当该传感器测到冷却液液位过低时，ECU将使柴油机无法起动，并使仪表板上的报警灯点亮。

（9）曲轴位置传感器。曲轴位置传感器给ECU提供柴油机转速信号（故又称转速传感器）及曲轴转角信号，用于控制喷油始点和喷油量。

（10）凸轮轴位置传感器。凸轮轴位置传感器通常安装在供油泵凸轮轴上或者是凸轮轴驱动齿轮上，用于向ECU提供曲轴转角基准位置（第1缸压缩上止点）信号（即G信号），又被称为汽缸判别传感器。ECU根据其信号控制喷油正时。

（11）共轨压力传感器。共轨压力传感器安装在高压共轨上，其作用是检测共轨内的燃油压力，并转化为电信号反馈给ECU。ECU据此对共轨燃油压力进行控制。

（12）燃油压力传感器。燃油压力传感器一般监测第二级燃油滤清器出口的燃油压力，用于ECU的故障自诊断。

（13）机油压力传感器。机油压力传感器向ECU提供柴油机缸体机油主油道压力。当机油压力低于期望值时，ECU将启动自动保护功能，降低柴油机转速和功率。当检测到危险的机油压力时，ECU将使仪表板上的红色报警灯点亮，向驾驶员发出报警信号，有些柴油车还可能伴有蜂鸣声。如果ECU设有停机保护功能，当机油压力低于极限值30s后会使柴油机自动停机。有些系统可能还设有手动延时按钮，按下该按钮后，柴油机的运转时间将延长30s，以便驾驶员能够将汽车安全地停靠到路边。

（14）进气歧管压力传感器。进气歧管压力传感器向ECU提供进气歧管压力，用于监测增压器的工作。ECU将实际测量值与增压压力图上的设定值进行比较，若实际值偏离设定值，ECU将通过电磁阀调整增压压力，实现增压控制。

（15）大气压力传感器。ECU根据大气压力传感器输入的信号判定柴油机所处的海拔高度，并据此进行增压压力控制和废气再循环控制，以及控制喷油定时和喷油量。

（16）氧传感器。氧传感器安装在排气管上，用于检测废气中的氧浓度，ECU根据此信号对混合浓度（取决于喷油量和进气量）和废气再循环量进行控制，使混合气浓度和EGR率满足降低排放污染的要求。

2）电控单元（ECU）

ECU是柴油机电控共轨燃油喷射系统的控制核心，其作用是接收和处理所有传感器的信号，按设定的程序进行运算，然后发出各种控制指令给执行器，以控制柴油机的工作。喷油量和喷油正时是柴油机电控系统最重要的控制内容。此外，ECU还要完成柴油机的调速控制，并与汽车的其他装置（如传动系统、制动系统等）的ECU进行数据的交换，根据其他系统的需要修正发动机的控制指令等。

3. 柴油机电控共轨燃油喷射系统的工作原理

如图7-1所示，燃油被电动输油泵从油箱中抽出后，经滤清器过滤后送入高压泵，这时燃油压力为0.2MPa。进入高压泵的燃油一部分通过高压泵上的安全阀进入油泵的润滑和冷却油路，然后流回油箱。一部分燃油进入高压油泵，在高压油泵中，燃油被加至高压后（最高压力可达 150~200MPa)输送到高压共轨。高压共轨里的高压柴油经流量限制阀、高压油管进入喷油器后,在喷油器针阀开启时直接喷入燃烧室。在喷油期间,针阀导向部分和控制套筒与柱塞缝隙处泄漏的多余燃油经回油管流回油箱。

在电控高压共轨系统中,各种传感器(如曲轴位置传感器、加速踏板位置传感器、凸轮轴位置传感器、各种温度和压力传感器等)将柴油机的实际运行状态转变为电信号输入 ECU,ECU 根据预置的程序进行运算,确定适合于该工况下的最佳喷油量、喷油时刻、喷油速率等参数,再向喷油器发出指令,精确控制喷油过程,以保证柴油机始终处在最佳工作状态,使柴油机的动力性、经济性得到有效的发挥,并且使排放污染降到最低。

此外,ECU 还通过压力传感器对高压共轨内的油压进行监测,并通过共轨压力控制阀,使共轨内的油压保持为预定的压力,实现对共轨压力的闭环控制。在共轨系统中,喷射压力的产生和喷射过程是彼此独立的。共轨的供油方式使得喷油压力与柴油机转速无关,喷油量取决于喷油压力和受 ECU 直接控制的喷油器电磁阀开闭时间的长短。

4. 柴油机电控共轨燃油喷射系统的主要部件及其结构

1) 输油泵

输油泵的任务是在任何工况下,向高压泵提供充足的燃油。目前输油泵主要有两种类型,即电动输油泵和机械驱动的齿轮泵,目前常用的是电动输油泵。

电动输油泵的结构和工作过程与汽油机上的电动汽油泵相似。柴油机起动过程开始时,电动输油泵就开始运行,且不受发动机转速影响。电动输油泵持续从油箱中抽出燃油,经燃油滤清器送往高压泵。电动输油泵安装在车辆底盘油箱与燃油滤清器之间的油管上,也可以安装在油箱内的专用支架上。

2) 高压油泵

高压油泵位于低压部分和高压部分之间,它的任务是在车辆所有工作范围和整个使用寿命期间,向共轨持续提供符合系统压力要求的高压燃油,以及提供快速起动过程和共轨中压力迅速升高时所需的燃油储备。

高压油泵通常采用由凸轮驱动的直列柱塞泵(一般用于大型柴油机)和转子式油泵(一般用于小型柴油机)。燃油由输油泵加压后从油箱中泵出,经油水分离器和燃油滤清器过滤后送往高压油泵。高压油泵的供油量与其转速成正比,而高压油泵的转速取决于柴油机转速,并与柴油机的转速成固定的比例关系。该传动比视发动机不同而有所不同,通常为 1:2 或 2:3,以保证既能满足发动机全负荷时对供油量的需求,又能尽量减少多余的泵油。

3) 共轨压力控制阀

共轨压力控制阀(Pressure Control Valve,PCV)的作用是根据发动机的负荷状况调整和保持共轨中的压力,它安装在高压油泵或共轨上,其结构如图 7-2 所示。

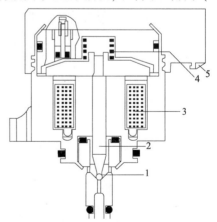

图 7-2 共轨压力控制阀
1-球阀;2-衔铁销;3-电磁铁;4-弹簧;5-电气接头

共轨或高压油泵出口处的高压燃油通过进油口作用在调压阀上。发动机工作时,调压阀的球阀在弹簧和电磁力的双重作用下,压紧在阀座上,将高压腔与回油通道隔绝,电磁铁吸力与流过电磁线圈的电流成正比,而电流大小则由 ECU 通过改变脉冲信号的占空比来控制。当高压系统中的压力高于设定的压力时,球阀打开,高压燃油经过旁通油路泄压;反之球阀关闭,压力重新建立,从而达到按 ECU 指令调整高压系统油压的目的。另外,在控制阀的电磁线圈不通电时,仍有弹簧力将球阀压紧在阀座上,使高压油路保持 10MPa 左右的压力。

4)高压共轨

高压共轨安装在发动机汽缸盖周围,通过高压油管与高压油泵及各缸的喷油嘴连接,如图 7-3 所示,其结构与汽油机上的分配油管相似。高压共轨实质上是一个燃油蓄压器,其作用是存储高压燃油,并使高压油泵的供油和喷油嘴的喷油所产生的压力波动得到缓冲,以保持油压稳定,并将高压燃油分配给各缸的电控喷油器。由于是各缸共用,故有"共轨"之称。

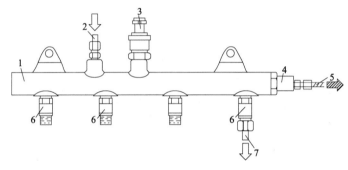

图 7-3 高压共轨

1-共轨;2-高压油泵端的进油口;3-共轨压力传感器;4-共轨压力控制阀;5-油箱端的出油口;6-流量限制阀;7-喷油器端的油管

高压共轨是一个管状厚壁容器,其形状看似简单,但必须通过对整个高压系统的模拟计算和匹配试验,考虑燃油管道的可膨胀性,来确定其尺寸和腔内容积,以保证在喷油器喷油和高压油泵脉动供油时共轨内的燃油压力波动尽可能小。同时也要保证起动时,共轨内的油压能迅速建立。

在发动机运转中,高压共轨中始终充满了高压燃油。利用高压共轨较大的容积,来补偿高压油泵脉动供油和喷油器断续喷油所产生的压力波动,不论供油量和喷油量如何,高压共轨中的压力都能保持恒定,从而确保喷油器打开时喷油压力不变。高压共轨上通常还安装有流量限制器(选装件)、共轨压力传感器和调压阀等部件,由于发动机的安装条件不同,这些部件在共轨上的位置可能有所不同。

5)共轨压力传感器

共轨压力传感器的作用是及时、准确地测出高压共轨中燃油的压力,并转换成电压信号,实时提供给 ECU。共轨压力传感器包括传感元件膜片,它焊接在压力接头上,将进油孔末端封住,如图 7-4 所示。共轨中的高压燃油进入共轨压力传感器后,作用在膜片上,使膜片形状发生变化,其上感应电阻的长度和电阻值也随之变化,并在 5V 供电的电阻电桥中产生电压变化,再经过传感器中放大电路的放大,成为变化范围在 0.5～4.5V 的电压信号输送给 ECU。ECU 根据该信号判定共轨中的燃油压力,以此作为控制调压阀工作的依据。

共轨压力传感器应具有很高的响应速度和的测量精度,在其工作范围内的允许偏差应在最大测量值的 ±2% 以内。一旦共轨压力传感器失效,其 ECU 将以某个固定的预定值来控制调压阀的开度。

6)限压阀

限压阀通常安装在高压共轨上,相当于安全泄压阀,其作用是限制共轨中的压力,在压力超过最高允许值以后开启泄压,防止系统内部零件的损坏。

限压阀的结构如图 7-5 所示,它通过螺纹接头拧在共轨上,另一端与通往油箱的回油管连接。在标准工作压力下,弹簧通过活塞将锥形阀门紧压在阀座上,限压阀呈关闭状态。只有当共轨中的燃油压力超过系统最大压力时,活塞能压缩弹簧使阀门开启,使高压燃油从共轨中流出,从而降低了共轨中的压力。流出的燃油经回油管流回油箱。

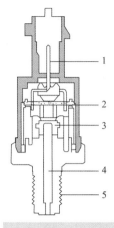

图7-4 共轨压力传感器
1-电气接头;2-求值电路;3-带有传感元件的膜片;4-高压接头;5-固定螺纹

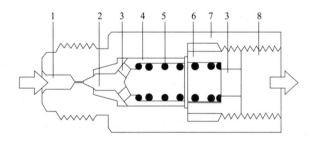

图7-5 限压阀
1-高压接头;2-锥形阀门;3-通道;4-活塞;5-压力弹簧;6-限位件;7-阀体;8-回油孔

7)流量限制阀

流量限制阀也称流量限制器,安装在高压共轨的每个出油口上,与喷油器的高压油管连接,其作用是减小流向喷油器的高压燃油压力波动,同时在喷油器高压油管中出现过大的流量或持续的泄漏(如喷油器针阀卡滞、过度磨损、高压油管破裂等),导致共轨中流出的燃油量超过最大流量时,自动将流向该喷油器的燃油管路关闭,起隔离保护作用。

流量限制器属于选装件,由于其结构较复杂,现已大多省略不用。

8)喷油器

在高压共轨系统中所用的喷油器有电磁式和压电式两种。电磁式喷油器是用高速电磁阀控制喷油器喷油的开始时刻和喷油持续时间,而压电式喷油器则采用压电元件电磁阀来控制。

(1)电磁式喷油器。

图 7-6 所示为电磁式喷油器,它由孔式喷油嘴、液压伺服系统、电磁阀组件构成。发动机工作时,燃油经高压油管进入喷油器,并经过进油节流孔进入控制室。由于此时泄油孔处于关闭状态,因此作用在柱塞上方的压力大于作用在喷油嘴针阀承压面上的力,喷油嘴针阀

被压在其座面上,紧紧关闭通往喷油孔的高压通道,因而没有燃油喷入燃烧室。

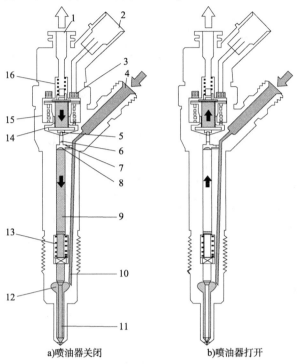

图7-6 电磁式喷油器

1-回油管;2-电线接头;3-电磁阀;4-高压燃油进油口;5-止回球阀;6-泄油孔;7-进油节流孔;8-阀控制室;9-柱塞;10-油道;11-针阀;12-喷嘴腔;13-喷嘴弹簧;14-阀控制室;15-大弹簧;16-小弹簧

电磁阀通电时阀芯上移,打开泄油孔,使控制室经由泄油孔与回油管相通。由于进油节流孔的节流作用,控制室内的压力因泄油而下降,使作用在柱塞上方的压力小于作用在喷油嘴针阀承压面上的力,喷油嘴针阀立即打开,燃油经过喷孔喷入燃烧室。

由于电磁阀不能直接产生迅速关闭针阀所需的力,因此采用上述由液力放大系统间接控制喷油嘴针阀的方式。其间除喷入燃烧室的燃油量之外,附加的控制燃油经控制室的回油孔进入回油通道。这种控制燃油和针阀导向面、柱塞导向面上的泄油都经回油管返回油箱。

(2)压电式喷油器。

因为柴油机废气排放的标准越来越高,对柴油机喷油速率和喷油规律的研究也越来越深入。在共轨系统中,为了让燃烧过程最大限度地接近理想状态,降低排放污染、减少噪声和使柴油机工作得更加柔和,采用多次喷射成为必然的选择。柴油机的多次喷射指的是把原来的一次喷射分为先导喷射、预喷射、主喷射、后喷射和次后喷射等过程。先导喷射是为了在燃烧室内预先形成混合气,达到防止柴油机工作粗暴和减少噪声的目的;预喷射是为了对燃烧室先预热使得主喷射阶段的燃烧更平稳,起到减少NO_x排放和降低噪声的目的;后喷射可以使未燃的燃油充分燃烧,提高排气温度,降低HC、CO和PM的排放量;次后喷射可以提高废气处理装置的温度,提高废气处理装置的效率。

第二代高压共轨燃油喷射系统利用高速电磁阀的快速开闭可实现预喷射和后喷射,但受电磁阀工作特性的限制,难以实现多次喷射。第三代高压共轨燃油喷射系统采用了压电式喷油器,以压电晶体作为控制喷油器工作的执行元件,极大地提高了响应速度,能够在极短的时间内完成多次切换,控制精度高,能控制的最小供油量足够小,使得多次喷射成为可能。

压电元件具有正向和反向压电效应,当在压电元件两端施加电压时,压电元件就会发生形变。给压电元件施加正向电压时,其体积膨胀;给压电元件施加反向电压时,其体积收缩。压电式喷油器就是利用这一原理,它可以用压电元件来使喷油器控制室的泄油孔通断,以控制针阀的升程,从而实现对喷油量和喷油正时的控制;也可以用压电元件直接驱动针阀升程,这种喷油器可以实现更高的平均有效喷射压力(方形喷油速率,压力高达200MPa),更多的喷射次数(7次或更多),两次喷射之间可达零间隔(实现连续喷射),最小喷射量可控制在$0.5mm^3$。

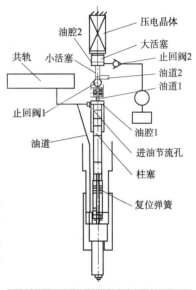

图 7-7 压电式伺服驱动喷油器

压电式喷油器按照其控制针阀的方式不同,可分为伺服驱动方式和直接驱动方式两种。

①压电式伺服驱动喷油器如图 7-7 所示。这种喷油器的结构原理与前述电磁阀控制的高压共轨喷油器基本相同,只是用压电元件取代了电磁阀来控制泄油孔的开闭。它的工作过程是:高压燃油从高压共轨进入喷油器后,分成两路,一路由通道进入喷油嘴的油道,作用在针阀锥面上,另一路通过节流孔进入活塞顶部的油腔。当压电晶体不通电时,止回阀 1 关闭,油腔 1 中的燃油推动柱塞,关闭喷油嘴,喷油器不喷油。当压电晶体通电后,压电晶体膨胀,推动大活塞压缩油腔 2 中的燃油,再推动小活塞(以此增大活塞行程),将止回阀 1 中的钢球推开锥面,使高压油腔中的燃油经过通道 1、止回阀 1 和通道 2 回流到油箱。由于柱塞上部被卸压,针阀在油槽中的燃油压力作用下,克服复位弹簧的作用力,向上运动,使喷油嘴开启,开始喷油。如果压电晶体断电,止回阀 1 落座,柱塞向下运动,使喷油嘴关闭。止回阀 2 是为了补充油腔 2 中泄漏的燃油,以保证喷油嘴工作可靠。

②压电式直接驱动喷油器如图 7-8 所示。传统的喷油器都是利用燃油压力作用在针阀中部的承压锥面上,来使针阀开启实现喷油。而压电式直接驱动喷油器则是直接利用压电元件的膨胀和收缩来控制针阀的行程,以实现喷油,这使得喷油器针阀动作的速度更快,能用不到 $100\mu m$ 的时间打开和关闭喷油器的针阀,且喷雾动量和精确性更高。因为在针阀中部没有承压锥面和相应的压力室,也被称作无压力室喷油器(VCO 喷油器)。

压电式直接驱动喷油器下部结构如图 7-9 所示。ECU 给压电元件施加正向电压时,压电元件膨胀而使喷油器针阀关闭,喷油器不喷油;ECU 给压电元件施加反向电压时,压电元件收缩而使喷油器针阀开启,喷油器开始喷油。与带压力室的喷油器不同,无压力室喷油器在针阀升程发生变化时,喷油嘴喷孔流通截面积是变化的。在一定的柴油机转速下,如保持喷油压力和喷油持续时间不变,只要控制针阀的升程,即控制喷油器喷孔有效流通面积,就可以控制循环喷油量。

9）柴油机的预热装置

柴油机起动时，因为外部寒冷、机油的黏度高、柴油机的起动力矩大、燃油雾化性差、压缩后的空气温度达不到燃油自燃温度等原因，难以起动发动机。因而柴油机存在低温起动困难问题。为了保证柴油发动机在低温条件下能迅速起动，采用预热控制系统，进行补充加热。

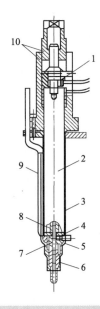 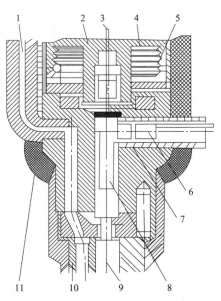

图 7-8　压电式直接驱动喷油器
1-石英测量垫片；2-压电执行器；3-外壳；4-密封垫；5-紧固螺套；6-针阀体；7-压杆；8-压帽；9-高压油管；10-差动螺纹

图 7-9　压电式直接驱动喷油器下部结构
1-高压油管；2-压电元件；3-压帽；4-蝶形弹簧；5-膜片；6-磁铁；7-针阀位置传感器；8-压杆；9-针阀；10-针阀体；11-外壳

柴油机的预热装置有直接喷射式发动机和涡流燃烧室发动机两种预热装置形式，如图 7-10 所示。

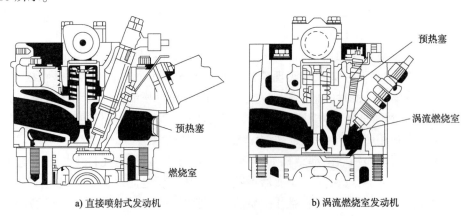

a）直接喷射式发动机　　　　b）涡流燃烧室发动机

图 7-10　柴油发动机的预热装置

5. 柴油机预热控制系统控制电路分析

柴油机预热控制主要有两种形式：一种手动预热。需要按住预热开关给发动机预热；另一种是自动预热。根据插头的加热时间，又可分为慢速型和快速型。根据结构不同，柴油机预热控制装置又可分为火焰预热器、电加热预热器等进气预热装置。发动机预热状态下，仪表板中都有预热指示灯指示，预热指示灯图案是一个黄色的"螺旋弹簧"标志，灯亮则表示发动机正在预热，灯灭表示预热完成。

（1）如图 7-11 所示为一款车辆的预热控制系统组成，该系列发动机预热单元的控制是由单独的预热塞控制单元（GCU）控制的，相比传统的预热控制线路布置更简单，主要由预热控制单元、预热塞、继电器、点火开关等组成。图 7-12 为预热控制电路图，主要控制线包括预热继电器控制线（K）—红黄线—ECU（K93），预热时间反馈控制线（DI）—粉色线—ECU（K52），预热控制单元电源线（86）—红白线—+12V 常供电，预热控制单元（31）搭铁线—黑色线—搭铁。

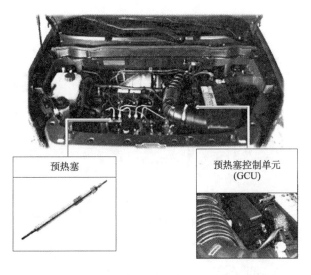

图 7-11 预热控制系统

（2）如图 7-13 所示为丰田巡洋舰发动机预热控制系统原理图。此预热系统包括低额定电压预热塞、2 个预热塞继电器（主、副继电器）、1 个预热塞电阻、1 个冷却液温度传感器、1 个预热塞电流传感器和 1 个电热定时器。将点火开关钥匙转到 ON 挡，预热控制器会根据冷却液温度传感器传来的信号，确定是否给发动机预热、预热多长时间。其工作过程如下：

将点火开关钥匙转到 ON 挡，预热控制器会根据冷却液温度传感器传来的信号，使预热指示灯发光。在预热指示灯发光的同时，1 号预热塞继电器也接通，使来自蓄电池的电流通过预热塞电流传感器至预热塞，预热塞快速加热。1 号预热塞继电器接通的同时，2 号预热塞继电器也接通，但预热塞电阻只允许电流通过 1 号预热塞继电器，当预热塞温度上升至 900℃时，预热定时器将预热塞电流传感器的电流变化感知为温度变化，并将 1 号预热塞电阻器断路，以防止预热塞过热。当 1 号预热塞继电器断路时，电流通过预热塞电阻器至预热塞,故预热塞温度下降。

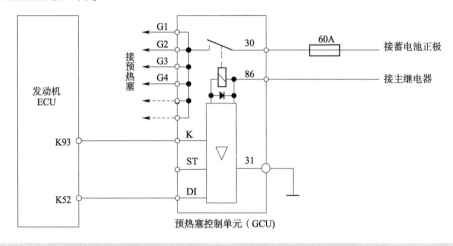

图 7-12 预热控制电路图

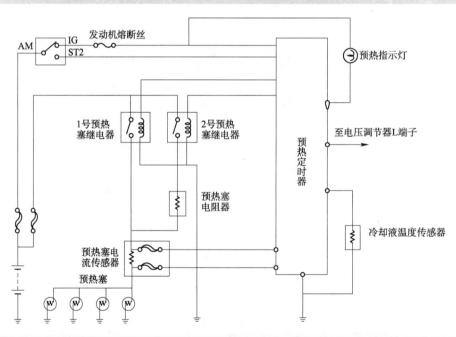

图 7-13 丰田 LANDCRUISER 预热系统电路原理

当预热塞温度达到750℃时,1号预热塞继电器再次接通,预热塞温度迅速上升。根据预热塞的温度变化,重复以上步骤,就可将预热塞的温度控制在一个固定范围(750~900℃)。当点火开关扭至"START"位置时,2号预热塞继电器接通。如果预热塞温度低于900℃,1号预热塞继电器也会接通,在发动机起动时快速预热。为了使预热塞的温度保持在750~900℃之间,就需要1号预热塞继电器根据温度变化重复接通、断路的过程。

发动机起动后,仪表板上放电警告灯熄灭时,电压调节器L端子的电压从0升至蓄电池电压。然后,预热定时器将1号预热塞继电器切断。由于预热定时器仍使2号预热塞继电器接通,来自蓄电池的电流继续通过预热塞电阻器流至预热塞,产生余辉。

【技能知识点】

1. 柴油机电控共轨燃油控制系统常见故障

(1) 控制单元故障。

虽然控制单元一般比较可靠,不易出问题,但有时也难免出现故障。例如某集成块损坏,控制单元固定螺栓松动,某电子元件焊接头松脱以及电容元件失效等。

(2) 接插件连接故障。

自动控制系统的电路引线有很多接插件,常常因为长时间使用,插件发生老化,或由于多次拆卸,造成接头松动或接触不良,造成柴油机工作不稳定,时好时坏。

(3) 传感器故障。

由于传感器的零件损坏,如弹片弹性失效、真空膜片破损、复位弹簧断裂或脱落,都将不能及时、准确地反映柴油机工况,从而使电子控制系统失控或控制不正常,柴油机工作不协调,甚至不能工作。如速度传感器失效、加速踏板传感器失效、燃油温度传感器失效等都会引起柴油机工作不正常。

(4) 执行器故障。

电磁阀工作是由控制单元产生的电脉冲控制的,有时候因电磁线圈工作不良,造成柴油机工作不正常。此外,如供油齿杆、执行机构活塞、伺服阀卡滞、伺服阀电路失效等都会引起柴油机的故障。

2. 预热控制系统故障检查方法

预热塞损坏会使柴油发动机起动困难或起动不稳,冷起动排放性能不佳。以图7-12为例,预热系统的检查方法如下。

(1) 预热塞的检查。

用万用表电阻挡测试预热塞的电阻,正常情况下,电阻是 $0.6 \sim 1.5\Omega$,如果电阻偏差过大,可能是预热塞损坏,需要更换预热塞。

(2) 测试预热塞。

可以将预热塞拔下,然后用导线将预热塞直接连到电池上,好的预热塞的发热体应该能够正常加热,发红。

(3) 测试预热塞 GCU 的供电。

测试 GCU30 号端子和 86 号端子处的供电电压,应该是 12V,不能有虚接,否则将会导致预热塞实际不工作。

(4) 测试 GCU 的搭铁端子。

测试 GCU 的 31 号搭铁端子,应该搭铁牢固,不能有腐蚀。

(5) 检查线束。

检查 GCU 的 K 端子和 DI 端子到 ECU 的 K93 和 K52 之间的线束,电阻约为 0Ω,检查 GCU 的 G1—G4 输出线到四个预热塞之间线束的电阻,电阻约为 0Ω。

(6) 测试 GCU 的预热反馈控制端。

GCU 的 D1 端子是负责预热反馈的,将试灯连接 D1 端子和搭铁线,此时接通点火开关,预热系统正常工作时,D1 端有电,预热系统停止工作,DI 端下电。

(7)G1—G4 端子检查。

G1—G4 端子负责输出预热塞的控制电源,接通点火开关,预热系统工作时,G1—G4 端子有 12V 电压,预热系统停止工作时,约 2s 后电压消失。

3. 柴油机电控共轨燃油喷射系统的故障诊断流程

柴油机燃油喷射系统有比汽油机高几十倍甚至上百倍的燃油压力,因此在检修燃油系统时要注意,尤其是在更换零部件时,一定要按照维修手册的步骤进行泄压。

柴油机常见故障诊断过程如下:

(1)确定发动机产生的故障现象,感受发动机状态,对故障作出初步判断。

(2)使用检测仪器检索故障代码,并通过故障现象得出初步判断。

(3)经故障代码判断不出故障时,可以进入诊断程序"读取数据流"页面,选择对应的发动机工作状态数据,研究数据判断故障情况。

(4)依照检测仪器给出的数据和故障模式,分析燃油系统的情况、回油装置的压力等。

(5)根据故障代码和故障现象,检查有关传感器和执行器的运行情况,酌情修理或更换。

(6)检查相关传感器与调节部分之间的通信线路是否存在问题,检验有关调节开关和配电箱内的熔断丝状况。

(7)将发现的故障和异常排除在外,用检测仪清除存储的故障码,并进行道路测试以确认故障是否排除。

(8)将发现的故障点排除后,使用检测仪器检查故障代码是否再次出现,确保故障完全排除后,交给检查员进行检测,并向客户交车。

【线上学习资源】

1. 线上微课

柴油机高压共轨
燃油喷射系统

2. 线上作业

3. 线上测试

模块 8 汽油发动机电控系统故障诊断

【模块导论】

1. 目标要求

汽油发动机电控系统的常见故障诊断方法已经成为汽车维修人员的必修课程。本模块介绍汽油发动机电控系统常见故障的主要原因、汽油发动机电控系统检修注意事项、汽油发动机电控系统故障诊断的原则和方法,使学生能够描述汽油发动机电控系统常见故障的主要原因和诊断方法,并具备汽油发动机电控系统故障分析和排除的基本职业能力。

本模块的学习重点是:汽油发动机故障的原因分析和诊断方法、步骤流程。

本模块的学习难点是:汽油发动机的常见故障诊断分析方法。

2. 任务分解

本模块有 1 个任务和 1 个实训项目:

任务　汽油发动机电控系统的故障原因与诊断

实训项目　汽油发动机电控系统综合故障诊断

 任务　汽油发动机电控系统的故障原因与诊断

【任务目标】

通过本任务的学习,学生应能够掌握汽油发动机电控系统常见故障的现象和主要原因,故障诊断的原则和方法,初步具备汽油发动机电控系统常见故障诊断与排除的职业能力。

【理论知识点】

1. 汽油发动机电控系统常见故障的主要原因

1) ECU 故障

通常情况下,发动机 ECU 的可靠性较好,在正常使用中一般不会出现故障。ECU 的大部分故障都是不正常使用或维修不当造成的。导致 ECU 产生故障的原因主要有：

（1）ECU 的电源电路有故障，造成 ECU 不工作。

（2）在通电状态下拆装 ECU 的线束插头，因瞬间高电压造成 ECU 损坏。

（3）在使用中因进水、受潮，造成 ECU 内部电路短路或电子元件损坏，或线束插头中的接线端子氧化而接触不良。

（4）ECU 内部个别电子元件损坏、焊脚松脱，特别是大功率晶体管元件损坏和电源电路故障。

（5）ECU 中的只读存储器有缺陷，造成控制程序的损坏，导致 ECU 不能正常工作。

当 ECU 因损坏、断电而完全不工作时，仪表板上的发动机故障警告灯在打开点火开关后不会亮起，发动机会因没有点火和喷油而不能起动。

若 ECU 的控制程序出现部分损坏，或其个别输入、输出电路损坏，会造成电控系统的部分功能异常，如个别汽缸不喷油、怠速自动控制失效等。

2）传感器故障

传感器的故障有以下几种形式：

（1）传感器内部故障，如内部电路的断路、短路，或内部元件老化、损坏等故障。

（2）传感器外部的控制电路故障，如传感器的电源电路、搭铁电路、信号电路的短路、断路等。

（3）传感器内部或外部的偶发性故障，如内部元件或插头接触不良等，在工作中偶尔出现故障。

当传感器的内部或外部电路出现断路、短路故障时，会使传感器的信号值超出正常范围，这种故障很容易被 ECU 的自诊断系统所测得。ECU 会立即使仪表板上的发动机故障警告灯亮起，并在存储器中记下该故障的代码，同时启动失效保护控制，以维持发动机的运转。因此，除了曲轴位置传感器外，大部分传感器的断路、短路故障都只会使发动机的运转出现一定程度的异常（如混合气偏浓、怠速偏低等），而不会导致发动机无法运转。

当传感器内部元件出现老化等损坏时，其信号值虽然并未超出正常范围，但却与所检测的实际参数不符。这种故障通常不会被 ECU 的自诊断系统测出，因而无法启动失效保护控制，从而可能导致发动机的运转出现较为严重的异常（如混合气过浓、怠速过高等），甚至使发动机无法运转。

3）执行器故障

执行器中既有电子元件，又有机械零件，是电控系统中最容易产生故障的部件。当某个执行器出现故障时，将不能正确执行 ECU 的控制指令，致使发动机的运转出现异常。常见的故障原因主要有：

（1）执行器中的电子元件损坏或内部电路断路、短路等硬性故障。

（2）执行器中的机械零件因磨损、卡滞、堵塞而无法正常工作。

（3）执行器中的电子元件或机械零件因老化等原因，导致其工作反应迟钝、性能降低，虽然工作基本正常，但已接近损坏极限。

（4）执行器内部电子元件或机械零件存在偶发性故障，在工作中偶尔出现故障。

4）控制电路故障

发动机 ECU 和传感器、执行器、电源、搭铁之间的控制电路异常，也会使电控系统中的传感器、执行器、ECU 不能正常工作，导致发动机出现各种故障。常见的控制电路故障原因

主要有:

(1)电源熔断丝接触不良、过载熔断等原因导致控制系统电源电路故障。

(2)传感器、执行器或 ECU 的搭铁线搭铁不良,造成传感器、执行器或 ECU 工作异常。

(3)控制电路中的插接件因多次拆装,造成插头或端子松动;或因端子处进水氧化,导致插头接触不良。

(4)连接导线老化、内部折断或外皮破裂、引起断路、短路故障。

2. 汽油发动机电控系统检修注意事项

汽油发动机电控系统中的传感器、执行器、控制电路、ECU 等任何零部件产生故障,都会对发动机的运转产生一定的影响。由于 ECU 具有故障自诊断功能,因此在检修时,可将电脑检测仪与 ECU 连接,通过读取故障代码或进行数据流分析,找出汽油发动机电控系统的故障原因。但在大部分情况下,这种方法只能判定故障的大致范围,要确定故障所在的具体部位,还必须进一步按照该车型维修手册中提供的电路图、检测方法、检测步骤、标准数值等有关技术资料,用万用表、示波器等工具,对各个部件或其控制电路进行检测。

为了提高汽油发动机电控系统工作的可靠性,该系统的大部分零部件在结构上都被设计成密封式、不可分解的,损坏后也不能修复。汽油发动机电控系统检修的主要任务就是找出这些有故障的零部件,予以更换,从而恢复发动机的工作性能。

在检修汽油发动机电控系统时,必须注意以下事项,以免造成 ECM 或控制系统零部件的损坏。

(1)在点火开关接通时,绝不要取下或插上 ECU 的线束插头,以防止电控系统中的一些电感元件在断电瞬间产生感应电压,造成 ECU 的损坏。

(2)应可靠地连接 ECU 的线束插头,否则可能损坏 ECU。

(3)在拆装蓄电池或使用外接蓄电池跨接起动时,必须先关闭点火开关,然后才能进行拆装或跨接操作。要特别注意蓄电池的正负极不能接反。

(4)在没有连接和拧紧蓄电池电缆接头时,不要起动发动机,也不要在发动机运转时拆下蓄电池电缆。以防止发动机充电电压过大,损坏电控系统的元件和 ECU。

(5)当转动发动机检查汽缸压缩压力时,要切断喷油器的电源,或拔掉所有喷油器的线束插头,以防止检查中喷入的燃油未经燃烧进入排气管,造成三元催化转换器损坏。

(6)不要采用拔下高压线直接试火的方法检查高压火花,以防止点火线圈产生过高的点火电压,导致电控系统元件的损坏。

(7)不可用快速充电机进行辅助起动,以防止充电机的脉冲高电压损坏电子元件。使用快速充电机进行就车充电时,务必拆下蓄电池搭铁线。

(8)在车上进行电焊作业时,应拆下蓄电池搭铁线并断开 ECU 线束插头,以免 ECU 及其他电子元件受损。由于断开电源后,会清除掉 ECU 内存储的所有信息,有些车型还会造成音响等设备的锁死,因此,要先读取 ECU 中的故障信息,并向车主索取该车音响等设备的解锁密码。

(9)对电控系统的电路进行检测时,应使用数字式万用表等专用仪器。没有一定的电工电子专业知识,不要使用普通的指针式万用表和 12V 试灯检测电控系统,以免产生意外。严禁采用刮火的方法检查电路。

3.汽油发动机电控系统故障诊断的原则和方法

发动机电控系统包含了各种传感器、执行器以及 ECU、控制电路等部分,是一个较为复杂的综合系统。它既有相对的独立性,又和发动机其他系统有机联系、互相制约和影响,因而其故障诊断难度较大。造成电控系统工作异常或损坏的原因,有可能是电控系统本身,也可能是发动机机械系统或其他系统故障引发,因而在检查和排除故障时,不仅需要熟悉发动机电控系统的组成、工作原理、控制过程,还应具备发动机其他机械系统和电控系统之间相互工作关系的知识。同时,要遵循汽油发动机电控系统故障诊断的一些基本原则,灵活运用电控系统故障诊断的各种手段和方法,才能迅速查找出故障的所在和具体原因。

1)汽油机电控系统故障诊断的基本原则

(1)系统性原则。

发动机电控系统既是一个完整的个体,也是一个和发动机其他机械系统有着相互联系、相互作用的综合复杂的大系统,其故障的原因及表现也是千差万别。电控系统的故障可能导致发动机其他机械系统出现异常,机械系统的故障也可能在电控系统中反映出来。在诊断故障时,不能只考虑电控系统,必须从发动机整个系统出发,从不同的角度或方面去分析、检测,才能得出正确的结论。

(2)先思后行原则。

在对发动机电控系统的故障进行诊断时,应先根据电控系统的工作原理,对故障现象进行定性和定量的分析,在明确引发故障的可能原因后,再确定出要优先检查的方向部位,做到有的放矢,有计划、有步骤地操作,避免对与故障无关的部位做无谓的检查和拆装,也可防止因漏检有关项目而多走弯路。

(3)先易后难原则。

由于发动机电控系统的各部件经常处在振动、高温、灰尘、潮湿、水浸等恶劣环境下工作,某些故障往往是由于简单的原因造成的,例如连接线束插头的松动或接触不良,线路导线的折断,真空气管的老化破裂、脏污、堵塞等。在诊断故障时,应先通过外观检查,运用眼看、耳听、手摸、鼻嗅等直观检查方法,或运用简单的检测工具进行检查,往往能迅速地发现某些较为明显的故障点,或明确和鉴别故障的特征,以便有针对性地对电控系统进行更加深入的检测,为诊断和确认故障的原因提供依据。同时防止了盲目使用检测诊断设备,或大拆大卸,既大大缩短故障诊断时间,也有利于不断积累维修经验。

(4)资料先行原则。

不同车型发动机电控系统的组成部件、控制方式、电路布置等往往有很大的不同,其电路工作正常与否、部件的性能好坏,也常需要根据标准参数的对比来进行判断。在诊断故障时,如果没有所修车型发动机电控系统的维修资料和标准数据资料做参考,对电控系统电路的检测及部件性能的判断都将会很困难,往往只能采取更换新部件的方法来确认,这样有时会造成维修费用和人力的无谓消耗。因此,在诊断发动机电控系统故障时,应预先阅读所修车型的有关维修资料,如维修手册、电路图等,了解该车型发动机电控系统的电路特点、部件的安装位置、各接线插头的形式和端子分布情况,使检测方案的制订有据可依,同时大大方便故障诊断。

(5)代码优先原则。

发动机电控系统具备故障自诊断功能,当系统出现故障时,通常都会被故障自诊断系统监测到,并会通过故障警告灯向驾驶员发出警示信号,同时还会将故障信息以代码或定格数据等方式储存在 ECU 的存储器中。在对发动机电控系统进行故障诊断时,可以根据故障警告灯的指示,使用诊断仪器读取电控系统的故障代码或定格数据,作为故障诊断的参考依据,并优先检查和排除故障代码所指示的相关部位。

2) 汽油发动机电控系统故障诊断的常用方法

对汽油发动机电控系统进行故障诊断时,应灵活运用各种常规的检查和诊断方法,以提高诊断工作的效率。常见的故障诊断方法主要有以下几种。

(1) 直观检查。

直观检查简单容易,能方便和迅速地查出零部件裂纹、变形、密封件泄漏、电器线路脱开、连接件松动等常见故障。同时,通过直观检查,还可以了解和感受与故障症状相关的信息,有利于把握问题关键,确定故障性质,为进一步进行更细致的测试和诊断、查找故障原因奠定基础。

(2) ECU 自诊断。

利用 ECU 的自诊断功能,通过读取有关故障代码和定格数据,可了解和掌握 ECU 自诊断系统的故障信息。有些故障通过故障代码的内容即可直接诊断出原因,是故障诊断最简便快捷的方法。

但发动机 ECU 自诊断系统的功能具有局限性,不可能诊断出所有的故障。一些疑难故障常常没有故障代码,只能将读取故障代码作为初步诊断的一种方法,具体故障原因则需要综合其他诊断方法,通过深入诊断才能确诊。

(3) 仪表和专用仪器诊断。

发动机电控系统的故障检测常常需要使用一些仪表和专用仪器,利用这些仪表和专用仪器对电控系统进行检测,可对故障作出相对准确的定量判断。特别是有些专用诊断仪器集故障诊断、原因分析、数据资料于一体(故障诊断专家系统),其诊断的专业性和针对性强,能使故障诊断工作变得更加方便,大大提高工作效率。

(4) 利用故障诊断表进行分析诊断。

由于发动机电控系统的控制原理较为复杂,一般的维修人员如果没有一定的专业理论知识,很难根据故障的现象制定出有效可行的诊断程序。因此,在诊断发动机电控系统故障时,可以利用该车型发动机电控系统维修手册中的故障诊断表,从表中了解某种故障现象的可能原因,并参照表中所列的检查顺序、检测步骤、检测标准等来进行检查,能提高诊断工作的有效性和合理性,缩小诊断范围,迅速查出故障部位和原因。

【技能知识点】

汽油发动机电控系统故障分析和排除方法如下。

1. 电控汽油发动机不能起动。

1) 电控汽油发动机不能起动故障的原因

电子控制汽油喷射式发动机在设计上具有很好的起动性能。汽油喷射系统的一般故障通常不会导致发动机不能起动。如果在接通起动开关时,起动机能带动发动机正常转动,但不能发动,且无着车征兆,则一定是发动机电控系统中的点火控制系统、燃油控制系统或

ECU 三者之中至少有一个完全丧失了功能。如果在起动发动机时,起动机能带动发动机正常转动,且有轻微着车征兆,但不能起动,说明点火控制系统、燃油控制系统和 ECU 虽然工作失常,但并没有完全丧失功能。这种不能起动故障的原因不外乎是高压火花太弱或点火正时不正确、混合气太稀、混合气太浓、汽缸压力太低等。电控汽油发动机不能起动的故障原因通常有以下几种。

(1) 电动汽油泵不工作。
(2) 喷油器没有喷油。
(3) 点火系统不点火。
(4) 燃油压力过低。
(5) 点火提前角不正确。
(6) 高压火花太弱。
(7) 冷却液温度传感器有故障。
(8) 喷油器漏油。
(9) ECU 不工作。

2) 电控汽油发动机不能起动故障的诊断步骤

(1) 对于不能起动的故障,一般应先检查油箱存油情况。打开点火开关,若汽油表指针不动或油量警告灯亮,则说明油箱内无油,应加满汽油后再起动。

(2) 观察仪表板上的发动机故障警告灯,如果打开点火开关后发动机故障警告灯不亮,说明发动机 ECU 不工作,应检查 ECU 的电源电路和搭铁电路。如电路正常,应更换 ECU。

(3) 进行故障自诊断,检查有无故障代码。如有故障代码,则可按显示的故障代码查找相应的故障原因。必须指出的是,所显示出的故障代码不一定都与发动机不能起动有关系:有些故障代码是发动机在以往的运行过程中产生的偶发性故障所留下的,有些故障代码所表示的故障不会影响发动机的起动性能。会影响起动性能的部件有曲轴位置传感器、冷却液温度传感器、空气流量传感器等。

(4) 检查点火系统。导致不能起动的最常见原因是没有点火。因此,在进一步检查之前,应先检查点火系统是否有故障。在检查电控汽油发动机点火系统有无高压火花时应采用正确的方法,不可沿用检查传统触点式点火系统高压火花的做法,以防损坏电控系统中的有关部件。

正确的检查方法是:从分电器上拔下高压总线,让高压总线末端距离缸体 5～6mm;或从缸体上拔下高压分线,将一个火花塞接在高压线上,然后将火花塞搭铁;接通起动开关,用电动机带动发动机运转,同时观察高压总线末端或火花塞电极处有无强烈的蓝色高压火花。

如果没有高压火花,说明点火系统有故障。在查找故障部位之前,可先进行发动机故障自诊断,检查有无故障代码。汽油发动机电控系统的故障自诊断系统通常能检测出与点火控制有关的曲轴位置传感器及点火控制器的故障。如有故障代码,则可按显示的故障代码查找故障部位;如无故障代码,则应分别检查点火系统中的高压线圈、点火控制器、曲轴位置传感器及点火控制系统电路。点火系统最容易损坏的零件是点火控制器,应重点检查。

如果有高压火花,还要进一步检查高压火花的强度是否正常。如果高压火花太弱,应更换高压线圈;对于有分电器的点火系统,如果高压总线火花正常而各缸的高压分线火花较弱或断火,说明分电器盖或分火头漏电,应更换。

(5)检查电动汽油泵是否工作正常。电动汽油泵不工作也是造成发动机不能起动的最常见原因之一。以人为的方式让电动汽油泵运转(可用导线将蓄电池电源直接接至汽油箱上的电动汽油泵线束插头),此时应能从油箱口处听到汽油泵运转的声音,或用手捏住进油管时能感觉到进油管的油压脉动,或拆下油压调节器上的回油管,应有汽油流出。

如果电动汽油泵不工作,应检查熔断丝、继电器及电动汽油泵控制电路等。如果电路正常,则说明电动汽油泵有故障,应更换。

如果以人为的方式让电动汽油泵运转后,发动机就可以起动,则说明是电动汽油泵控制电路有故障,导致汽油泵在发动机起动时不工作。对此,应检查电动汽油泵控制电路。

(6)检查喷油器是否喷油。如果点火系统和电动汽油泵工作正常,则应进一步检查在起动发动机时各喷油器有无故障。可用发光二极管试灯接在喷油器的线束插头上。如果在起动发动机时试灯不闪亮,则说明喷油器控制线路有故障。对此,应检查喷油器电源熔断丝有无熔断,喷油器与电源之间的接线是否良好,喷油器与ECU之间的接线是否良好。如果外部电路均正常,则可能是ECU内部有故障,可换一个好的ECU试一下。如能起动,可确定为ECU故障,应更换ECU。

(7)检查燃油供给系统压力。燃油供给系统油压过低会造成喷油量太少,也会导致不能起动。在电动汽油泵运转时检查燃油供给系统油压。在发动机未运转的状态下正常燃油压力应达250kPa以上。如果燃油压力过低,可用钳子包上软布,将油压调节器的回油管夹住,阻断回油通路。此时,若燃油压力迅速上升,说明是油压调节器漏油造成油压过低,应更换油压调节器;若燃油压力上升缓慢或基本不上升,则说明油路堵塞或电动汽油泵有故障。对此,应先拆检汽油滤清器。如有堵塞,应更换;如滤清器良好,则应更换电动汽油泵。

(8)拆检火花塞,检查喷油量是否太少或太多。如果火花塞表面只有少量潮湿的汽油,说明喷油器喷油量太少。对此,应进一步检查燃油压力。如果燃油压力太低,应检查汽油滤清器、油压调节器及汽油泵有无故障。如果燃油压力正常,则可能是冷却液温度传感器故障所致,应对照该车型维修手册中的有关数据测量冷却液温度传感器有无故障。

(9)如果火花塞表面有大量潮湿汽油,说明汽缸中已出现"呛油"现象,这也会造成发动机不能起动。对此,可拆下所有火花塞,将其烤干,再让汽缸中的汽油全部挥发掉,然后装上火花塞,重新起动。如果仍会出现"呛油"现象,应拆卸喷油器,检查喷油器有无漏油。

2.电控汽油发动机起动困难

1)电控汽油发动机起动困难故障的原因

发动机起动困难是指起动机能带动发动机按正常速度转动,有明显着车征兆,但不能起动;或需要连续多次起动或长时间转动起动机才能起动;或起动后即熄火,无法正常运转。对于起动困难的故障,应分清是在冷车时出现还是在热车时出现,或者不论冷车热车均出现。这一故障一般产生于燃油喷射系统,其具体原因主要有以下几种。

(1)采用空气流量传感器的电控汽油发动机在进气管道中有漏气,空气流量传感器的进气量信号与实际进气量不符,使喷油量过少,导致发动机起动后即熄火。

(2)燃油压力太低,使起动时的混合气太稀。

(3)喷油器堵塞,使喷油量偏少,导致冷车时起动困难。

(4)冷却液温度传感器故障,导致混合气太稀或太浓。

(5)喷油器漏油,在发动机熄火后有部分汽油漏入进气管,从而在起动时因混合气太浓而不能正常起动。

(6)点火正时不正确,或点火系统中的火花塞、高压线、点火线圈等性能不良。

(7)起动开关至ECU的接线断路,使发动机ECU在起动时没有得到起动信号,从而没有进行起动加浓混合气的控制。

(8)汽缸压缩压力太低,起动时汽缸内的可燃混合气燃烧条件差,不易着火。

(9)发动机ECU的起动控制功能有故障。

2)电控汽油发动机起动困难故障的诊断步骤。

(1)进行故障自诊断。如有故障代码,则应先排除故障代码所指示的故障。

(2)应采用正确的起动操作方法。通常汽油发动机的控制系统要求在起动时不踩加速踏板。如果在起动时将加速踏板完全踩下或反复踩加速踏板以求增加供油量,往往会使控制系统的溢油消除功能起作用,从而导致喷油器不喷油,造成不能起动。

(3)起动前向进气管内喷入少许发动机起动剂(或化油器清洗剂)后起动发动机,如果此时能正常起动,说明起动困难的原因是混合气过稀,应重点检查燃油控制系统及其相关的传感器。

(4)检查进气系统有无漏气。采用空气流量传感器测量进气量的汽油喷射系统,只要空气流量传感器之后的进气管道有漏气就会影响进气量计量的准确性,从而使混合气变稀。严重的漏气会导致发动机不能起动。检查中应仔细查看空气流量传感器之后的进气软管有无破裂,各处接头卡箍有无松脱,谐振腔有无破裂,曲轴箱强制通风软管是否接好。

(5)如果将加速踏板少许踩下后发动机能正常起动,而不踩加速踏板时起动困难,应检查怠速控制阀或附加空气阀是否工作正常。可在发动机起动后,检查怠速控制阀的工作是否正常。如有异常,应检查怠速控制阀及其控制电路。

(6)检查燃油压力,如果压力太低,应检查油压调节器有无漏油,汽油滤清器有无堵塞,汽油泵最大泵油压力是否正常。

(7)检查温度传感器和空气流量传感器。拔下温度传感器和空气流量传感器线束插头,用万用表测量温度传感器和空气流量传感器各接线端之间的电阻。如果阻值不符合标准,应更换。

(8)在发动机运转过程中检查是否有混合气过浓的情况(如排气冒黑烟或排气中有辛辣的未燃尽的汽油味),如果混合气过浓,则应检查燃油压力、冷却液温度传感器、空气流量传感器或进气管压力传感器等。如果检查均无异常,可在点火开关关闭后,检查燃油系统的保持压力是否正常。接上油压表测量燃油压力,在关闭点火开关(熄火)后,5min内燃油压力应保持不低于150kPa。如果保持压力太低,应检查油压调节器、电动汽油泵、喷油器等处是否漏油。

(9)燃油蒸发回收系统在起动及怠速运转中是不工作的。如因某种原因而使其在起动时就进入工作状态,会使混合气过浓,影响起动性能。将燃油蒸发回收软管堵塞住,再起动发动机。如在这种状态下发动机能正常起动,说明该系统有故障,应认真检查。

(10) 如果混合气情况正常,应重点检查点火系统。可检查发动机怠速时的点火正时,如不符合标准值,应予以调整。也可拆检或更换火花塞、火花塞电极间隙太大也会影响起动性能。火花塞正常间隙一般为 0.8mm,有些高能量的电子点火系统火花塞间隙较大,可达 1.2mm。如火花塞间隙太大,应按该车型维修手册所示标准值进行调整。

(11) 检测点火线圈、检查高压线有无断路或漏电。

(12) 检查起动开关至 ECU 的起动信号是否正常。如果 ECU 接收不到起动开关的起动信号,就不能进行起动加浓控制,也会导致起动困难。为此,应从 ECU 线束插头处检查起动时有无起动开关的信号传至 ECU。如无信号,应检查起动开关和线路。

(13) 检查汽缸压缩压力,若汽缸压缩压力低于 0.8MPa,则说明发动机机械部分有故障,应拆检发动机。

(14) 如果上述检查均正常,可换一个新的发动机 ECU 试一下。如有好转,则说明原 ECU 有故障,应更换。

3. 电控汽油发动机怠速不良

1) 怠速不稳、易熄火故障的原因

如果发动机起动正常,但不论是发动机冷车或热车状态,其怠速运转均不稳,发动机有明显抖动、易熄火。产生这种现象的原因通常有以下几点。

(1) 进气系统中有漏气。
(2) 油路压力太低。
(3) 喷油器雾化不良、漏油或堵塞。
(4) 怠速调整或设定不当。
(5) 怠速控制阀工作不良。
(6) 火花塞工作不良。
(7) 空气流量传感器有故障。
(8) 废气再循环装置或燃油蒸气回收装置在怠速时工作。
(9) 汽缸压缩压力过低,或各汽缸的压缩压力值差别太大。

2) 怠速不稳、易熄火故障的诊断步骤

怠速不稳、易熄火故障的诊断可按下述步骤进行。

(1) 先进行故障自诊断,检查有无故障代码出现。如有,则按所显示的故障代码查找故障原因。

(2) 检查进气系统各管接头、各真空软管有无漏气。

(3) 检查怠速控制阀的工作是否正常。如果怠速控制阀工作不良,应检修其控制电路或更换怠速控制阀。

(4) 进行断缸检查,在怠速时逐个切断各缸的工作(可逐个拔下各缸喷油器的线束插头),检查发动机转速的下降量是否相等。如果某缸在断缸时,发动机转速基本不变,说明该缸工作不良或不工作,应检查该缸火花塞或喷油器有无故障,喷油器控制电路有无故障。

(5) 拆检清洗喷油器。喷油器堵塞或喷油雾化不良也会造成在发动机怠速运转不稳,特时怠速不稳,可拆检清洗喷油器后装复试车。

(6)拆检各缸火花塞,检查电极有无磨损过甚或积炭,火花塞电极间隙是否正常。

(7)检查各缸高压线有无漏电、电阻是否正常,如有漏电痕迹或电阻过大,应更换高压线。

(8)检查燃油压力。怠速时的燃油压力应为250kPa左右。如燃油压力太低,应检查油压调节器、电动汽油泵、汽油滤清器。

(9)将废气再循环管路或燃油蒸气回收系统管路堵住,如果堵住后发动机怠速恢复正常,说明废气再循环装置或燃油蒸气回收装置在怠速时工作,或其控制阀有泄漏,应修复或更换相关部件。

(10)按规定的程序,调整发动机怠速,或用电脑解码器对发动机怠速值进行设定。

(11)检查空气流量传感器的信号,如不符合标准,应更换。

(12)检查汽缸压缩压力。如压力低于0.8MPa,或各缸压力差大于平均值的10%,应拆检发动机。

3)怠速转速过高故障的原因

汽油发动机电控系统都具有在冷车时让发动机以较快的怠速转速运转,而在热车后让发动机恢复正常怠速转速的功能。但如果发动机在热车后仍保持较快的怠速,即为怠速转速过高故障,其通常有以下几点原因。

(1)怠速调整或设定不当。

(2)机械式节气门卡滞,关闭不严。

(3)怠速控制阀或附加空气阀故障。

(4)电子节气门故障。

(5)冷却液温度传感器故障。

(6)曲轴箱强制通风阀故障。

4)怠速转速过高故障的诊断步骤

怠速转速过高故障的诊断与排除可按下述步骤进行。

(1)检查怠速时节气门是否全闭,节气门拉索有无卡滞。用手将节气门摇臂朝关闭的方向扳动。如果发动机怠速能下降至正常转速,说明节气门卡滞、关闭不严。若是节气门拉索卡滞,应更换新的拉索;若为节气门轴卡滞,应拆卸、清洗节气门体。

(2)按规定程序重新调整怠速。如调整无效,则应做进一步的检查。

(3)进行故障自诊断。如有故障代码,则按所显示的故障代码查找故障原因。

(4)对于配备机械式节气门的发动机,应检查怠速控制阀。发动机熄火后拔下怠速控制阀线束插头,待起动后再插上。如果发动机转速随之变化,说明怠速控制阀工作正常;否则,应检查控制线路或更换怠速控制阀。

(5)检查附加空气阀。用钳子包上软布,将附加空气阀进气软管夹紧。如果发动机怠速转速能随之下降至正常转速,则说明附加空气阀在热车后不能关闭。对此,应检查附加空气阀电源线路是否正常。如正常,则应更换附加空气阀。

(6)对于配备电子节气门的发动机,应检查电子节气门是否卡滞。电子节气门的故障通常能被发动机ECU的自诊断系统监测到,可通过解码器读取发动机ECU的数据流,分析电子节气门的相关数据,判定故障原因。

(7)检查冷却液温度传感器。可通过解码器读取发动机 ECU 的数据流,分析冷却液温度传感器的信号,若该信号所显示的发动机冷却液温度明显低于当前的发动机工作温度,则为冷却液温度传感器故障。如果没有解码器,可以拔掉冷却液温度传感器线束插头,用 1 个 200~300Ω 的电阻接在电路中代替冷却液温度传感器,产生约 90℃的温度信号,若此时发动机怠速转速恢复正常,说明冷却液温度传感器有故障,向 ECM 输送过低的冷却液温度信号,导致怠速转速过高。注意:在拔掉冷却液温度传感器插头后,发动机故障警告灯会亮起,此时 ECU 的失效保护功能起作用,自动按 80℃的冷却液温度进行控制。在重新插上冷却液温度传感器线束插头后,ECU 内仍会留下表示冷却液温度传感器故障的代码。对此,应在发动机熄火后消除 ECU 中的故障代码。

(8)在打开空调开关后或转动转向盘时,如果发动机转速没有变化,说明怠速自动控制系统有故障,应检查空调开关、动力转向器压力开关、怠速控制系统及其线路。

(9)用钳子包上软布将曲轴箱强制通风阀软管夹紧。如果发动机转速随之下降,则说明曲轴箱强制通风阀在怠速时漏气,使发动机进气量过大,影响怠速。对此,应更换曲轴箱强制通风阀。

5)怠速转速过低故障的原因

怠速转速过低的根本原因是进气量太少,发动机处于怠速工况时进气量过低的原因主要有以下两点。

(1)怠速设定值过低。

(2)怠速控制阀的开度过小。

6)怠速转速过低故障的诊断步骤

电控汽油喷射式发动机在怠速时节气门基本上是完全关闭的,附加空气阀在热车后即处于关闭状态,曲轴箱通风止回阀在怠速时的开度也是很小的,因此发动机怠速时的进气量主要取决于怠速控制阀的开度和怠速调整螺钉的位置(如果有的话)。

在诊断怠速转速过低的故障时,应先按规定的程序检查和调整发动机怠速设定值。不同车型电控汽油发动机怠速设定值的调整方法各不相同,应根据其维修手册所规定的程序和仪器进行调整。如果调整后怠速仍然过低,则应检查其怠速控制阀的工作情况。对于脉冲电磁阀式怠速控制阀,可以在怠速时拔下其线束插头,此时若发动机转速没有下降,说明怠速控制阀或其控制线路有故障;对于步进电机式怠速控制阀和旋转电磁阀式怠速控制阀,可以在怠速运转中打开汽车空调开关,如果此时发动机转速随之下降,说明怠速控制阀或其控制线路有故障。在发动机怠速运转时用示波器在怠速控制阀线束插头处测量有无脉冲电信号,如有信号则为怠速控制阀故障,否则为控制线路故障。如果怠速控制阀及其线路均正常,应拆卸节气门体和怠速控制阀,用化油器清洗剂将所有积炭和气道清洗干净后装复。

7)怠速转速波动过大故障的原因

电控汽油发动机的怠速转速是由发动机控制系统通过怠速控制阀(或电子节气门)来控制的,以维持发动机的怠速转速基本保持不变。如果怠速时发动机转速不断地上下波动,说明控制系统或怠速控制阀、电子节气门工作不正常,也可能是发动机燃油系统、点火系统有故障,导致怠速控制系统无法正常工作。其原因通常有以下几点。

(1)喷油器雾化不良或堵塞。

(2)火花塞点火不良。

(3)空气流量传感器有故障。

(4)冷却液温度传感器信号不正确。

(5)氧传感器有故障。

(6)怠速控制阀(或电子节气门)或其控制电路有故障。

(7)节气门位置传感器调整或设定不当,导致怠速信号不正常。

8)怠速上下波动故障的诊断步骤

怠速上下波动故障的诊断与排除可按下述步骤进行。

(1)进行故障自诊断。要特别注意有无怠速信号、冷却液温度传感器、空气流量传感器、氧传感器、怠速控制阀、电子节气门的故障代码。如有故障代码,应检查相应的传感器、执行器及其控制电路。

(2)怠速时逐个拔下各缸高压线或喷油器线束插头,检查发动机各缸工作是否均匀。如果拔下某缸高压线或喷油器线束插头时,发动机转速下降不明显,说明该缸工作不良,应拆检该缸火花塞、高压线和喷油器。

(3)检查冷却液温度传感器的信号数据,或测量其在不同温度下的电阻是否符合标准值。如有异常,应更换冷却液温度传感器。

(4)检查空气流量传感器。如有异常,应更换。

(5)在怠速运转中拔下怠速控制阀线束插头。如果怠速上下波动的现象消失,但随之怠速不稳现象加剧,说明怠速控制阀工作正常,可能是燃油系统或点火系统有故障。如果怠速波动现象不变,则说明怠速控制阀工作不良或不工作。对此,应检查怠速控制阀线束插头处有无脉冲电信号。无信号,则说明控制线路或 ECU 有故障;有信号,则说明怠速控制阀卡滞,应拆检或更换怠速控制阀。

9)怠速易熄火故障的原因

怠速易熄火故障的主要原因如下。

(1)点火系统工作不正常,在发动机运转中容易断火。

(2)燃油系统工作不正常,如燃油压力太低,电动汽油泵工作不正常、喷油器堵塞等。

(3)怠速不稳或怠速转速过低。

(4)怠速调整或设定不当。

(5)怠速控制阀不工作。

(6)空调开关、转向液压或其线路有故障。

(7)发动机控制系统电路中个别线束插头接触不良,在行驶中突然断电。

(8)发动机搭铁线接触不良。

10)怠速易熄火故障的诊断步骤

怠速易熄火故障的诊断步骤如下。

(1)进行故障自诊断。如有故障代码,则按所显示的故障代码检查相应的部件及其线路有无故障。

(2)检查发动机的怠速,正常的怠速应为 750r/min,如有怠速转速过低、怠速不稳、怠速发抖等现象,应按怠速运转不正常的故障进行检修。

(3)检查汽车行驶中有无动力不足的现象,如有加速无力、加速反应迟缓等现象,应检查发动机燃油系统的工作,如测量燃油压力是否正常,检查电动汽油泵的工作是否正常。如正常,则应拆卸、清洗喷油器。

(4)检查汽车行驶中有无突然无断火的现象,如经常有断火现象,则应检查点火系统各部件。拆检各火花塞是否正常,检查各高压线有无断路,检查高压线圈有无异常,测量曲轴位置传感器是否正常等。

(5)对于配备自动变速器的发动机,如果空挡正常,挂挡后发动机易熄火,应先检查发动机的怠速转速是否正常。正常的发动机怠速转速应为 750r/min。若怠速转速过低,应重新设定或调整。此外应检查发动机怠速运转是否正常,如有无怠速发抖、怠速运转不稳、怠速转速过低等现象,应检查发动机的点火系统、燃油系统或怠速控制系统有无故障。如果发动机怠速运转正常,则故障在自动变速器,应检修自动变速器。

(6)如果电控汽油发动机在怠速运转中使用汽车空调或汽车转向时出现怠速过低、不稳,甚至熄火的故障,但关闭空调或汽车直行时怠速运转正常,应检查空调开关、转向液压开关有无故障,与 ECU 的连接线路有无断路或短路。

(7)如上述检查均正常,则应检查发动机的搭铁线有无接触不良,发动机控制系统各线束插头有无接触不良等现象。

4. 电控汽油发动机动力不足

1)电控汽油发动机动力不足故障的原因

电控汽油发动机的汽车出现加速缓慢,加速踏板踩到底时仍感到动力不足,转速提不高,达不到最高车速,或上坡无力,则为发动机动力不足,其故障原因主要有以下几点。

(1)空气滤清器堵塞。

(2)机械式节气门拉索调整不当,加速踏板踩到底时节气门不能全开。

(3)燃油压力过低。

(4)喷油器堵塞或雾化不良。

(5)冷却液温度传感器故障。

(6)空气流量传感器故障。

(7)点火正时不当或高压火花太弱。

(8)发动机汽缸压缩压力过低。

2)发动机动力不足故障的诊断步骤

发动机动力不足故障的诊断与排除可按下述步骤进行。

(1)在发动机熄火的状态下将加速踏板踩到底,检查节气门能否全开。如不能全开,应调整节气门拉索或加速踏板。

(2)检查空气滤清器有无堵塞。如有堵塞,应清洗或更换。

(3)进行故障自诊断,检查有无故障代码出现。影响动力性的传感器和执行器有冷却液温度传感器、空气流量传感器或进气管压力传感器、点火器、喷油器等。按所显示的故障代码查找故障原因。

(4)读取并分析发动机电控系统的数据流,重点检查冷却液温度传感器、空气流量传感器或进气管压力传感器的信号数据是否符合维修手册中的标准,如有异常,应进一步检测传感器。

(5)检查所有火花塞、高压线和点火线圈。如有异常,应更换。

(6)用点火正时灯检查点火提前角。在热车后的怠速运转中检查点火提前角,应符合维修手册中的标准,加速时的点火提前角应能自动提前至20°~30°或更高。如怠速时的点火提前角不正确,应调整初始点火提前角。如果加速时点火提前角不正常,可更换一个新的ECU试一下,如故障消失,则应更换ECU。

(7)检查燃油压力。如压力过低,应进一步检查电动汽油泵、油压调节器、汽油滤清器等。

(8)拆卸喷油器,检查喷油量是否正常。如喷油量不正常或喷油雾化不良,应清洗或更换喷油器。

(9)测量汽缸压缩压力。如压力过低,应拆检发动机。

5. 电控汽油发动机油耗过大

1)电控汽油发动机油耗过大故障的原因

如果电控汽油发动机耗油量过大,或加速时排气管冒黑烟,可能是由以下原因引起的。

(1)冷却液温度传感器失常。

(2)空气流量传感器或进气管压力传感器失常。

(3)燃油压力过高。

(4)喷油器漏油。

(5)氧传感器工作不正常。

2)电控汽油发动机油耗过大故障的诊断步骤

(1)测量冷却液温度传感器,其不同温度下的电阻值应符合标准。电阻太大,会使ECU误认为发动机处于低温状态,从而进行冷车混合气加浓控制,使油耗增加。也可以用电脑解码器来检测,读取发动机运转冷却液温度传感器传给ECU的冷却液温度信号数值。将这一数值与发动机实际冷却液温度相比较,就能直观地反映出冷却液温度传感器是否工作正常。

(2)检测空气流量传感器或进气管压力传感器,其数值应符合标准。空气流量传感器或进气管压力传感器的误差会直接影响喷油量。检测结果如有异常,应更换空气流量传感器或进气管压力传感器。

(3)测量燃油压力。怠速时的燃油压力应为250kPa左右。随着节气门的开启,燃油压力应逐渐上升。节气门全开时的燃油压力为300kPa左右。若燃油压力能随节气门开度变化而改变,但压力始终偏高,则说明油压调节器有故障,应更换。若燃油压力不能随节气门开度变化而改变,则说明油压调节器的真空软管破裂或脱落,导致油压过高。对此,应更换软管。

(4)拆卸喷油器,检查各喷油器有无漏油。如有异常,应清洗或更换喷油器。

(5)检测氧传感器。如果氧传感器工作不正常,在发动机运转信号电压一直低于0.45V时,ECU会一直进行加浓混合气的控制,导致混合气过浓。对此,应更换氧传感器。

【线上学习资源】

1. 线上微课

汽油发动机电控系统故障诊断(1)　　汽油发动机电控系统故障诊断(2)　　汽车维修常用拆装工具　　汽车故障的常用诊断方法

汽车故障维修的注意事项　　汽车万用表的使用　　汽车故障诊断仪的使用方法

2. 线上作业

3. 线上测试

参 考 文 献

[1] 刘春晖.汽车发动机电控系统结构与检修[M].北京:机械工业出版社,2014.
[2] 崔选盟,胡正云.汽车故障诊断技术[M].北京:人民交通出版社股份有限公司,2020.
[3] 李勇.汽车综合故障诊断[M].北京:北京理工大学出版社,2019.
[4] 戴冠军.丰田轿车电控系统维修手册[M].北京:机械工业出版社2013.
[5] 朱剑宝.汽车电控发动机的故障诊断方法分析及应用[J].机电技术,2017,10.
[6] 朱剑宝.全新迈腾B8L汽车启动困难故障的诊断与分析[J].新乡学院学报,2020,06.
[7] 朱剑宝.迈腾汽车发动机不启动故障分析与排除[J].内燃机与配件,2020,04.
[8] 朱剑宝.奥迪汽车FSI发动机可变气门技术解析[J].机电技术,2018,08.
[9] 杨保成.汽车发动机电控技术[M].北京:清华大学出版社,2018.
[10] 王建昕,帅石金.汽车发动机原理[M].北京:清华大学出版社,2019.
[11] 朱宏,依志国.汽车发动机电控系统检修[M].北京:北京理工大学出版社,2019.
[12] 张明,杨定峰.汽车发动机电控系统检修[M].北京:人民邮电出版社,2016.
[13] 张西振.汽车发动机电控技术[M].北京:机械工业出版社,2019.
[14] 王维先.汽车发动机电控系统检修[M].北京:机械工业出版社,2017.
[15] 杨智勇.新迈腾汽车维修与保养速查手册[M].北京:化学工业出版社,2019.

Qiche Fadongji Diankong Xitong Jianxiu
汽车发动机电控系统检修
Shixun Gongdan
实训工单

朱剑宝 **主 编**
陈成春 林少芳 **副主编**
林 平 **主 审**

人民交通出版社股份有限公司
北京

目　　录

实训项目 1　汽油发动机电控系统基本检查 ……………………………………… 1
　子实训项目 1　汽油发动机电控系统认识和检查 ……………………………… 1
　子实训项目 2　汽油发动机电子控制单元及电路检测 ………………………… 4

实训项目 2　汽油发动机电控系统传感器检修 ……………………………………… 9
　子实训项目 1　空气流量传感器和进气管压力传感器检修 …………………… 9
　子实训项目 2　曲轴位置传感器/凸轮轴位置传感器检修 …………………… 15
　子实训项目 3　节气门位置传感器和加速踏板位置传感器检修 ……………… 21
　子实训项目 4　温度传感器与氧传感器检修 …………………………………… 27

实训项目 3　汽油发动机燃油控制系统检修 ……………………………………… 34
　子实训项目 1　缸外喷射式燃油控制系统检修 ………………………………… 34
　子实训项目 2　缸内直喷式燃油控制系统检修 ………………………………… 41

实训项目 4　汽油发动机点火控制系统检修 ……………………………………… 49

实训项目 5　汽油发动机进气控制系统检修 ……………………………………… 54

实训项目 6　汽车发动机排放控制系统检修 ……………………………………… 70

实训项目 7　柴油发动机电控系统基本检查 ……………………………………… 78

实训项目 8　汽油发动机电控系统综合故障诊断 ………………………………… 82

实训项目 1　汽油发动机电控系统基本检查

子实训项目 1　汽油发动机电控系统认识和检查

[实训目标]

学生完成本项目的实训后,应能描述实训所用汽油发动机电控系统的基本组成,辨认实训所用汽油发动机电控系统的主要传感器、执行器,说出其名称、安装的位置、作用;能正确使用汽车故障诊断仪,读取发动机电控系统故障代码、数据流,并掌握汽油发动机电控系统基本检查相关的 1+X 证书职业技能。

[相关理论和技能]

在实施本项目之前,学生应完成以下各项相关专业知识和技能的学习:

(1)汽油发动机电控系统的组成。
(2)汽油发动机电控系统的主要传感器及其作用。
(3)汽油发动机电控系统的主要执行器及其作用。
(4)汽油发动机电控系统自诊断功能、故障码、数据流。
(5)汽车检测设备的功能及使用方法。

[实施条件]

1. 场地要求

发动机电控系统实训室,每工位使用面积不小于 20m²,通风、采光良好,配备发动机废气吸排装置。

2. 工具、设备、器材

(1)电控发动机实训台架或轿车整车及汽车举升器(可正常运转,汽油、蓄电池电量应充足)。
(2)汽车故障诊断仪(可用于实训发动机电控系统检测)。

3. 技术资料

与实训用发动机配套的电控系统维修手册或电路图(纸质版,或电子版配计算机终端)。

[实训步骤]

(1)每 6~10 名学生组成 1 个实训小组,确定 1 名小组长。
(2)准备好实训用的发动机台架。
(3)向实训室领取 1 台汽车故障诊断仪,领取实训发动机电控系统维修资料。
(4)查阅维修资料,在发动机台架上找到电控系统主要传感器、执行器等部件,检查各部件安装和线束连接是否正常。

(5) 说明各主要传感器、执行器的名称和作用。

(6) 在实训指导老师的同意下,起动发动机,观察发动机的运转状况。

(7) 熄火后,由实训指导老师在发动机上设置个别传感器线路故障,再次起动发动机,观察发动机的运转状况。

(8) 将故障诊断仪与发动机电控系统连接,读取发动机电控系统的故障代码和数据流。

(9) 在实训过程中,按照工作单的要求,完成相应的实训和学习任务。

(10) 完成实训任务后,接受指导老师技能考核。

(11) 整理并清洁工作场所和工具,将借用的工具、设备、资料,交回实训室。

[实训工单] 汽油发动机电控系统认识和检查

(1) 观察实训发动机台架,本次实训所用的发动机型号是_____。

(2) 查阅维修资料,查找有关实训发动机电控系统部件安装位置的信息。

下列内容在维修资料中的哪一页:

① 发动机电控系统部件位置分布图_____。

② 发动机电控系统总电路图_____。

③ 发动机电控系统故障代码表_____。

(3) 查阅维修资料,在发动机台架上查找主要传感器,检查传感器线束插头是否连接正常,填写下表。

传感器名称	本次实训用发动机是否配备	安 装 位 置	线束插头上的端子数	连接到 ECU 的端子数
空气流量传感器	是/否			
进气管压力传感器	是/否			
曲轴位置传感器	是/否			
凸轮轴位置传感器	是/否			
节气门位置传感器	是/否			
进气温度传感器	是/否			
冷却液温度传感器	是/否			
氧传感器	是/否			
爆震传感器	是/否			

(4) 查阅维修资料,在发动机台架上查找发动机电控系统主要执行器和其他部件,填写下表。

执行器或部件名称	本次实训用发动机是否配备	安 装 位 置	线束插头上的端子数	连接到 ECU 的端子数
电动汽油泵	是/否			
喷油器	是/否			
怠速控制阀	是/否			

续上表

执行器或部件名称	本次实训用发动机是否配备	安 装 位 置	线束插头上的端子数	连接到ECU的端子数
电子节气门	是/否			
点火控制器	是/否			
正时控制电磁阀	是/否			
活性炭罐	是/否			
废气再循环阀	是/否			

(5)观察发动机燃油喷射控制系统,根据观察,填写燃油喷射控制系统的方框图。

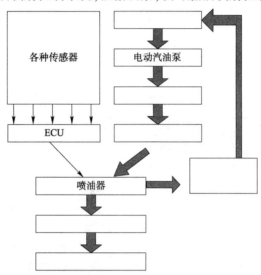

(6)观察发动机进气控制系统,根据观察,填写进气控制系统的方框图。

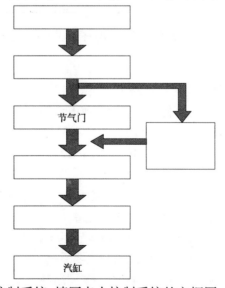

(7)观察发动机点火控制系统,填写点火控制系统的方框图。

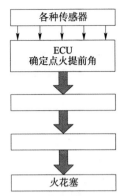

(8)在指导教师设置了传感器故障后,观察发动机运转情况,记录故障现象。使用汽车故障诊断仪读取故障代码,根据观察和检测结果,填写下表。

序　号	故障现象	故障代码	故障内容
故障 1			
故障 2			
故障 3			

(9)在指导教师设置了传感器故障后,使用汽车故障诊断仪读取数据流,并与维修手册中的标准数值对照,说明异常情况,填写下表。

数　据　流	急　速	2000r/min	异常情况
空气流量值			
转速值			
喷油脉宽			
节气门开度			
冷却液温度			
加速踏板位置			

子实训项目2　汽油发动机电子控制单元及电路检测

[实训目标]

学生完成本项目的实训后,应能在维修手册或电路图上,查找实训所用发动机电控系统ECU的电源电路图,分析其工作;能利用维修手册或电路图,在ECU插头上查找电源端子和搭铁端子;能正确使用万用表等工具,检测ECU的电源电路和搭铁电路,判断其是否正常;能正确使用万用表和示波器工具,检测ECU的CAN总线终端电阻和波形,判断其是否正常。

[相关理论和技能]

在实施本项目之前,学生应完成以下各项相关专业知识和技能的学习:

(1)汽油发动机电控系统ECU的电源、搭铁电路。

(2)汽油发动机电子控制单元(ECU)及控制电路基本检测方法。

(3)汽油发动机电控系统常见故障的现象和主要原因。

(4)汽油发动机电子控制单元(ECU)通过CAN网络与整车电控系统或其他系统通信的过程。

实训项目1　汽油发动机电控系统基本检查

[实施条件]

1. 场地要求

发动机电控系统实训室,每工位使用面积不小于 $20m^2$,通风、采光良好,配备发动机废气吸排装置。

2. 工具、设备、器材

(1)电控发动机实训台架或轿车整车及汽车举升器(可正常运转,便于检测和设置ECU电源电路故障;汽油、蓄电池电量应充足)。

(2)数字式万用表。

(3)汽车故障诊断仪。

3. 技术资料

与实训用发动机配套的电控系统维修手册或电路图(纸质版,或电子版配计算机终端)。

[实训步骤]

(1)每6~10名学生组成1个实训小组,确定1名小组长。

(2)准备好实训用的发动机台架。

(3)向实训室领取数字式万用表、实训发动机电控系统维修资料。

(4)在维修资料中查找实训用发动机ECU的电源电路,对照教材,分析其工作原理。

(5)利用维修手册或电路图,在ECU插头上查找电源端子和搭铁端子。

(6)用万用表测量ECU电源电路,确认其工作特点。

(7)由实训指导老师在发动机台架上设置ECU电源电路故障,观察故障现象。

(8)使用万用表,查找和确认ECU电源电路的故障点,向实训指导老师汇报检测结果。

(9)使用万用表和示波器工具,检测ECU的CAN总线终端电阻和波形。

(10)在实训过程中,按照工作单的要求,完成相应的实训和学习任务。

(11)完成实训任务后,接受指导老师技能考核。

(12)整理并清洁工作场所和工具,将借用的工具、设备、资料,交回实训室。

[实训工单]发动机电子控制单元检测

(1)观察实训发动机台架,本次实训所用的发动机型号是_____。

(2)查阅维修资料,查找实训台架发动机ECU电源电路的有关信息。

下列内容在维修资料中的哪一页:

①发动机电控系统总电路图_____。

②发动机电控系统ECU的电源电路图_____。

③发动机电控系统ECU的CAN网络电路图_____。

④发动机电控系统ECU接线插头端子分布图_____。

⑤发动机电控系统电源主继电器位置图_____。

⑥发动机电控系统电源主继电器插座端子分布图_____。

(3)对照教材,分析实训台架发动机ECU的电源电路是以下哪一种类型:_____。

A. 由点火开关控制的ECU电源电路

B. 由ECU控制的电源电路

(4)在维修手册或电路中查找 ECU 所有电源端子,并在 ECU 接线插头保持连接的状态下,测量 ECU 所有电源端子在不同状态下的电压,填写下表。

电源端子英文符号	插头编号	端子编号	线色	点火开关置于 OFF 位置时的端子电压	点火开关置于 ON 位置时的端子电压	电源端子性质
						常电源/工作电源
						常电源/工作电源
						常电源/工作电源
						常电源/工作电源

注:①电源端子英文符号:即电路图上在该端子处所标注的英文符号。
　　②插头编号:即电路图或维修手册中该插头的编号。
　　③端子编号:即电路图或维修手册中该插头某个端子的编号。
　　④线色:即电路图或维修手册中在该接线上所标注的颜色符号。

(5)在维修手册或电路中查找 ECU 所有的搭铁端子,在点火开关断开后,在 ECU 接线插头处测量各个搭铁端子与蓄电池负极之间的电阻,填写下表。

搭铁端子英文符号	插头编号	端子编号	线色	点火开关置于 OFF 位置时,端子与蓄电池负极之间的电阻(Ω)

(6)拔下发动机电控系统主继电器,接通点火开关,此时仪表板上发动机故障警告灯_____。利用电动机起动发动机,此时发动机_____。

(7)观察继电器插座各端子的分布情况,画出其简图。查阅维修手册或电路图,在画出的主继电器插座简图上标注各端子的名称(端子的名称可用"电源""搭铁""接 ECU 某端子""接点火开关"等)。

(8)查阅维修手册或电路图,列出主继电器插座上所有端子的编号及名称,填入下表。接通点火开关,测量各个端子的电压。关闭点火开关,再次测量各端子的电压,并测量此时电压为 0 的端子与搭铁之间的电阻,填写下表。

插孔编号	插孔名称	接通点火开关后插孔的电压(V)	断开点火开关后插孔的电压(V)	断开点火开关后插孔与搭铁之间的电阻(Ω)

(9)查阅维修手册或电路图,查找发动机电子控制单元CAN总线的端子,利用万用表检测终端电阻,采用示波器检测波形,填写下表。

CAN总线	插头编号	端子编号	线　色	终端之间的电阻(Ω)
HIGH线				
LOW线				

检测并画出CAN总线的波形：

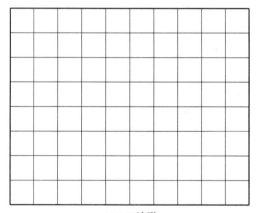

CAN-H 波形

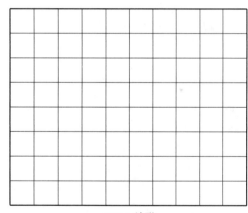

CAN-L 波形

(10)在指导教师设置了ECU电源电路故障后,观察故障现象并记录。

A.发动机:正常运转/无法起动

B.接通点火开关后发动机故障警告灯:正常点亮/不亮

C.连接汽车故障诊断仪:可以连接/无法连接

(11)按以下步骤对故障进行诊断：

①描述故障现象。

②绘制发动机ECU电源电路原理图。

③针对电路原理图,说明可能的故障原因。
_____
_____

④根据以上分析,与小组成员讨论故障的检测诊断方法,并对电路进行检测,记录检测结果。
_____
_____

⑤根据检测结果,判断故障原因。
_____
_____

实训项目 2　汽油发动机电控系统传感器检修

子实训项目 1　空气流量传感器和进气管压力传感器检修

[**实训目标**]

学生完成本项目的实训后,应能正确使用万用表等工具,检测空气流量传感器和进气管压力传感器及其电路,判断其是否正常;能利用维修资料,独立完成空气流量传感器和进气管压力传感器及其电路的检测。通过检测,学生应能诊断空气流量传感器或进气管压力传感器及其电路的故障,掌握检测空气流量传感器、进气管压力传感器的 1+X 证书职业技能。

[**相关理论和技能**]

在实施本项目之前,学生应完成以下各项相关专业知识和技能的学习:

(1)空气流量传感器的作用、类型、结构、原理及其检测。

(2)进气管压力传感器的作用、结构、原理及其检测。

[**实施条件**]

1. 场地要求

发动机电控系统实训室,每小组使用面积不小于 $20m^2$,通风、采光良好,配备发动机废气吸排装置。

2. 工具、设备、器材

(1)电控发动机实训台架 2 台(1 台配备空气流量传感器,1 台配备进气管压力传感器;汽油、蓄电池电量应充足)。

(2)数字式万用表 1 部。

(3)手动真空泵 1 部。

(4)汽车故障诊断仪 1 台。

(5)三通连接线(可连接空气流量传感器和进气管压力传感器插头和线束,用于检测) 5 根。

3. 技术资料

与实训用发动机配套的电控系统维修手册或电路图(纸质版,或电子版配计算机终端)。

[**实训步骤**]

(1)每 6~10 名学生组成 1 个实训小组,确定 1 名小组长。

(2)准备好实训用的发动机台架。

(3)向实训室领取数字式万用表、手动真空泵、汽车故障诊断仪各1部,领取实训发动机电控系统维修资料。

(4)在维修资料中查找实训用发动机的空气流量传感器或进气管压力传感器电路,对照教材和实物,分析其结构类型和工作原理。

(5)利用维修手册或电路图,查找空气流量传感器或进气管压力传感器插头端子图,与ECU连接的线路及其在ECU插头上的端子。

(6)根据需要,使用万用表、汽车故障诊断仪、手动真空泵等仪器设备,测量空气流量传感器或进气管压力传感器线路,确认其工作特点。

(7)由实训指导老师在发动机台架上设置空气流量传感器或进气管压力传感器电路故障,起动发动机,观察故障症状。

(8)使用万用表等工具和设备,查找和确认传感器电路故障点,向实训指导老师汇报检测结果。

(9)在实训过程中,按照工作单的要求,完成相应的实训和学习任务。

(10)完成实训任务后,接受指导老师技能考核。

(11)整理并清洁工作场所和工具,将借用的工具、设备、资料,交回实训室。

[实训工单1]空气流量传感器检修

(1)观察实训发动机台架,本次实训所用的发动机型号是_____。

(2)查阅维修资料,查找实训台架发动机空气流量传感器及其电路的有关信息。

下列内容在维修资料中的哪一页:

①发动机电控系统总电路图_____。
②发动机空气流量传感器电路原理图_____。
③空气流量传感器插头端子分布图_____。
④发动机ECU端子分布图_____。

(3)对照教材、实物、维修资料,分析实训台架发动机用于检测进气量的传感器是以下哪一种:_____。

A.热线式空气流量传感器　B.叶片式空气流量传感器　C.涡流式空气流量传感器

(4)查阅维修手册或电路图,列出空气流量传感器上的所有接线端子,说明其作用,填写下表。

空气流量 传感器插头编号	端子编号	线 色	端子的名称及其作用	与ECU的连接线(如果有的话)		
				插头编号	端子编号	线色

(5)拔下空气流量传感器插头,打开点火开关,测量线束插头内电源和信号两端子的电压。关闭点火开关,测量信号和搭铁两个端子与蓄电池负极或车身搭铁之间的电阻,填写下表。

实训项目2 汽油发动机电控系统传感器检修

端子名称	端子编号	打开点火开关后的端子电压(V)	关闭点火开关后端子与搭铁之间的电阻(Ω)
电源			
信号			
搭铁			

(6)使用专用检测线,将空气流量传感器的各个端子和线束插头连接,请指导教师检查确认连接情况,确保连接正确。

(7)将汽车故障诊断仪和诊断座连接,运转发动机,打开数据列表,显示空气流量传感器的进气量。

(8)用万用表在专用检测线上测量空气流量传感器信号线的电压。

(9)运转发动机,缓慢地踩下加速踏板,读出不同的发动机转速下空气流量传感器信号电压和汽车故障诊断仪显示的进气量,填写下表。

转速(r/min)	0	急速	1500	2000	2500	3000
信号电压(V)						
进气量(g/s)						

(10)请说明在发动机转速增加时,信号电压和进气量的变化规律。

(11)完成上述检测后,将发动机熄火。

(12)拆下空气流量传感器与节气门之间的进气管,保持空气流量传感器线束插头处于连接状态,起动发动机,观察并记录所发生的现象。

(13)在上述状态下,拔下空气流量传感器线束插头,再次起动发动机,观察并记录所发生的现象。

(14)解释上述现象。试分析:①如果空气流量传感器被东西堵塞,发动机会有什么故障症状?②如果空气流量传感器电路出现故障,发动机会有什么故障症状?

(15)在指导教师设置了空气流量传感器电路故障后,运转发动机,观察故障症状,按以下步骤对故障进行诊断：
　①描述故障现象。
_____
_____

　②读取故障码或数据流,记录与故障有关的信息。
_____
_____

　③绘制空气流量传感器电路原理图。

　④针对电路原理图,说明可能的故障原因。
_____
_____

　⑤根据以上分析,与小组成员讨论故障的检测诊断方法,并对电路进行检测,记录检测结果。

端子名称	端子编号	打开点火开关后的端子电压(V)	关闭点火开关后端子与搭铁之间的电阻(Ω)	是否正常
电源				
信号				
搭铁				

　⑥根据检测结果,判断故障原因。
_____
_____

[实训工单2]进气管压力传感器检修
(1)观察实训发动机台架,本次实训所用的发动机型号是_____。
(2)查阅维修资料,查找实训台架发动机进气管压力传感器及其电路的有关信息。
下列内容在维修资料中的哪一页：
　①发动机电控系统总电路图_____。

②发动机进气管压力传感器电路原理图_____。
③进气管压力传感器插头端子分布图_____。
④发动机 ECU 端子分布图_____。

（3）查阅维修手册或电路图,列出进气管压力传感器上的所有接线端子,说明其作用,填写下表。

插头编号	端子编号	线色	端子的名称及其作用	与 ECU 的连接（如果有的话）		
				插头号	端子号	线色

（4）拔下进气管压力传感器插头,打开点火开关,测量线束插头内电源和信号两个端子的电压。关闭点火开关,测量此时线束插头内信号和搭铁两个端子与蓄电池负极或车身搭铁之间的电阻,填写下表。

端子名称	端子编号	打开点火开关后的端子电压(V)	关闭点火开关后端子与搭铁之间的电阻(Ω)
电源			
信号			
搭铁			

（5）拔下连接在进气歧管上的进气管压力传感器的真空软管,接上手动真空表,打开点火开关,读出不同真空度下进气管压力传感器信号电压,填写下表。

真空度(kPa)	0	13	27	40	53	67
信号电压(V)						

（6）根据以上结果,请分析:在发动机运转中,随着节气门开度的增大,进气管压力传感器的信号电压将如何变化,为什么?
_____
_____

（7）拔下进气管压力传感器的真空软管,保持进气管压力传感器线束插头处于连接状态,起动发动机,观察发动机的运转和排气状况,记录所发生的现象。
_____
_____

（8）在上述状态下,拔下进气管压力传感器线束插头,再次起动发动机,观察并记录所发生的现象。
_____
_____

（9）解释上述现象。试分析:如果进气管压力传感器的真空软管破裂,发动机会有什么故障症状。

_____

_____

(10)在指导教师设置了进气管压力传感器电路故障后,运转发动机,观察故障症状,按以下步骤对故障进行诊断:

①描述故障现象。

_____

_____

②读取故障码或数据流,记录与故障有关的信息。

_____

_____

③绘制进气管压力传感器电路原理图。

④针对电路原理图,说明可能的故障原因。

_____

⑤根据以上分析,与小组成员讨论故障的检测诊断方法,并对电路进行检测,记录检测结果。

端子名称	端子编号	打开点火开关后的端子电压(V)	关闭点火开关后端子与搭铁之间的电阻(Ω)	是否正常
电源				
信号				
搭铁				

⑥根据检测结果,判断故障原因。

_____

子实训项目 2 曲轴位置传感器/凸轮轴位置传感器检修

[**实训目标**]

学生完成本项目的实训后,应能在教师的指导下,正确使用万用表等工具,检测电磁式、霍尔式曲轴位置传感器和凸轮轴位置传感器及其电路,判断其是否正常;能利用维修资料,独立自主完成电磁式、霍尔式曲轴位置传感器和凸轮轴位置传感器及其电路的检测,并通过检测诊断其故障;掌握检测曲轴/凸轮轴位置传感器的 1+X 证书职业技能。

[**相关理论和技能**]

在实施本项目之前,学生应完成以下各项相关专业知识和技能的学习:

(1)曲轴位置传感器和凸轮轴位置传感器的作用、类型。

(2)电磁式曲轴位置传感器的结构、原理、控制电路及其检测。

(3)霍尔式、光电式、磁阻式曲轴位置传感器的结构、原理、控制电路及其检测。

[**实施条件**]

1. 场地要求

发动机电控系统实训室,每小组使用面积不小于 $20m^2$,通风、采光良好,配备发动机废气吸排装置。

2. 工具、设备、器材

(1)电控发动机实训台架 1 台[应配备有电磁式和霍尔式(或磁阻式)曲轴位置传感器(或凸轮轴位置传感器);汽油、蓄电池电量应充足]。

(2)数字式万用表 1 部。

(3)数字式示波器 1 台。

(4)汽车故障诊断仪 1 台。

(5)三通连接线(可连接曲轴位置传感器和凸轮轴位置传感器插头和线束,用于检测) 5 根。

3. 技术资料

与实训用发动机配套的电控系统维修手册或电路图(纸质版,或电子版配计算机终端)。

[**实训步骤**]

(1)每 6~10 名学生组成 1 个实训小组,确定 1 名小组长。

(2)准备好实训用的发动机台架。

(3)向实训室领取 1 台数字式万用表,领取实训发动机电控系统维修资料。

(4)在维修资料中查找实训所用发动机的曲轴位置传感器和凸轮轴位置传感器电路,对照教材和实物,分析其结构类型和工作原理。

(5)利用维修手册或电路图,查找曲轴位置传感器和凸轮轴位置传感器插头端子图,与 ECU 连接的线路及其在 ECU 插头上的端子。

(6)根据需要,使用万用表、汽车故障诊断仪等仪器设备,测量曲轴位置传感器和凸轮轴位置传感器的信号及其线路,确认其工作特点。

(7)由实训指导老师在发动机台架上设置曲轴位置传感器或凸轮轴位置传感器电路故

障,起动发动机,观察故障症状。

(8)使用万用表等工具和设备,查找和确认传感器或其电路的故障点,向实训指导老师汇报检测结果。

(9)在实训过程中,按照工作单的要求,完成相应的实训和学习任务。

(10)完成实训任务后,接受指导老师技能考核。

(11)整理并清洁工作场所和工具,将借用的工具、设备、资料,交回实训室。

[实训工单1]电磁式曲轴/凸轮轴位置传感器检修

(1)观察实训发动机台架,本次实训所用的发动机型号是_____。

(2)查阅维修资料,查找实训台架发动机曲轴位置传感器及其电路的有关信息。

下列内容在维修资料中的哪一页:

①发动机电控系统总电路图_____。

②发动机曲轴位置传感器电路原理图_____。

③曲轴位置传感器插头端子分布图_____。

④发动机 ECU 端子分布图_____。

(3)对照教材、实物、维修资料,分析实训台架发动机的曲轴位置传感器和凸轮轴位置传感器分别是以下哪一种。曲轴位置传感器:_____;凸轮轴位置传感器:_____。

A.电磁式　　B.霍尔式　　C.光电式　　D.磁阻式

(4)查阅维修手册或电路图,列出电磁式曲轴位置传感器上的所有接线端子,说明其作用,填写下表。

插头编号	端子编号	线色	端子的名称及其作用	与ECU的连接(如果有的话)		
				插头编号	端子编号	线色

(5)断开点火开关,拔下ECU的线束插头,在插头上测量曲轴位置传感器两端子之间的电阻,记录测量值并与标准值进行比较。检测线束后,插上ECU插头。

电磁式曲轴位置传感器感应线圈电阻的测量值为_____Ω。

维修手册中的电磁式曲轴位置传感器感应线圈电阻数值标准值是_____Ω。

(6)拔下曲轴位置传感器插头,接通点火开关,测量线束插头内各个端子的电压。断开点火开关,测量各端子与蓄电池负极或车身搭铁之间的电阻,填写下表。

端子名称	端子编号	打开点火开关后的端子电压(V)	关闭点火开关后端子与搭铁之间的电阻(Ω)
信号			
搭铁			

(7)使用专用检测线,将曲轴位置传感器的各个端子和线束插头连接,请指导教师检查确认连接情况,确保连接正确。

(8)运转发动机,分别使用数字式万用表和示波器,测量曲轴位置传感器在发动机怠速运转和转速 2000r/min 时的信号波形、信号电压(交流电压、直流电压)、频率,并记录在下表中。

传感器	检测端子	工况	示波器信号波形	数字万用表
电磁式曲轴位置传感器		点火开关置于ON 位置时		信号电压:_____DCV _____ACV
		急速		信号电压:_____DCV _____ACV 频率:_____Hz
		2000r/min		信号电压:_____DCV _____ACV 频率:_____Hz

(9)请说明在发动机转速增加时,电磁式曲轴位置传感器信号波形、频率、电压的变化规律。

_____

_____

(10)完成上述检测后,将发动机熄火。

(11)拔下曲轴位置传感器线束插头,起动发动机,观察并记录所发生的现象,分析其原因。

_____

_____

(12)在指导教师设置了曲轴位置传感器电路故障后,运转发动机,观察故障症状,按以下步骤对故障进行诊断:

①描述故障现象。

_____

_____

②读取故障码或数据流,记录与故障有关的信息。

_____

_____

③绘制电磁式曲轴或凸轮轴位置传感器电路原理图。

④针对电路原理图,说明可能的故障原因。

⑤根据以上分析,与小组成员讨论故障的检测诊断方法,并对电路进行检测,记录检测结果。

端子名称	端子编号	打开点火开关后的端子电压(V)	关闭点火开关后端子与搭铁之间的电阻(Ω)	是否正常
信号				
搭铁				

⑥根据检测结果,判断故障原因。

[实训工单2]霍尔式凸轮轴/曲轴位置传感器检修

(1) 查阅维修资料,查找实训台架发动机霍尔式凸轮轴位置传感器及其电路的有关信息。

下列内容在维修资料中的哪一页:
①发动机霍尔式凸轮轴位置传感器电路原理图_____。
②霍尔式凸轮轴位置传感器插头端子分布图_____。

(2) 查阅维修手册或电路图,列出霍尔式凸轮轴位置传感器上的所有接线端子,说明其作用,填写下表。

插头编号	端子编号	线 色	端子的名称及其作用	与ECU的连接(如果有的话)		
				插头编号	端子编号	线色

(3) 拔下凸轮轴位置传感器插头,打开点火开关,测量线束插头内各个端子的电

压。关闭点火开关,测量信号与搭铁两端子与蓄电池负极或车身搭铁之间的电阻,填写下表。

端子名称	端子编号	打开点火开关后的端子电压(V)	关闭点火开关后端子与搭铁之间的电阻(Ω)
电源			
信号			
搭铁			

(4)使用专用检测线(或使用背插针),将霍尔式凸轮轴位置传感器的各个端子和线束插头连接,请指导教师检查确认连接情况,确保连接正确。

(5)运转发动机,分别使用数字式万用表和示波器,测量霍尔式凸轮轴位置传感器怠速运转和转速2000r/min时的信号波形、信号电压(交流电压、直流电压)、频率,并记录在下表中。

传感器	检测端子	工况	示波器信号波形	数字万用表
霍尔式凸轮轴位置传感器		点火开关置于ON位置时		信号电压:_____DCV _____ACV
		怠速		信号电压:_____DCV _____ACV 频率:_____Hz
		2000r/min		信号电压:_____DCV _____ACV 频率:_____Hz

(6)请说明在发动机转速增加时,霍尔式凸轮轴位置传感器信号波形、频率、电压的变化规律。

_____

_____

(7)完成上述检测后,将发动机熄火。

（8）拔下凸轮轴位置传感器线束插头，起动发动机，观察并记录所发生的现象，分析其原因。

_____
_____

（9）在指导教师设置了凸轮轴位置传感器电路故障后，运转发动机，观察故障症状，按以下步骤对故障进行诊断：
①描述故障现象。

_____
_____

②读取故障码或数据流，记录与故障有关的信息。

_____
_____

③绘制霍尔式曲轴或凸轮轴位置传感器电路原理图。

④针对电路原理图，说明可能的故障原因。

_____
_____

⑤根据以上分析，与小组成员讨论故障的检测诊断方法，并对电路进行检测，记录检测结果。

端子名称	端子编号	打开点火开关后的端子电压（V）	关闭点火开关后端子与搭铁之间的电阻（Ω）	是否正常
电源				
信号				
搭铁				

⑥根据检测结果，判断故障原因。

_____
_____

子实训项目3 节气门位置传感器和加速踏板位置传感器检修

[实训目标]

学生完成本项目的实训后,应能在教师的指导下,正确使用万用表、汽车电脑检测仪等工具,检测节气门位置传感器、加速踏板位置传感器及其控制电路,判断其是否正常;能利用维修资料,独立自主完成节气门位置传感器、加速踏板位置传感器及其控制电路的检测,并通过检测诊断其故障;掌握检测节气门位置传感器、加速踏板位置传感器的1+X证书职业技能。

[相关理论和技能]

在实施本项目之前,学生应完成以下各项相关专业知识和技能的学习:

(1)节气门位置传感器原理和控制电路。

(2)节气门位置传感器及其控制电路的检测。

(3)加速踏板位置传感器原理和控制电路。

(4)加速踏板位置传感器及其控制电路的检测。

[实施条件]

1. 场地要求

发动机电控系统实训室,每小组使用面积不小于$20m^2$,通风、采光良好,配备发动机废气吸排装置。

2. 工具、设备、器材

(1)电控发动机实训台架1台(应配备有线性式或霍尔式节气门位置传感器;汽油、蓄电池电量应充足)。

(2)数字式万用表1部。

(3)汽车电脑检测仪1台。

(4)三通连接线(可将节气门位置传感器、加速踏板位置传感器与线束插头连接,用于检测)5根。

3. 技术资料

与实训用发动机配套的电控系统维修资料(纸质版,或电子版配实训室计算机终端)

[实训步骤]

(1)每6~10名学生组成1个实训小组,确定1名小组长。

(2)准备好实训用的发动机台架。

(3)向实训室领取数字式万用表、汽车故障诊断仪等工具设备,领取实训发动机电控系统维修资料。

(4)在维修资料中查找实训所用发动机的节气门位置传感器、加速踏板位置传感器电路图及检测标准,对照教材和实物,分析其结构类型和工作原理。

(5)利用维修手册或电路图,查找节气门位置传感器、加速踏板位置传感器插头端子图,传感器与ECU连接的线路及其在ECU插头上的端子。

(6)根据需要,使用万用表、汽车故障诊断仪等仪器设备,测量节气门位置传感器、加速踏板位置传感器的信号及其电路,确认其工作特点。

(7)由实训指导老师在发动机台架上设置节气门位置传感器、加速踏板位置传感器电路故障,起动发动机,观察故障症状。

(8)使用万用表等工具和设备,查找和确认传感器或其电路的故障点,向实训指导老师汇报检测结果。

(9)在实训过程中,按照工作单的要求,完成相应的实训和学习任务。

(10)完成实训任务后,接受指导老师技能考核。

(11)整理并清洁工作场所和工具,将借用的工具、设备、资料,交回实训室。

[实训工单1] 节气门位置传感器检修

(1)观察实训发动机台架,本次实训所用的发动机型号是_____。

(2)查阅维修资料,查找实训台架发动机节气门位置传感器及其电路的有关信息。

下列内容在维修资料中的哪一页:

①发动机电控系统总电路图_____。
②节气门位置传感器的电路原理图_____。
③节气门位置传感器插头端子分布图_____。
④节气门位置传感器的检测步骤和标准参数_____。
⑤发动机 ECU 端子分布图_____。

(3)对照教材、实物、维修资料,分析实训台架发动机的节气门位置传感器是以下哪一种:_____。

A.可变电阻型　　B.有怠速开关的可变电阻型　　C.双可变电阻型　　D.双霍尔型

(4)查阅维修手册或电路图,列出实训所用发动机节气门位置传感器上的所有接线端子,说明各端子的作用,填写下表。

插头编号	端子编号	线色	端子的名称及其作用	与ECU的连接(如果有的话)		
				插头编号	端子编号	线色

(5)拔下节气门位置传感器插头,打开点火开关,测量各个端子的电压。关闭点火开关,测量信号和搭铁两端子与蓄电池负极或车身搭铁之间的电阻,填写下表。

端子名称	端子编号	打开点火开关后的端子电压(V)	关闭点火开关后端子与搭铁之间的电阻(Ω)
电源			
信号			
搭铁			

(6)使用三通连接线(或使用背插针),将节气门位置传感器的各个端子和线束插头连接,请指导教师检查确认连接情况,确保连接正确。

(7)将解码器接至实训台架发动机的故障诊断座上,接通点火开关,打开汽车电脑检测仪。不要运转发动机,使节气门处于不同的开度,观察汽车故障诊断仪显示的发动机电控系统数据流,同时用数字式万用表测量节气门位置传感器各端子电压,记录在下表中。

检 测 状 态	节气门全闭	节气门稍微打开	节气门半开	节气门全开
信号端子电压(V)				
电脑检测仪显示的节气门开度信号				

(8)关闭点火开关后,拔下节气门位置传感器的线束插头,起动发动机使之运转,观察发动机故障症状。

(9)请分析当节气门位置传感器出现故障时,对发动机的运转有哪些影响,是否明显。

___

(10)在指导教师设置了节气门位置传感器电路故障后,运转发动机,观察故障症状,按以下步骤对故障进行诊断:

①描述故障现象。

___

②读取故障码或数据流,记录与故障有关的信息。

___

③绘制节气门位置传感器电路原理图。

④针对电路原理图,说明可能的故障原因。

___

⑤根据以上分析,与小组成员讨论故障的检测诊断方法,并对电路进行检测,记录检测结果。

端子名称	端子编号	打开点火开关后的端子电压(V)	关闭点火开关后端子与搭铁之间的电阻(Ω)	是否正常
电源				
信号				
搭铁				

⑥根据检测结果,判断故障原因。

[实训工单2] 加速踏板位置传感器检修

(1)观察实训发动机台架,本次实训所用的发动机型号是_____。

(2)查阅维修资料,查找实训台架发动机加速踏板位置传感器及其电路的有关信息。下列内容在维修资料中的哪一页:

①发动机电控系统总电路图_____。
②加速踏板位置传感器的电路原理图_____。
③加速踏板位置传感器插头端子分布图_____。
④加速踏板位置传感器的检测步骤和标准参数_____。
⑤发动机 ECU 端子分布图_____。

(3)对照教材、实物、维修资料,分析实训台架发动机的加速踏板节气门位置传感器是以下哪一种:_____。

　　A. 双可变电阻型　　　B. 双霍尔型

(4)查阅维修手册或电路图,列出实训所用发动机加速踏板位置传感器上的所有接线端子,说明各端子的作用,填写下表。

插头编号	端子编号	线 色	端子的名称及其作用	与ECU的连接(如果有的话)		
				插头编号	端子编号	线色

(5)拔下加速踏板位置传感器插头,打开点火开关,测量各个端子的电压。关闭点火开关,测量两个信号端子和两个搭铁端子与蓄电池负极或车身搭铁之间的电阻,填写下表。

端子名称	端子编号	打开点火开关后的端子电压(V)	关闭点火开关后端子与搭铁之间的电阻(Ω)
电源1			
信号1			

实训项目2 汽油发动机电控系统传感器检修

续上表

端子名称	端子编号	打开点火开关后的端子电压(V)	关闭点火开关后端子与搭铁之间的电阻(Ω)
搭铁1			
电源2			
信号2			
搭铁2			

（6）使用三通连接线,将加速踏板位置传感器的各个端子和线束插头连接,请指导教师检查确认连接情况,确保连接正确。

（7）将解码器接至实训台架发动机的故障诊断座上,接通点火开关,打开汽车电脑检测仪。不要运转发动机,使加速踏板处于不同的位置,观察汽车故障诊断仪显示的发动机电控系统数据流,同时用数字式万用表测量加速踏板位置传感器各端子电压,记录在下表中。

检查内容	端子名称	端子编号	端子电压(V)			
			加速踏板未踩	加速踏板微微踩下	加速踏板踩一半	加速踏板踩到底
传感器端子电压(V)	信号1					
	信号2					
故障诊断仪显示的加速踏板信号						

（8）关闭点火开关后,依次断开加速踏板位置传感器的两个信号端子与ECU的连接(即拔下三通连接线与线束插头的连接,每次只断开1根接线),打开点火开关后测量此时加速踏板位置传感器信号端子的电压。起动发动机使之运转,观察发动机故障症状和汽车故障诊断仪显示的故障码和数据流,记录在下表中。

检查内容		电源端子断路	搭铁端子断路	信号端子断路	信号端子对搭铁短路
信号端子电压(V)					
观察发动机故障症状					
故障诊断仪检测结果	故障码及其说明				
	加速踏板位置				
	喷油持续时间(ms)				
	点火提前角(°BTDC)				

(9) 请分析当加速踏板位置传感器出现故障时,对发动机的运转有哪些影响,是否明显。

_____

_____

(10) 在指导教师设置了加速踏板位置传感器电路故障后,运转发动机,观察故障症状,按以下步骤对故障进行诊断:

①描述故障现象。

_____

_____

②读取故障码或数据流,记录与故障有关的信息。

_____

_____

③绘制加速踏板位置传感器电路原理图。

④针对电路原理图,说明可能的故障原因。

_____

_____

⑤根据以上分析,与小组成员讨论故障的检测诊断方法,并对电路进行检测,记录检测结果。

端子名称	端子编号	打开点火开关后的端子电压(V)	关闭点火开关后端子与搭铁之间的电阻(Ω)	是否正常
电源1				
信号1				
搭铁1				
电源2				
信号2				
搭铁2				

⑥根据检测结果,判断故障原因。

子实训项目4　温度传感器与氧传感器检修

[实训目标]

学生完成本项目的实训后,应能在教师的指导下,正确使用万用表、汽车故障诊断仪等工具,检测温度传感器、氧传感器及其控制电路,判断其是否正常;能利用维修资料,独立自主完成温度传感器、氧传感器及其电路的检测,并通过检测诊断其故障;掌握检测温度传感器、氧传感器的1+X证书职业技能。

[相关理论和技能]

在实施本项目之前,学生应完成以下各项相关专业知识和技能的学习:

(1)温度传感器原理和控制电路。

(2)温度传感器及其控制电路的检测。

(3)氧传感器原理和控制电路。

(4)氧传感器及其控制电路的检测。

[实施条件]

1. 场地要求

发动机电控系统实训室,每小组使用面积不小于$20m^2$,通风、采光良好,配备发动机废气吸排装置。

2. 工具、设备、器材

(1)电控发动机实训台架1台(应配备有氧传感器,可正常运转;汽油、蓄电池电量应充足)。

(2)数字式万用表1部。

(3)数字式示波器1台。

(4)汽车电脑检测仪1台(可用于实训发动机电控系统检测)。

(5)三通连接线(可将氧传感器与线束插头连接,用于检测)4根。

3. 技术资料

与实训用发动机配套的电控系统维修手册或电路图(纸质版,或电子版配计算机终端)。

[实训步骤]

(1)每6~10名学生组成1个实训小组,确定1名小组长。

(2)准备好实训用的发动机台架。

(3)向实训室领取数字式万用表、数字式示波器、故障诊断仪等工具设备,领取实训发动机电控系统维修资料。

(4)在维修资料中查找实训所用发动机的温度传感器电路、氧传感器电路,对照教材和实物,分析其结构类型和工作原理。

(5)利用维修手册或电路图,查找温度传感器、氧传感器插头端子图,氧传感器与ECU连接的线路及其在ECU插头上的端子。

(6)根据需要,使用万用表、示波器、汽车故障诊断仪等仪器设备,测量温度传感器、氧传感器的信号及其线路,分析其工作特点。

(7)在实训过程中,按照工作单的要求,完成相应的实训和学习任务。

(8)完成实训任务后,接受指导老师技能考核。

(9)整理并清洁工作场所和工具,将借用的工具、设备、资料,交回实训室。

[实训工单1]温度传感器检修

(1)查阅维修资料,查找实训所用发动机温度传感器及其电路的有关信息。

下列内容在维修资料中的哪一页:

①温度传感器电路原理图_____。

②温度传感器插头端子分布图_____。

③温度传感器的检测步骤和标准参数_____。

(2)查阅维修手册或电路图,列出实训所用发动机温度传感器上的所有接线端子,说明各端子的作用,填写下表。

插头编号	端子编号	线 色	端子的名称及其作用	与ECU的连接(如果有的话)		
				插头编号	端子编号	线色

(3)拔下温度传感器插头,打开点火开关,测量各个端子的电压。关闭点火开关,测量各个端子与搭铁之间的电阻,填写下表。

端子名称	端子编号	打开点火开关后的端子电压(V)	关闭点火开关后端子与搭铁之间的电阻(Ω)
信号			
搭铁			

(4)用连接线将传感器和万用表连接,测量常温下传感器电阻。其电阻值是:_____Ω。

(5)使用三通连接线(或使用背插针),将温度传感器的各个端子和线束插头连接,请指导教师检查确认连接情况,确保连接正确。

(6)利用三通连接线,将万用表的正极笔和温度传感器信号端子连接,负极笔和搭铁端子连接,接通点火开关,此时万用表所显示的信号电压是_____。

(7)起动并运转发动机,观察汽车故障诊断仪数据流所显示的发动机冷却液温度和喷油持续时间,同时观察相应温度下数字式万用表所显示的信号电压,填写下表。

发动机冷却液温度	___℃(常温)	30℃	40℃	50℃	60℃	70℃	80℃
信号电压(V)							
喷油持续时间							

(8)分析说明随着温度的变化,温度传感器信号电压的变化规律及其对喷油量的影响。在温度较低和较高时,信号电压的变化及其对喷油量的影响有什么不同。

_____

_____

(9)按照步骤4,在温度较高的状态下再次测量传感器电阻。其电阻值是:_____Ω。分析两次测量的电阻值变化规律和数值是否在维修手册的标准范围内?

_____

_____

(10)按照下表,依次设置温度传感器电路断路和短路故障(每次只设置1个故障),观察在该故障状态下温度传感器信号电压和汽车电脑检测仪显示的数据,填入下表。

故障设置	无故障	故障1 信号线断路	故障2 搭铁线断路	故障3 信号线短路
信号端子电压(V)				
搭铁端子电压(V)				
故障诊断仪显示的温度(℃)				
故障诊断仪显示的故障码				

(11)分析以上故障的规律。
哪些故障的现象相同:_____
传感器信号线和搭铁线断路故障的结果是:_____
传感器信号线短路故障的结果是:_____

(12)在指导教师设置了温度传感器电路故障后,运转发动机,观察故障症状,按以下步骤对故障进行诊断:

①描述故障现象。

_____

_____

②读取故障码或数据流,记录与故障有关的信息。

_____

_____

③绘制温度传感器电路原理图。

④针对电路原理图,说明可能的故障原因。

⑤根据以上分析,与小组成员讨论故障的检测诊断方法,并对电路进行检测,记录检测结果。

端子名称	端子编号	打开点火开关后的端子电压(V)	关闭点火开关后端子与搭铁之间的电阻(Ω)	是否正常
信号				
搭铁				

⑥根据检测结果,判断故障原因。

[实训工单2] 氧传感器检修

(1)查阅维修资料,查找实训台架发动机氧传感器及其电路的有关信息。

下列内容在维修资料中的哪一页:

①氧传感器的电路原理图＿＿＿＿＿＿＿＿＿＿＿＿＿＿＿＿＿＿＿＿＿＿＿＿＿。

②氧传感器插头端子分布图＿＿＿＿＿＿＿＿＿＿＿＿＿＿＿＿＿＿＿＿＿＿＿＿＿。

③氧传感器的检测步骤和标准参数＿＿＿＿＿＿＿＿＿＿＿＿＿＿＿＿＿＿＿＿＿＿＿。

(2)查阅维修手册或电路图,列出实训所用发动机氧传感器上的所有接线端子,说明其作用,填写下表。

插头编号	端子编号	线色	端子的名称及其作用	与ECU的连接(如果有的话)		
				插头编号	端子编号	线色

(3)分析维修手册或电路图中的氧传感器电路,请说明氧传感器加热器的电源来自哪个部件,又是由什么控制的?
_____
_____

(4)关闭点火开关,拔下氧传感器线束插头,对照插头端子分布图,测量氧传感器加热器电阻,电阻值为_____Ω。其阻值是否在维修手册的标准参数范围内:_____。

(5)使用4根三通连接线(或使用检测背插针),将氧传感器的各个端子和线束插头连接,请指导教师检查确认连接情况,确保连接正确。

(6)打开点火开关,不要起动发动机,通过三通连接线测量氧传感器加热器两个端子之间的电压,其电压是_____V。

(7)起动发动机,观察在发动机由冷车到热车的过程中氧传感器加热器两个端子之间的电压是如何变化的。
_____
_____

(8)依次断开氧传感器加热器和氧传感器信号线(每次只断开1根接线),运转发动机,观察故障灯是否亮起。用汽车故障诊断仪读取故障代码,完成后接好接线,清除故障码。
①断开氧传感器加热器接线后的故障代码是:_____。
②断开氧传感器信号线后的故障代码是:_____。

(9)使用故障诊断仪的数据流功能,读取氧传感器的信号电压和燃油短期修正系数。同时使用数字式万用表,从三通连接线上测量氧传感器信号电压。怠速运转发动机,观察并描述氧传感器的信号电压的数值及其变化情况,判断其是否正常。
_____
_____

(10)将发动机转速固定在2500r/min,观察并描述氧传感器信号和燃油短期修正系数的变化情况。
_____
_____

(11)在怠速运转中,猛踩一下加速踏板,观察并描述氧传感器信号电压和燃油短期修正系数的变化情况。
_____
_____

(12)在怠速运转中,通过拔下某根真空软管的方法,产生一个进气管泄漏,观察此时氧传感器信号电压和燃油短期修正系数的变化情况。
_____
_____

(13)使用故障诊断仪的燃油量主动测试功能,增加或减少喷油量,同时观察氧传感器信号电压和燃油短期修正系数的变化情况。

①增加喷油量时,氧传感器信号电压:_____。

②增加喷油量时,燃油短期修正数据:_____。

③减少喷油量时,氧传感器信号电压:_____。

④减少喷油量时,燃油短期修正数据:_____。

(14)将示波器接至氧传感器信号线,将屏幕的时间坐标设置为每格1s,电压坐标为每格0.2V。运转发动机,观察氧传感器信号波形,画出怠速工况和转速2500r/min工况下氧传感器信号波形。

氧传感器信号波形(怠速工况)　　　　　　氧传感器信号波形(2500r/min)

(15)在指导教师设置了氧传感器电路故障后,运转发动机,观察故障症状,按以下步骤对故障进行诊断:

①描述故障现象。

_____

_____

②读取故障码或数据流,记录与故障有关的信息。

_____

_____

③绘制氧传感器电路原理图。

④针对电路原理图,说明可能的故障原因。
_____
_____

⑤根据以上分析,与小组成员讨论故障的检测诊断方法,并对电路进行检测,记录检测结果。
_____
_____

⑥根据检测结果,判断故障原因。
_____
_____

实训项目3 汽油发动机燃油控制系统检修

子实训项目1 缸外喷射式燃油控制系统检修

[实训目标]

学生完成本项目的实训后,应能描述实训所用汽油发动机缸外喷射式燃油控制系统的基本组成,辨认实训所用汽油发动机缸外喷射式燃油控制系统主要元器件,说出其名称、安装位置、作用,能够对汽油机缸外喷射式燃油控制系统进行检测与维修,并掌握检测汽油机缸外喷射式燃油控制系统的1+X证书职业技能。

[相关理论和技能]

在实施本项目之前,学生应完成以下各项相关知识和技能的学习:

(1)缸外喷射式燃油控制系统的主要部件组成、位置、作用。

(2)缸外喷射式燃油控制系统的控制电路原理。

(3)缸外喷射式燃油控制系统的常见故障、原因、检修方法。

[实施条件]

1. 场地要求

发动机电控系统实训室,每小组使用面积不小于$20m^2$,通风、采光良好,配备发动机废气吸排装置。

2. 工具、设备、器材

(1)电控发动机实训台架1台(燃油泵控制电路为电脑控制式,汽油、蓄电池电量应充足)。

(2)数字式万用表1部。

(3)数字式示波器1台。

(4)汽车故障诊断仪1台。

(5)三通连接线(检测燃油泵继电器和喷油器用)6根。

(6)LED试灯1只。

3. 技术资料

与实训用发动机配套的电控系统维修手册或电路图(纸质版,或电子版配计算机终端)。

[实训步骤]

(1)每6~10名学生组成1个实训小组,确定1名小组长。

(2)准备好实训用的发动机台架。

实训项目 3　汽油发动机燃油控制系统检修

（3）向实训室领取数字式万用表、数字式示波器、汽车电脑检测仪等工具设备，领取实训发动机电控系统维修资料。

（4）在维修资料中查找实训所用发动机的燃油泵及其继电器、喷油器的控制电路，对照教材，分析其结构类型和工作原理。

（5）利用维修手册或电路图，查找燃油泵、燃油泵继电器、喷油器的插头端子图，各部件与 ECU 连接的线路及其在 ECU 插头上的端子。

（6）根据需要，使用万用表、示波器、汽车故障诊断仪等仪器设备，测量燃油泵、喷油器的控制电路及其信号，确认其工作特点。

（7）由实训指导老师在发动机台架上设置燃油泵、喷油器控制电路故障，起动发动机，观察故障症状。

（8）使用万用表等工具和设备，查找和确认故障点，向实训指导老师汇报检测结果。

（9）在实训过程中，按照工作单的要求，完成相应的实训和学习任务。

（10）完成实训任务后，接受指导老师技能考核。

（11）整理并清洁工作场所，清点收拾借出的工具、设备、资料，交回实训室。

[实训工单 1] 电动汽油泵控制电路检修

（1）查阅维修资料，查找实训台架发动机汽油泵及其控制电路的有关信息。下列内容在维修资料中的哪一页：

①发动机电控系统总电路图＿＿＿＿＿＿＿＿＿＿＿＿＿＿＿＿＿＿＿＿＿＿＿＿＿＿＿＿。
②汽油泵及其继电器电路原理图＿＿＿＿＿＿＿＿＿＿＿＿＿＿＿＿＿＿＿＿＿＿＿＿＿。
③汽油泵继电器位置图＿＿＿＿＿＿＿＿＿＿＿＿＿＿＿＿＿＿＿＿＿＿＿＿＿＿＿＿＿。
④汽油泵及其继电器插头端子分布图＿＿＿＿＿＿＿＿＿＿＿＿＿＿＿＿＿＿＿＿＿＿。
⑤汽油泵及其继电器的检测步骤和标准参数＿＿＿＿＿＿＿＿＿＿＿＿＿＿＿＿＿＿＿。
⑥发动机 ECU 端子分布图＿＿＿＿＿＿＿＿＿＿＿＿＿＿＿＿＿＿＿＿＿＿＿＿＿＿＿。

（2）对照维修资料和教材，分析实训台架发动机的汽油泵控制电路是以下哪一种：＿＿＿＿＿＿＿。

　　A. 由 ECM 控制的汽油泵电路　　B. 由点火开关和 ECM 共同控制的汽油泵电路
　　C. 可控转速的汽油泵电路　　　　D. 带惯性开关的汽油泵控制电路

（3）查阅维修手册或电路图，列出实训所用发动机汽油泵继电器上的所有接线端子，说明其作用，填写下表。

插头编号	端子编号	端子的名称及其作用	与 ECU 的连接（如果有的话）		
			插头编号	端子编号	线色

（4）拔下汽油泵继电器，打开点火开关，测量继电器插座上各个端子的电压。关闭点火开关，测量各端子与搭铁之间的电阻，填写下表。

继电器端子编号	端 子 名 称	打开点火开关后的端子电压(V)	关闭点火开关后端子与搭铁之间的电阻(Ω)

(5) 分析以上检测结果：

(6) 在拔下汽油泵继电器后，起动并运转发动机，观察并记录所发生的现象，说明其原因。

(7) 在发动机无法起动运转后，用一根导线将汽油泵继电器插座上连接继电器开关的两个插孔短接，再次起动发动机，观察并记录所发生的现象，说明其原因。

(8) 使用三通连接线(或使用背插针)，将汽油泵继电器的各个接脚和插座各端子连接，请指导教师检查确认连接情况，确保连接正确。

(9) 将汽车故障诊断仪接至发动机台架。

(10) 按照下表要求，在下述不同的状态下，用万用表测量汽油泵继电器接 ECM 的控制线和燃油泵的电源线的电压，记录在下表中。

检测内容	端子名称	端子编号	点火开关OFF时的电压(V)	点火开关ON，发动机不运转时的电压(V)	点火开关转到ST时的电压(V)	发动机运转时的电压(V)	使用故障诊断仪主动测试功能运转汽油泵时的电压(V)①
继电器接汽油泵的电源线							
继电器接 ECM 的控制线							

注：①如果汽车故障诊断仪没有燃油泵汽油泵主动测试功能，可将汽油泵继电器接至 ECM 的控制线搭铁。

(11) 分析以上检测结果：

(12)在指导教师设置了汽油泵控制电路的故障后,利用电动机起动发动机,观察故障症状,按以下步骤对故障进行诊断:

①描述故障现象。

_____

_____

②绘制汽油泵控制电路原理图。

③针对电路原理图,说明可能的故障原因。

_____

_____

④根据以上分析,与小组成员讨论故障的检测诊断方法,并对电路进行检测,记录检测结果。

_____

_____

⑤根据检测结果,判断故障原因。

_____

_____

[实训工单2]喷油器控制电路检测

(1)查阅维修资料,查找实训台架发动机喷油器及其控制电路的有关信息。
下列内容在维修资料中的哪一页:
①喷油器控制电路图_____。
②喷油器插头端子分布图_____。
③喷油器及其电路的检测步骤和标准参数_____。
(2)对照维修资料和教材,分析实训台架发动机的喷油器控制电路是以下哪一种:_____。
  A. 同时喷射的喷油器控制电路 B. 分组喷射的喷油器控制电路
  C. 顺序喷射的喷油器控制电路
(3)查阅维修手册或电路图,列出实训所用发动机各缸喷油器的所有接线端子,说明其作用,填写下表。

汽缸	端子编号	线色	端子名称及其作用	与ECU的连接(如果有的话)		
				插头编号	端子编号	线色
第1缸						
第2缸						
第3缸						
第4缸						

(4)测量喷油器控制电路

①拔下某个汽缸喷油器的线束插头,打开点火开关,测量线束插头内两个端子的电压,填写下表。

端子名称	端子编号	拔下插头,打开点火开关后的端子电压(V)
第___缸喷油器电源线		
第___缸喷油器接ECM的控制线		

②插上喷油器线束插头,打开点火开关,在ECM的线束插座上,测量该喷油器接至ECM控制线端子的电压,填写下表。

端子名称	插头编号	端子编号	打开点火开关后的端子电压(V)
ECM插座上第___缸喷油器的控制线			

(5)测量喷油器的控制信号

①使用三通连接线(或使用背插针),将任意一缸喷油器的2个接脚和线束插头连接,请指导教师检查确认连接情况,确保连接正确。

②按照下表要求,在下述不同的状态下,用万用表测量喷油器两根接线的电压,记录在下表中。

检测内容	端子名称	端子编号	点火开关OFF时的电压(V)	点火开关ON,发动机不运转时的电压(V)	启动电动机时的电压(V)	发动机运转时的电压(V)
喷油器电源线						
喷油器接ECM的控制线						

③用发光二极管试灯代替万用表,将试灯的正极接蓄电池正极,试灯负极接喷油器的控制线,在下表所述的不同条件下,观察试灯状况,填写下表。

检测条件	点火开关ON	点火开关转至ST	发动机运转	拔下曲轴位置传感器接线,点火开关转至ST	节气门全开时,点火开关转至ST
试灯状态					

④分析以上检测结果:

_____

_____

⑤将故障诊断仪接至发动机台架,运转发动机,用故障诊断仪的数据列表功能,观察不同工况下的喷油脉宽和进气量的数值,记录在下表中。检测结束后,将发动机熄火。

检测工况	急速	2000r/min	4000r/min
喷油脉宽			
进气量			

⑥分析喷油量和进气量的关系:

_____

_____

⑦用示波器检测发动机怠速和转速2500r/min两种工况下的喷油信号波形,画出波形,在波形图上标注出喷油器打开喷油和关闭的时刻。

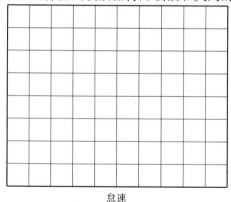

     怠速   2500r/min

(6)用故障诊断仪的主动测试功能,在发动机运转中切断某缸喷油器的喷油,观察并记录发动机的运转状况。

_____

_____

(7)在指导教师设置了喷油器控制电路的故障后,运转发动机,观察故障症状,按以下步骤对故障进行诊断:

①描述故障现象。

②读取故障码或数据流,记录与故障有关的信息。

③根据故障码或数据流,说明出现故障的是哪个汽缸的喷油器电路。

④绘制该汽缸喷油器电路原理图。

⑤针对电路原理图,说明可能的故障点。

⑥根据以上分析,与小组成员讨论故障的检测诊断方法,并对电路进行检测,记录检测结果。

端子名称	端子编号	拔下插头,打开点火开关后的端子电压(V)	是否正常
第___缸喷油器电源线			

端子名称	插头编号	端子编号	插上喷油器线束插头,打开点火开关后在ECM插头端子上的电压(V)	是否正常
ECM插座上第___缸喷油器的控制线				

⑦根据检测结果,判断故障原因。

子实训项目 2　缸内直喷式燃油控制系统检修

[实训目标]

学生完成本项目的实训后,应能描述实训所用汽油发动机缸内直喷式燃油控制系统的基本组成,辨认实训所用汽油发动机缸内直喷式燃油控制系统主要元器件,说出其名称、安装位置、作用,能够对汽油机缸内直喷式燃油控制系统进行检测与维修,并掌握检测汽油机缸内直喷式燃油控制系统的 1+X 证书技能点。

[相关理论和技能]

在实施本项目之前,学生应完成以下各项相关企业知识和技能的学习:

(1)缸内直喷式燃油控制系统的主要部件组成、位置、作用。

(2)缸内直喷式燃油控制系统的控制电路原理。

(3)缸内直喷式燃油控制系统的常见故障、原因、检修方法。

[实施条件]

1. 场地要求

发动机电控系统实训室,每小组使用面积不小于 20m²,通风、采光良好,配备发动机废气吸排装置。

2. 工具、设备、器材

(1)电控缸内直喷发动机实训台架 1 台(蓄电池电量应充足)。

(2)数字式万用表 1 部。

(3)数字式示波器 1 台。

(4)汽车故障诊断仪 1 台。

(5)三通连接线(检测油泵电路和喷油器用)6 根。

(6)LED 试灯 1 只。

(7)检测背插针 3 根。

3. 技术资料

与实训用发动机配套的电控系统维修手册或电路图(纸质版,或电子版配计算机终端)。

[实训步骤]

(1)每 6~10 名学生组成 1 个实训小组,确定 1 名小组长。

(2)准备好实训用的发动机台架。

(3)向实训室领取数字式万用表、数字式示波器、汽车故障诊断仪等工具设备,领取实训发动机电控系统维修资料。

(4)在维修资料中查找实训所用发动机的低压油泵、高压油泵及其继电器、喷油器的控制电路,对照教材,分析其结构类型和工作原理。

(5)利用维修手册或电路图,查找低压油泵、高压油泵及其继电器、喷油器的插头端子图,各部件与 ECU 连接的线路及其在 ECU 插头上的端子。

(6)根据需要,使用万用表、示波器、汽车故障诊断仪等仪器设备,测量燃油泵、喷油器的控制电路及其信号,确认其工作特点。

(7)由实训指导老师在发动机台架上设置油泵、喷油器控制电路故障,起动发动机,观察故障症状。

(8)使用万用表等工具和设备,查找和确认故障点,向实训指导老师汇报检测结果。

(9)在实训过程中,按照工作单的要求,完成相应的实训和学习任务。

(10)完成实训任务后,接受指导老师技能考核。

(11)整理并清洁工作场所,清点收拾借出的工具、设备、资料,交回实训室。

[实训工单1]低压电动汽油泵控制电路检测

(1)查阅维修资料,查找实训台架发动机电动汽油泵及其控制电路的有关信息。下列内容在维修资料中的哪一页:

①发动机电控系统总电路图_____。
②电动汽油泵电路原理图_____。
③电动汽油泵控制电路插头端子分布图_____。
④发动机ECU端子分布图_____。

(2)对照维修资料和教材,分析实训台架发动机上电动汽油泵相关控制电路中涉及的控制单元有哪些:_____。

A. 发动机电控单元　　B. 电动汽油泵控制单元
C. 燃油供给控制单元　D. 仪表控制单元

(3)查阅维修手册或电路图,列出实训所用电动汽油泵控制单元上的所有接线端子,说明其作用,填写下表。

插头编号	端子编号	端子的名称及其作用	与ECU的连接(如果有的话)		
			插头编号	端子编号	线色

(4)打开点火开关,测量电动汽油泵控制单元插头上各个端子的电压。关闭点火开关,再次测量各端子的电压。填写下表。

电动汽油泵控制单元插头端子编号	端子名称	打开点火开关后的端子电压(V)	关闭点火开关后的端子电压(V)

(5) 利用示波器对各端子进行波形检测,分析检测结果,判断哪个端子为脉宽调制信号线(占空比信号)。

电动汽油泵控制单元插头端子编号	端子名称	打开点火开关后的端子波形(V)	点火开关转到ST挡,急速状态下,各端子波形(V)	转速2000r/min工况下,各端子波形(V)

(6) 将发动机故障诊断仪接至发动机台架,起动发动机,读取故障码,并做记录。

_____

(7) 拔下电动汽油泵控制单元的供电熔断丝后,起动并运转发动机,观察并记录所发生的现象,说明其原因。

_____

_____

(8) 将故障诊断仪接至发动机台架,运转发动机,用故障诊断仪的数据列表功能,观察不同工况下下列参数的数值,记录在下表中。检测结束后,将发动机熄火。

检测工况	急速	2000r/min	4000r/min
电动汽油泵控制单元信号线调制脉宽			
低压燃油压力传感器信号(V)			

(9) 在指导教师设置了燃油泵控制电路的故障后,起动发动机,观察故障症状,分析故障的可能原因。

①故障症状:

_____

②读取故障码:

_____

_____

③可能的故障原因：
_____
_____

(10)与小组成员讨论故障的检测诊断方法,列出诊断故障所需的工具和仪器设备,写出故障诊断的步骤。

①所需工具和仪器设备：
_____
_____

②诊断步骤：
_____
_____
_____

(11)按照诊断步骤,查找故障原因,记录结果。
_____
_____

[实训工单2]喷油器控制电路检测

(1)查阅维修资料,查找实训台架发动机喷油器及其控制电路的有关信息。

下列内容在维修资料中的哪一页：

①喷油器控制电路图_____。
②喷油器插头端子分布图_____。
③喷油器及其电路的检测步骤和标准参数_____。

(2)查阅维修手册或电路图,列出实训所用发动机各缸喷油器的所有接线端子,说明其作用,填写下表。

汽缸	端子编号	线色	端子名称及其作用	与ECU的连接(如果有的话)		
				插头编号	端子编号	线色
第1缸						
第2缸						
第3缸						
第4缸						

(3)使用三通连接线(或用汽车背插检测针),将任意一缸喷油器的2个接脚和线束插头连接,请指导教师检查确认连接情况,确保连接正确。

(4)按照下表要求,在下述不同的状态下,用万用表测量第 1 缸喷油器两根接线的电压和波形,记录在下表中,判断哪根线为脉宽调制信号控制线。

端子编号	端子名称	点火开关在 OFF 挡时的电压(V)	点火开关在 ON 挡时的电压(V)	怠速状态下的电压(V)	怠速状态下的电压波形(V)

(5)用发光二极管试灯代替万用表,将试灯的正极接蓄电池正极,试灯负极接喷油器的两根线,在表中所述的不同条件下,观察试灯状况,填写下表。

检测条件	端子编号	ON 挡	ON 挡—ST 挡	发动机运转,怠速状态	拔下进气凸轮轴位置传感器或排气凸轮轴位置插头,点火开关转至 ST 挡瞬间	拔下曲轴位置凸轮轴插头,点火开关转至 ST 挡
试灯状态						
试灯状态						

(6)分析以上检测结果:
_____
_____

(7)将故障诊断仪接至发动机台架,运转发动机,用电脑检测仪的数据列表功能,观察不同工况下下列参数的数值,记录在下表中。检测结束后,将发动机熄火。

检测工况	怠速	2000r/min	4000r/min
喷油脉宽			
进气量			

(8)分析喷油量和进气量的关系:
_____
_____

(9)用示波器检测发动机怠速和转速 3000r/min 两种工况下的喷油信号波形,画出波形,在波形图上标注出喷油器打开喷油和关闭的时刻。

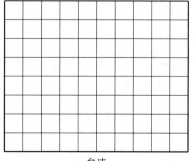

怠速

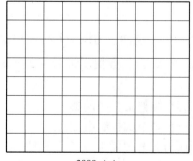

3000r/min

（10）用故障诊断仪的主动测试功能，在发动机运转中切断某缸喷油器的喷油，观察并记录发动机的运转状况。
_____
_____

（11）在指导教师设置了喷油器控制电路的故障后，利用电动机起动发动机，观察故障症状，分析故障的可能原因。
①故障症状：
_____
_____

②读取故障码：
_____
_____

③可能的故障原因：
_____
_____

（12）与小组成员讨论故障的检测诊断方法，列出诊断故障所需的工具和仪器设备，写出故障诊断的步骤。
①所需工具和仪器设备：
_____
_____

②诊断步骤：
_____
_____

（13）按照诊断步骤，查找故障原因，记录结果。
_____
_____

[实训工单3] 燃油压力调节阀控制电路检测

（1）查阅维修资料，查找实训台架或车辆发动机燃油压力调节阀及其控制电路的有关信息。
下列内容在维修资料中的哪一页：
①燃油压力调节阀控制电路图_____。
②燃油压力调节阀插头端子分布图_____。
③燃油压力调节阀及其电路的检测步骤和标准参数_____。

(2)查阅维修手册或电路图,列出实训所用发动机燃油压力调节阀的所有接线端子,说明其作用,填写下表。

端子编号	线 色	端子名称及其作用	与 ECU 的连接(如果有的话)		
			插头编号	端子编号	线色

(3)使用三通连接线(或使用检测背插针),将燃油压力调节阀的2个接脚和线束插头连接,请指导教师检查确认连接情况,确保连接正确。

(4)按照下表要求,在下述不同的状态下,用万用表测量1缸喷油器两根接线的电压和波形,记录在下表中,判断哪根线为脉宽调制信号控制线。

端子编号	端子名称	点火开关OFF挡时的电压(V)	点火开关ON挡时的电压(V)	急速状态下的电压(V)	急速状态下的电压波形(V)

(5)用发光二极管试灯代替万用表,将试灯的正极接蓄电池正极,试灯负极接燃油压力调节阀的两根线,在表中所述的不同条件下,观察试灯状况,填写下表。

检测条件	端子编号	ON挡	ON挡—ST挡	急速状态下	2000r/min	4000r/min
试灯状态						
试灯状态						

(6)分析以上检测结果:
_____
_____

(7)将故障诊断仪接至发动机台架,运转发动机,用故障诊断仪的数据列表功能,观察不同工况下表中参数的数值,记录在下表中。检测结束后,将发动机熄火。

检测工况	急 速	2000r/min	4000r/min
燃油压力调节阀控制信号脉宽			
高压燃油压力传感器信号(V)			

(8)分析燃油压力调节阀控制信号的占空比和高压燃油压力的关系:
_____
_____

(9)用示波器检测发动机急速和转速3000r/min两种工况下的燃油压力调节占空比信号波形,画出波形。

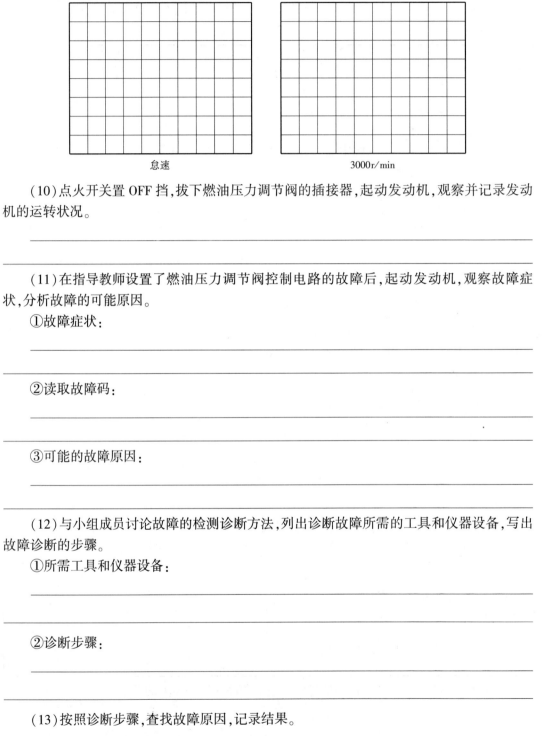

怠速　　　　　　　　　　　3000r/min

(10) 点火开关置 OFF 挡，拔下燃油压力调节阀的插接器，起动发动机，观察并记录发动机的运转状况。

_____

_____

(11) 在指导教师设置了燃油压力调节阀控制电路的故障后，起动发动机，观察故障症状，分析故障的可能原因。

①故障症状：

_____

_____

②读取故障码：

_____

_____

③可能的故障原因：

_____

_____

(12) 与小组成员讨论故障的检测诊断方法，列出诊断故障所需的工具和仪器设备，写出故障诊断的步骤。

①所需工具和仪器设备：

_____

_____

②诊断步骤：

_____

_____

(13) 按照诊断步骤，查找故障原因，记录结果。

_____

_____

实训项目 4 汽油发动机点火控制系统检修

[实训目标]

学生完成本项目的实训后,应能辨认实训所用汽油发动机点火控制系统主要元器件,说出其名称、安装位置、作用,能够对汽油机点火控制系统进行检测与维修,并掌握检测汽油机点火控制系统的 1+X 证书职业技能。

[相关理论和技能]

在实施本项目之前,学生应完成以下各项相关企业知识和技能的学习:

(1)汽油发动机点火控制系统的结构组成。

(2)独立式点火控制系统的主要部件控制电路原理。

(3)独立式点火控制系统的常见故障现象、原因及检修方法。

[实施条件]

1. 场地要求

发动机电控系统实训室,每小组使用面积不小于 20m^2,通风、采光良好,配备发动机废气吸排装置。

2. 工具、设备、器材

(1)电控发动机实训台架或轿车整车 2 台(配备独立式电控点火系统,可正常运转;汽油、蓄电池电量应充足)。

(2)数字式万用表 1 部。

(3)数字式示波器 1 台。

(4)汽车故障诊断仪 1 台。

(5)三通连接线 4 根。

(6)正时灯 1 只。

3. 技术资料

与实训用发动机配套的电控系统维修手册或电路图(纸质版,或电子版配计算机终端)。

[实训步骤]

(1)每 6~10 名学生组成 1 个实训小组,确定 1 名小组长。

(2)准备好实训用的发动机台架或轿车整车。

(3)向实训室领取数字式万用表、数字式示波器、汽车故障诊断仪、正时灯等工具设备,领取实训发动机电控系统维修资料。

(4)在维修资料中查找实训所用发动机点火控制系统的电路,对照教材,分析其结构类型和工作原理。

（5）利用维修手册或电路图,查找点火控制器、点火线圈等的插头端子图,各部件与ECU连接的线路及其在ECU插头上的端子。

（6）根据需要,使用万用表、示波器、汽车故障诊断仪等仪器设备,测量点火控制系统的控制电路及其控制信号、反馈信号,确认其工作特点。

（7）由实训指导老师在发动机台架上设置点火控制系统电路故障,起动发动机,观察故障症状。

（8）选择正确的工具和设备,查找和确认故障点,向实训指导老师汇报检测结果。

（9）在实训过程中,按照工作单的要求,完成相应的实训和学习任务。

（10）完成实训任务后,接受指导老师技能考核。

（11）整理并清洁工作场所,清点收拾借出的工具、设备、资料,交回实训室。

[实训工单1] 独立式电控点火系统控制电路检测

（1）观察实训用发动机台架或轿车,本次实训所用的发动机台架或轿车是_____。

（2）查阅维修资料,查找实训台架发动机点火控制系统电路的有关信息。

下列内容在维修资料中的哪一页:

①发动机电控系统总电路图_____。
②点火控制系统电路原理图_____。
③点火控制器总成插头端子分布图_____。
④发动机ECU插头端子分布图_____。

（3）查阅维修手册或电路图,列出实训所用发动机各缸点火控制器总成上的所有接线端子,说明其作用,填写下表。

部件	插头编号	端子编号	端子名称及其作用	与ECU的连接(如果有的话)		
				插头编号	端子编号	线色
1缸点火控制器总成						
2缸点火控制器总成						
3缸点火控制器总成						
4缸点火控制器总成						

（4）拔下任1缸点火控制器总成的线束插头,打开点火开关,测量线束插头各个端子的

电压。关闭点火开关,测量各端子与搭铁之间的电阻。填写下表。

插头编号	端子名称	端子编号	打开点火开关后的端子电压(V)	关闭点火开关后端子与搭铁之间的电阻(Ω)
第___缸点火控制器线束插头编号:___				

(5)分析以上检测结果:_____

_____

(6)使用三通连接线(或使用检测背插针),将点火控制器的各个接脚和插座各端子连接,请指导教师检查确认连接情况,确保连接正确。

(7)使用示波器,在发动机怠速运转下,测量点火控制器的点火信号(IGT)和已点火信号(IGF)的波形,与维修手册中的标准波形相比较。在下图中画出波形,并在IGT波形中标注出产生高压火花的时刻。

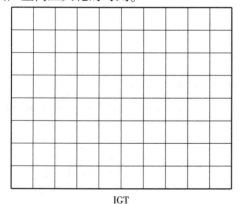

IGT

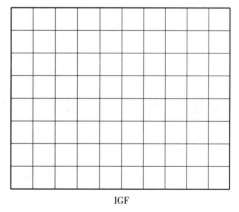

IGF

(8)将汽车故障诊断仪接至发动机台架。

(9)分别断开任一汽缸点火控制器上的IGT接线和IGF接线,利用电动机起动发动机,观察故障症状,读取故障代码,解释其原理。

断开IGT:_____

断开IGF:_____

(10)在指导教师设置了点火控制系统电路的故障后,利用电动机起动发动机,观察故障症状,按以下步骤对故障进行诊断:

①描述故障现象。

_____

_____

②读取故障码或数据流,记录与故障有关的信息。

③根据故障码或数据流,说明出现故障的是哪个汽缸的点火控制器电路。

④绘制该汽缸点火控制器电路原理图。

⑤针对电路原理图,说明可能的故障点。

⑥根据以上分析,与小组成员讨论故障的检测诊断方法,并对电路进行检测,记录检测结果。

插头编号	端子名称	端子编号	打开点火开关后的端子电压(V)	关闭点火开关后端子与搭铁之间的电阻(Ω)	是否正常
第___缸点火控制器线束插头编号:___					

⑦根据检测结果,判断故障原因。

[实训工单2] 点火提前角检测

(1)同时使用汽车故障诊断仪和正时灯,测量发动机在不同工况下的点火提前角,记录在下表中。

测量用仪器	点火提前角(°)			
	怠速时	1500r/min 时	2500r/min 时	急加速时(最大值)
汽车电脑检测仪				
正时灯				

(2)在上面的检查中,汽车故障诊断仪和正时灯所测量的点火提前角数值是否相同,分析解释其原因。

_____

_____

(3)发动机实际的点火提前角是_____。
  A.故障诊断仪显示的点火提前角 B.正时灯检测的点火提前角 C.不能确定

实训项目 5　汽油发动机进气控制系统检修

[**实训目标**]

学生完成本项目的实训后,应能够辨认实训车辆或台架所用发动机进气控制系统的组成部件,说出其名称、安装位置、作用,能够对发动机进气控制系统进行检测与维修,并掌握检测发动机进气控制系统的 1+X 证书职业技能。

[**相关理论和技能**]

在实施本项目之前,学生应完成以下各项相关专业知识和技能的学习:

(1)发动机进气控制系统的类型、组成、工作原理。

(2)怠速控制系统、电子节气门控制系统、可变进气控制系统、涡轮增压控制系统的控制电路原理。

(3)各类型进气控制系统的常见故障现象、原因及检修方法。

[**实施条件**]

1. 场地要求

发动机电控系统实训室,每小组使用面积不小于 $20m^2$,通风、采光良好,配备发动机废气吸排装置。

2. 工具、设备、器材

(1)配备旋转电磁阀式怠速控制阀的电控发动机实训台架或轿车整车 1 台,配备步进电机式怠速控制阀的电控发动机实训台架或轿车整车 1 台,配备电子节气门和可变气门机构的电控发动机实训台架或轿车整车 1 台、配备涡轮增压控制系统的电控发动机实训台架或轿车整车 1 台(可正常运转,汽油、蓄电池电量应充足)。

(2)数字式万用表 1 部。

(3)数字式示波器 1 台。

(4)可用于实训发动机台架或轿车的汽车故障诊断仪 1 台。

(5)三通连接线,可分别用于连接实训发动机的怠速控制阀、电子节气门、气门正时控制阀与线束插头,数量和形式按实训发动机相应部件的实际类型配备。

3. 技术资料

与实训用发动机配套的电控系统维修手册或电路图(纸质版,或电子版配计算机终端)。

[**实训步骤**]

(1)每 6~10 名学生组成 1 个实训小组,确定 1 名小组长。

(2)准备好实训用的发动机台架或轿车整车。

(3)向实训室领取数字式万用表、数字式示波器、汽车故障诊断仪等工具设备,领取实训发动机电控系统维修资料。

(4) 使用汽车故障诊断仪,读取发动机电控系统数据流,分析与怠速控制有关的参数。使用汽车故障诊断仪的主动测试功能,检测怠速控制系统的工作性能。

(5) 利用资料,使用必要的工具仪器,检测旋转电磁阀式怠速控制阀及其电路、控制信号、信号波形,分析结构类型和工作特点。排除指导老师设置的故障。

(6) 利用资料,使用必要的工具仪器,检测步进电机式怠速控制阀及其电路、控制信号、信号波形,分析结构类型和工作特点。排除指导老师设置的故障。

(7) 利用资料,使用必要的工具仪器,检测电子节气门及其电路、控制信号、信号波形,分析结构类型和工作特点。排除指导老师设置的故障。

(8) 利用资料,使用必要的工具仪器,检测气门正时控制阀及其电路、控制信号、信号波形,分析结构类型和工作特点。排除指导老师设置的故障。

(9) 利用资料,使用必要的工具仪器,检测增压压力限制电磁阀、内循环空气阀及其电路、控制信号、信号波形,分析结构类型和工作特点。排除指导老师设置的故障。

(10) 在实训过程中,按照工作单的要求,完成相应的实训和学习任务。

(11) 完成实训任务后,接受指导老师技能考核。

(12) 整理并清洁工作场所,清点收拾借出的工具、设备、资料,交回实训室。

[实训工单1] 旁通式怠速控制系统检修

1) 使用汽车故障诊断仪检测怠速控制系统

(1) 观察实训用发动机台架或轿车,本次实训所用的发动机台架或轿车是_____。

(2) 查阅实训用发动机电控系统的维修手册,查找该发动机怠速控制系统及其电路的有关信息。

下列内容在维修资料中的哪一页:

①发动机电控系统总电路图_____。

②发动机怠速控制系统电路图_____。

(3) 将汽车故障诊断仪与发动机电控系统故障诊断座连接,进入数据流页面。对照维修手册中的说明,查找与怠速控制有关的参数。运转发动机,在发动机由冷车到热车的运转过程中,观察怠速控制参数的变化情况。填写下表。

怠速控制参数的名称	控制参数的作用	不同冷却液温度下控制参数的数值			
		20℃	40℃	60℃	80℃

(4) 进入汽车故障诊断仪的主动测试模块,选择怠速控制阀(或怠速转速)的主动测试功能,调整怠速控制阀的开度或控制信号占空比,观察发动机怠速转速发生的变化。

增大怠速控制阀开度或控制信号占空比时,发动机转速_____。

减小怠速控制阀开度或控制信号占空比时,发动机转速_____。
(5)分析以上检测结果:
_____
_____

2)旋转电磁阀式怠速控制阀及其电路的检测
(1)观察实训用发动机台架或轿车,本次实训所用的发动机台架或轿车是_____。
(2)查阅实训用发动机电控系统的维修手册及电路图,查找该发动机怠速控制系统及其电路的有关信息。

下列内容在维修资料中的哪一页:
①发动机电控系统总电路图_____。
②怠速控制系统电路原理图_____。
③旋转电磁阀式怠速控制阀插头端子分布图_____。
④发动机 ECU 端子分布图_____。

(3)查阅维修手册或电路图,列出实训所用发动机旋转电磁阀式怠速控制阀的所有接线端子,说明其作用,填写下表。

插头编号	端子编号	线 色	端子名称及其作用	与 ECU 的连接(如果有的话)		
				插头编号	端子编号	线色

(4)实训所用发动机的旋转电磁阀式怠速控制阀的类型是_____。
　A. 传统的旋转电磁阀　　B. 新型旋转电磁阀
(5)测量旋转电磁阀式怠速控制阀的控制电路。
①拔下旋转电磁阀式怠速控制阀的线束插头,打开点火开关,测量线束插头各个端子的电压,填入下表,并判断电压是否正常。
②关闭点火开关,测量各个端子与搭铁之间的电阻,填入下表,并判断有无短路,或搭铁是否正常。

插头编号	端子名称	端子编号	打开点火开关后的端子电压(V)	关闭点火开关后端子与搭铁之间的电阻(Ω)

(6)使用三通连接线(或使用检测背插针),将旋转电磁阀式怠速控制阀的各个接脚和线束插头各端子连接,请指导教师检查确认连接情况,确保连接正确。
(7)利用三通连接线(或使用检测背插针),将数字式万用表与怠速控制阀的任一根控制线连接,起动发动机,分别测量信号线上怠速控制信号的占空比和直流电压,记录在下表中。

检测内容	端子名称	端子编号	检测条件或时刻	占 空 比	电压(V)
怠速控制信号			起动后1s内		
			起动后约5s		
			起动后约10s		
			起动后约30s		
			打开前照灯		
			打开空调		
			用电脑检测仪主动测试功能将怠速转速提高到1500r/min		
			用电脑检测仪主动测试功能将怠速转速降低到500r/min		

(8)使用示波器,在发动机怠速运转下,测量旋转电磁阀式怠速控制阀控制信号的波形,在下图中画出波形,并与维修手册中的标准波形相比较。

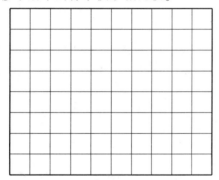

(9)将怠速控制阀从发动机上拆下,检测其工作性能。

①对于有2根控制线的旋转电磁阀,将蓄电池正极施加在+B端子,负极依次与2根控制线中的任一根连接,观察怠速控制阀开度的变化。

当蓄电池负极与_____端子连接时,怠速控制阀开度_____。

当蓄电池负极与_____端子连接时,怠速控制阀开度_____。

②对于只有1根控制线的新型旋转电磁阀,保持其电源和搭铁端子线路连接的同时,将蓄电池正极与控制线连接,观察怠速控制阀开度的变化。

当蓄电池负极与控制端连接时,怠速控制阀开度_____。

(10)在指导教师设置了旋转电磁阀式怠速控制阀或其电路的故障后,利用电动机起动发动机,观察故障症状,分析故障的可能原因。

①故障症状:
_____

②可能的故障原因：

(11) 与小组成员讨论故障的检测诊断方法,列出诊断故障所需的工具和仪器设备,写出故障诊断的步骤。

①所需工具和仪器设备：

②诊断步骤：

(12) 按照诊断步骤,查找故障原因,记录结果。

3) 步进电机式怠速控制阀及其电路的检测

(1) 观察实训用发动机台架或轿车,本次实训所用的发动机台架或轿车是_____。

(2) 查阅实训用发动机电控系统的维修手册及电路图,查找该发动机怠速控制系统及其电路的有关信息。

下列内容在维修资料中的哪一页：
①发动机电控系统总电路图_____。
②怠速控制系统电路原理图_____。
③步进电机式怠速控制阀插头端子分布图_____。
④发动机 ECU 端子分布图_____。

(3) 查阅维修手册或电路图,列出实训所用发动机步进电机式怠速控制阀的所有接线端子,说明其作用,填写下表。

插头编号	端子编号	线色	端子名称及其作用	与 ECU 的连接(如果有的话)		
				插头编号	端子编号	线色

(4) 测量步进电机式怠速控制阀的控制电路。

①拔下步进电机式怠速控制阀的线束插头,打开点火开关,测量线束插头各个端子的电压,填入下表,并判断电压是否正常。

②关闭点火开关,测量各个端子与搭铁之间的电阻,填入下表,并判断有无短路,或搭铁是否正常。

插头编号	端子编号	端子名称	打开点火开关后的端子电压(V)	关闭点火开关后端子与搭铁之间的电阻(Ω)

(5)使用三通连接线(或使用检测背插针),将步进电机式怠速控制阀的各个接脚和线束插头各端子连接,请指导教师检查确认连接情况,确保连接正确。

(6)利用三通连接线(或使用检测背插针),将数字式万用表与怠速控制阀的任一根控制线连接,起动发动机,测量信号线上怠速控制信号的频率和直流电压,记录在下表中。

检测端子	检测条件	检测时刻	频率	电压(V)
端子名称:_____ 端子编号:_____	起动发动机	起动后2s内		
		起动后约10s		
	打开前照灯	打开后2s内		
		打开后约10s		
	打开冷气空调	打开后2s内		
		打开后约10s		
	用故障诊断仪主动测试功能将怠速转速提高到1500r/min	提高后2s内		
		提高后约10s		

(7)分析以上检测结果:_____

(8)使用示波器,在发动机怠速运转下,测量步进电机式怠速控制阀控制信号的波形,在下图中画出波形,并与维修手册中的标准波形相比较。

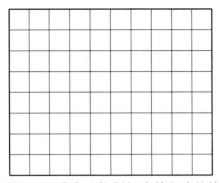

(9)在指导教师设置了步进电机式怠速控制阀或其电路的故障后,利用电动机起动发动机,观察故障症状,分析故障的可能原因。

①故障症状:
_____
_____

②可能的故障原因:
_____
_____

(10)与小组成员讨论故障的检测诊断方法,列出诊断故障所需的工具和仪器设备,写出故障诊断的步骤。

①所需工具和仪器设备:
_____
_____

②诊断步骤:
_____
_____

(11)按照诊断步骤,查找故障原因,记录结果。
_____
_____

[实训工单2]电子节气门及其电路检测

(1)观察实训用发动机台架或轿车,本次实训所用的发动机台架或轿车是_____。

(2)查阅实训用发动机电控系统的维修手册及电路图,查找该发动机电子节气门控制系统及其电路的有关信息。

下列内容在维修资料中的哪一页:

①发动机电控系统总电路图_____。

②电子节气门控制系统电路原理图_____。

③电子节气门插头端子分布图＿＿＿＿＿＿＿＿＿＿＿＿＿＿＿＿＿＿＿＿＿＿。
④发动机ECU端子分布图＿＿＿＿＿＿＿＿＿＿＿＿＿＿＿＿＿＿＿＿＿＿＿。

(3) 查阅维修手册或电路图，列出实训所用发动机电子节气门的所有接线端子，说明其作用，填写下表。

插头编号	端子编号	线色	端子名称及其作用	与ECU的连接(如果有的话)		
				插头编号	端子编号	线色

(4) 检查电子节气门的工作。

拆下电子节气门上的进气管，打开点火开关，不要起动发动机。踩下加速踏板，同时观察电子节气门开度的变化。踩下加速踏板时，节气门＿＿＿＿＿＿＿＿。松开加速踏板时，节气门＿＿＿＿＿＿＿＿。

(5) 测量电子节气门的控制电路。

①拔下电子节气门的线束插头，打开点火开关，测量线束插头各个端子的电压，填入下表，并判断其电压是否正常。

②关闭点火开关，测量各个端子与搭铁之间的电阻，填入下表，并判断其有无短路，或搭铁是否正常。

端子名称	端子编号	打开点火开关后的端子电压(V)	关闭点火开关后端子与搭铁之间的电阻(Ω)
电源			
信号1			
信号2			
搭铁			
电机 +			
电机 −			

(6) 使用三通连接线(或使用检测背插针)，将电子节气门的各个接脚和线束插头各端子连接，请指导教师检查确认连接情况，确保连接正确。

(7) 使用示波器，分别使发动机转速在1000r/min和3000r/min，测量电子节气门控制电机两个端子控制信号的波形。在下图中画出波形，并与维修手册中的标准波形相比较。

①转速为1000r/min时的波形：

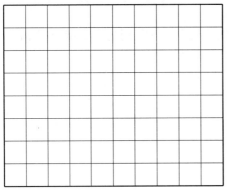
端子1(M+)

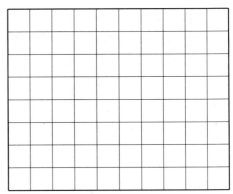
端子2(M-)

②转速为2000r/min时的波形：

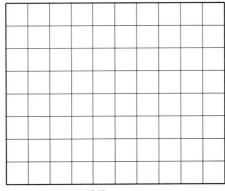
端子1(M+)

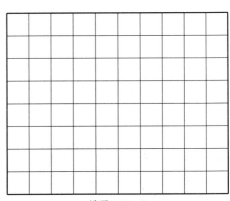
端子2(M-)

(8)连接汽车故障诊断仪，读取与电子节气门控制有关的数据流，查阅维修资料，确定其标准数值范围，记录在下表中。

诊断仪显示的数据名称	数据测量的内容	正常标准范围

(9)观察加速踏板位置传感器线束插头处于连接状态时，加速踏板位置与节气门开度数值之间的关系。断开加速踏板位置传感器接线中的1根信号线(信号1或信号2)和2根信号线，再次观察加速踏板位置与节气门开度数值之间的关系，填写下表，解释原因。

实训项目 5　汽油发动机进气控制系统检修

故障状态	松开加速踏板后节气门开度数值	踩下加速踏板后节气门开度数值
线路正常		
仅断开信号 1		
仅断开信号 2		
断开 2 个信号		

上述现象的原因：

_____

（10）关闭点火开关，拔下电子节气门的线束插头，运转发动机，踩下加速踏板，观察发动机的转速变化。根据现象，说明在拔下电子节气门线束插头后，发动机转速是否随加速踏板的踩下而上升，解释其原因。

踩下加速踏板后发动机转速是否上升（正常上升/没有变化/略有上升）：

上述现象的原因：

_____

（11）保持电子节气门的线束插头处于连接状态，依次断开电子节气门控制线路中的信号 1、信号 2、电机+，观察发动机运转中转速随加速踏板变化的情况，以及汽车电脑检测仪中电子节气门开度数值的变化情况，记录并说明原因。

故障状态	怠速转速	踩下加速踏板后发动机转速变化情况	怠速时节气门开度数值	踩下加速踏板后节气门开度数值
仅断开信号 1				
仅断开信号 2				
仅断开电机+				

上述现象的原因：

_____

（12）在指导教师设置了电子节气门控制电路的故障后，利用电动机起动发动机，观察故障症状，按以下步骤对故障进行诊断：

①描述故障现象。

_____

②读取故障码或数据流，记录与故障有关的信息。

_____

③绘制电子节气门控制电路原理图。

④针对电路原理图,说明可能的故障原因。
_____

⑤根据以上分析,与小组成员讨论故障的检测诊断方法,并对电路进行检测,记录检测结果。

端子名称	端子编号	打开点火开关后的端子电压(V)	关闭点火开关后端子与搭铁之间的电阻(Ω)	是否正常
电源				
信号1				
信号2				
搭铁				
电机+				
电机-				

⑥根据检测结果,判断故障原因。
_____

[实训工单3] 气门正时控制阀及其电路检测

(1)观察实训用发动机台架或轿车,本次实训所用的发动机台架或轿车是_____。

(2)查阅实训用发动机电控系统的维修手册及电路图,查找该发动机气门正时控制系统及其电路的有关信息。

下列内容在维修资料中的哪一页:
①发动机电控系统总电路图_____。
②气门正时控制阀电路原理图_____。
③气门正时控制阀端子分布图_____。
④发动机 ECU 端子分布图_____。

(3)查阅维修手册或电路图,列出实训所用发动机气门正时控制阀的所有接线端子,说明其作用,填写下表。

实训项目 5　汽油发动机进气控制系统检修

插头编号	端子编号	线　色	端子名称及其作用	与 ECU 的连接（如果有的话）		
				插头编号	端子编号	线色

（4）测量气门正时控制阀的控制电路。

①拔下气门正时控制阀的线束插头，打开点火开关，测量线束插头各个端子的电压，填入下表，并判断其电压是否正常。

②关闭点火开关，测量各个端子与搭铁之间的电阻，填入下表，并判断其有无短路，或搭铁是否正常。

插头编号	端子编号	端子名称	打开点火开关后的端子电压(V)	关闭点火开关后端子与搭铁之间的电阻(Ω)

（5）使用三通连接线（或使用检测背插针），将气门正时控制阀的各个接脚和线束插头各端子连接，请指导教师检查确认连接情况，确保连接正确。

（6）利用三通连接线（或使用检测背插针），将数字式万用表与气门正时控制阀的控制信号线连接，起动发动机，测量信号线上气门正时控制阀控制信号的占空比和直流电压，记录在下表中。

端子名称	端子编号	检测条件	占　空　比	电压(V)
		怠速		
		1500r/min		
		3000r/min		

（7）分析以上检测结果：

_____

_____

（8）使用示波器，分别使发动机转速在 1000r/min 和 3000r/min，测量气门正时控制阀信号端子上的信号波形。在下图中画出波形，并与维修手册中的标准波形相比较。

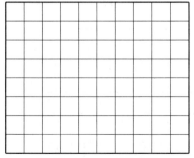

转速为 1000r/min 时的波形

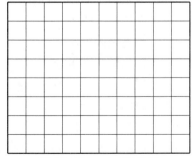

转速为 3000r/min 时的波形

(9)在指导教师设置了气门正时控制阀或其电路的故障后,利用电动机起动发动机,观察故障症状,分析故障的可能原因。

①故障症状:
_____
_____

②可能的故障原因:
_____
_____

(10)与小组成员讨论故障的检测诊断方法,列出诊断故障所需的工具和仪器设备,写出故障诊断的步骤。

①所需工具和仪器设备:
_____
_____

②诊断步骤:
_____
_____

(11)按照诊断步骤,查找故障原因,记录结果。
_____
_____

[实训工单4] 增压压力限制电磁阀、循环空气电磁阀(大众 N249)及其电路的检测

(1)观察实训用发动机台架或轿车,本次实训所用的发动机台架或轿车是_____。

(2)查阅实训用发动机电控系统的维修手册及电路图,查找该发动机涡轮增压控制系统及其电路的有关信息。

下列内容在维修资料中的哪一页:
①发动机电控系统总电路图_____。
②增压压力限制电磁阀电路原理图_____。
③增压压力限制电磁阀端子分布图_____。
④循环空气电磁阀电路原理图_____。
⑤循环空气电磁阀端子分布图_____。
⑥发动机 ECU 端子分布图_____。

(3)查阅维修手册或电路图,列出实训所用发动机增压压力限制电磁阀、循环空气电磁阀的所有接线端子,说明其作用,填写下表。

实训项目5 汽油发动机进气控制系统检修

增压压力限制电磁阀						
插头编号	端子编号	线色	端子名称及其作用	与ECU的连接（如果有的话）		
				插头编号	端子编号	线色

循环空气电磁阀						
插头编号	端子编号	线色	端子名称及其作用	与ECU的连接（如果有的话）		
				插头编号	端子编号	线色

(4) 测量增压压力限制电磁阀、循环空气电磁阀的控制电路。

① 拔下增压压力限制电磁阀、循环空气电磁阀的线束插头，打开点火开关，测量线束插头各个端子的电压，填入下表，并判断其电压是否正常。

② 关闭点火开关，用万用表分别检测增压压力限制电磁阀、循环空气电磁阀的内阻，填入下表，并判断其是否正常。

③ 将点火开关置于ON位置，用万用表分别检测增压压力限制电磁阀、循环空气电磁阀线束端子1和搭铁之间的电压，填入下表，并判断供电电压是否正常。

增压压力限制电磁阀					
插头编号	端子编号	端子名称	打开点火开关后的端子电压(V)	线束端子1和搭铁之间的电压(V)	内阻(Ω)

循环空气电磁阀					
插头编号	端子编号	端子名称	打开点火开关后的端子电压(V)	线束端子1和搭铁之间的电压(V)	内阻(Ω)

(5) 使用示波器，在不同工况下，检测增压压力限制电磁阀、循环空气电磁阀脉宽调制(PWM)控制信号。

① 怠速工况：

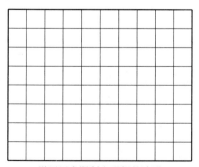

增压压力限制电磁阀的波形

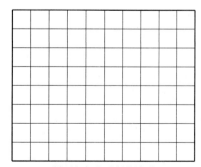

循环空气电磁阀的波形

②在加速或高速大负荷时：

增压压力限制电磁阀的波形　　循环空气电磁阀的波形

③在车辆高速行驶急减速时：

增压压力限制电磁阀的波形　　　　　　循环空气电磁阀的波形

（6）在指导教师设置了增压压力限制电磁阀或其电路的故障后，利用电动机起动发动机，观察故障症状，分析故障的可能原因。

①故障症状：

_____

_____

②可能的故障原因：

_____

_____

（7）与小组成员讨论故障的检测诊断方法，列出诊断故障所需的工具和仪器设备，写出故障诊断的步骤。

①所需工具和仪器设备：

_____

②诊断步骤：

(8) 按照诊断步骤，查找故障原因，记录结果。

实训项目6　汽车发动机排放控制系统检修

[**实训目标**]

学生完成本项目的实训后,应能够辨认实训车辆或台架所用发动机排放控制系统的组成部件,说出其名称、安装位置、作用,能够对发动机排放控制系统进行检测与维修,掌握检测发动机排放控制系统的1+X证书职业技能。

[**相关理论和技能**]

在实施本项目之前,学生应完成以下各项相关专业知识和技能的学习:

(1)排放控制系统的类型、组成、工作原理。

(2)燃油蒸发控制系统、废气再循环(EGR)控制系统、二次空气喷射系统的控制电路原理。

(3)各类型排放控制系统的常见故障现象、原因及检修方法。

[**实施条件**]

1. 场地要求

发动机电控系统实训室,每小组使用面积不小于20m^2,通风、采光良好,配备发动机废气吸排装置。

2. 工具、设备、器材

(1)配备燃油蒸发控制系统的电控发动机实训台架或轿车整车1台,配备废气再循环控制系统的电控发动机实训台架或轿车整车1台,配备二次空气喷射系统的电控发动机实训台架或轿车整车1台(可正常运转,汽油、蓄电池电量应充足)。

(2)数字式万用表1部。

(3)数字式示波器1台。

(4)汽车故障诊断仪1台。

(5)可用于实训发动机台架或轿车的汽车故障诊断仪1台。

(6)三通连接线,数量和形式按实训发动机相应部件的实际类型配备。

3. 技术资料

与实训用发动机配套的电控系统维修手册或电路图(纸质版,或电子版配计算机终端)。

[**实训步骤**]

(1)每6~10名学生组成1个实训小组,确定1名小组长。

(2)准备好实训用的发动机台架或轿车整车。

(3)向实训室领取数字式万用表、数字式示波器、汽车电脑检测仪等工具设备,领取实训发动机电控系统维修资料。

(4)使用汽车故障诊断仪,读取发动机电控系统数据流,分析与排放控制有关的参数。使用汽车故障诊断仪的主动测试功能,检测排放控制系统的工作性能。

(5)利用资料,使用必要的工具仪器,检测活性炭罐电磁阀及其电路、控制信号、信号波形,分析结构类型和工作特点。排除指导老师设置的故障。

(6)利用资料,使用必要的工具仪器,检测 EGR 电磁阀及其电路、控制信号、信号波形,分析结构类型和工作特点。排除指导老师设置的故障。

(7)利用资料,使用必要的工具仪器,检测二次空气喷射控制阀及其电路、控制信号、信号波形,分析结构类型和工作特点。排除指导老师设置的故障。

(8)在实训过程中,按照工作单的要求,完成相应的实训和学习任务。

(9)完成实训任务后,接受指导老师技能考核。

(10)整理并清洁工作场所,清点收拾借出的工具、设备、资料,交回实训室。

[实训工单1]排放控制系统及电路的检测

1)使用汽车故障诊断仪检测排放控制系统

(1)观察实训用发动机台架或轿车,本次实训所用的发动机台架或轿车是_____。

(2)查阅实训用发动机电控系统的维修手册,查找该发动机排放控制系统的类型及其电路的有关信息。下列内容在维修资料中的哪一页:

①发动机电控系统总电路图_____。

②发动机排放控制系统电路图_____。

③类型_____。

(3)将汽车故障诊断仪与发动机电控系统故障诊断座连接,进入数据流页面。对照维修手册中的说明,查找与排放控制有关的参数。运转发动机,在发动机由低速到高速的运转过程中,观察怠速控制参数的变化情况。填写下表。

排放控制参数的名称	控制参数的作用	不同转速下控制参数的数值			
		怠速	2000r/m	3000r/m	高速

2)活性炭罐电磁阀及其电路的检测

(1)观察实训用发动机台架或轿车,本次实训所用的发动机台架或轿车是_____。

(2)查阅实训用发动机电控系统的维修手册及电路图,查找该发动机排放控制系统及其电路的有关信息。

下列内容在维修资料中的哪一页:

①发动机电控系统总电路图_____。

②排放控制系统电路原理图_____。

③活性炭罐电磁阀插头端子分布图＿＿＿＿＿＿＿＿＿＿＿＿＿＿＿＿＿＿＿。
④发动机 ECU 端子分布图＿＿＿＿＿＿＿＿＿＿＿＿＿＿＿＿＿＿＿＿＿＿＿。

(3)查阅维修手册或电路图,列出实训所用发动机活性炭罐电磁阀的所有接线端子,说明其作用,填写下表。

插头编号	端子编号	线色	端子名称及其作用	与 ECU 的连接(如果有的话)		
				插头编号	端子编号	线色

(4)测量活性炭罐电磁阀及控制电路。
①活性炭罐电磁阀的检查方法。
②活性炭罐电磁阀的电路检测。
a.拔下活性炭罐电磁阀的线束插头,打开点火开关,测量线束插头各个端子的电压,填入下表,并判断电压是否正常。
b.关闭点火开关,测量各个端子与搭铁之间的电阻,填入下表,并判断有无短路,或搭铁是否正常。
c.测量活性炭罐电磁阀的内阻。

插头编号	端子编号	端子名称	打开点火开关后的端子电压(V)	关闭点火开关后端子与搭铁之间的电阻(Ω)	活性炭罐电磁阀的内阻(Ω)

③使用示波器,在发动机怠速运转下,测量活性炭罐电磁阀控制信号的波形,在下图中画出波形,并与维修手册中的标准波形相比较。

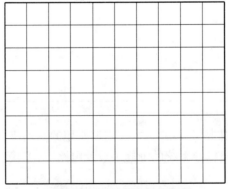

活性炭罐电磁阀控制信号的波形

(5)在指导教师设置了活性炭罐电磁阀或其电路的故障后,利用电动机起动发动机,观察故障症状,分析故障的可能原因。

①故障症状：
_____
_____

②可能的故障原因：
_____
_____

(6) 与小组成员讨论故障的检测诊断方法，列出诊断故障所需的工具和仪器设备，写出故障诊断的步骤。

①所需工具和仪器设备：
_____
_____

②诊断步骤：
_____
_____

(7) 按照诊断步骤，查找故障原因，记录结果。
_____
_____

[实训工单2] EGR电磁阀及其电路的检测

(1) 观察实训用发动机台架或轿车，本次实训所用的发动机台架或轿车是_____。

(2) 查阅实训用发动机电控系统的维修手册及电路图，查找该发动机排放控制系统及其电路的有关信息。

下列内容在维修资料中的哪一页：
①发动机电控系统总电路图_____。
②排放控制系统电路原理图_____。
③EGR电磁阀插头端子分布图_____。
④发动机ECU端子分布图_____。

(3) 查阅维修手册或电路图，列出实训所用发动机EGR电磁阀和EGR位置传感器的所有接线端子，说明其作用，填写下表。

元件	插头编号	端子编号	线色	端子名称及其作用	与ECU的连接（如果有的话）		
					插头编号	端子编号	线色
EGR电磁阀							

续上表

元件	插头编号	端子编号	线色	端子名称及其作用	与ECU的连接(如果有的话)		
					插头编号	端子编号	线色
EGR位置传感器							

(4)测量EGR电磁阀及控制电路

①EGR位置传感器的检查方法。

②EGR位置传感器的电路检测。

插头编号	端子编号	端子名称	打开点火开关后的端子电压(V)	EGR不同开度的信号端子电压(V)
				关闭:
				半开:
				全开:

③EGR电磁阀的检查方法。

④EGR电磁阀的电路检测。

a.拔下EGR电磁阀的线束插头,打开点火开关,测量线束插头各个端子的电压,填入下表,并判断电压是否正常。

b.关闭点火开关,测量各个端子与搭铁之间的电阻,填入下表,并判断有无短路,或搭铁是否正常。

c.测量EGR电磁阀的内阻。

插头编号	端子编号	端子名称	打开点火开关后的端子电压(V)	关闭点火开关后端子与搭铁之间的电阻(Ω)	EGR电磁阀的内阻(Ω)

⑤使用示波器,在发动机怠速和高速运转下,测量EGR电磁阀控制信号的波形,在下图中画出波形,并与维修手册中的标准波形相比较。

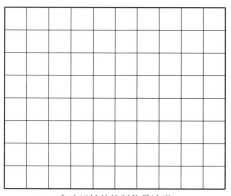
怠速运转的控制信号波形

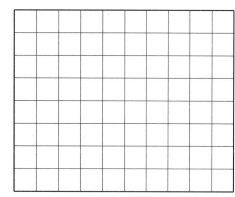
大负荷运转的控制信号波形

(5)在指导教师设置了 EGR 电磁阀或其电路的故障后,利用电动机起动发动机,观察故障症状,分析故障的可能原因。

①故障症状:

②可能的故障原因:

(6)与小组成员讨论故障的检测诊断方法,列出诊断故障所需的工具和仪器设备,写出故障诊断的步骤。

①所需工具和仪器设备:

②诊断步骤:

(7)按照诊断步骤,查找故障原因,记录结果。

[实训工单3] 二次空气喷射控制阀及其电路的检测

(1)观察实训用发动机台架或轿车,本次实训所用的发动机台架或轿车是_____。
(2)查阅实训用发动机电控系统的维修手册及电路图,查找该发动机二次空气喷射控制系统及其电路的有关信息。

下列内容在维修资料中的哪一页:

①发动机电控系统总电路图_____。
②二次空气喷射控制阀电路原理图_____。
③二次空气喷射控制阀端子分布图_____。
④发动机 ECU 端子分布图_____。

(3)查阅维修手册或电路图,列出实训所用发动机二次空气喷射控制阀的所有接线端子,说明其作用,填写下表。

插头编号	端子编号	线色	端子名称及其作用	与 ECU 的连接(如果有的话)		
				插头编号	端子编号	线色

(4)测量二次空气喷射控制阀的控制电路。

①拔下二次空气喷射控制阀的线束插头,打开点火开关,测量线束插头各个端子的电压,填入下表,并判断其电压是否正常。

②测量点火开关关闭时各个端子与搭铁之间的电阻,填入下表,并判断其有无短路,或搭铁是否正常。

③测量二次空气喷射控制阀的内阻。

插头编号	端子编号	端子名称	打开点火开关后的端子电压(V)	关闭点火开关后端子与搭铁之间的电阻(Ω)	二次空气喷射控制阀的内阻(Ω)

(5)分析以上检测结果:
_____
_____

(6)使用示波器,分别使发动机运转在起动暖机状态及转速为 2000r/min 和 4000r/min,测量二次空气喷射控制阀信号端子上的信号波形。在下图中画出波形,并与维修手册中的标准波形相比较。

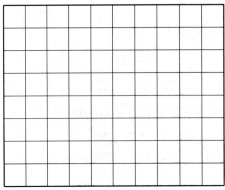

起动暖机状态的波形

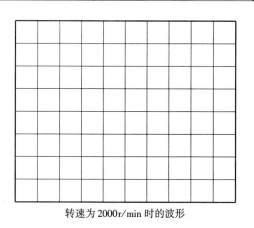
转速为2000r/min时的波形

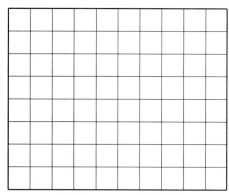
转速为4000r/min时的波形

(7)在指导教师设置了二次空气喷射控制阀或其电路的故障后,利用电动机起动发动机,观察故障症状,分析故障的可能原因。

①故障症状:

②可能的故障原因:

(8)与小组成员讨论故障的检测诊断方法,列出诊断故障所需的工具和仪器设备,写出故障诊断的步骤。

①所需工具和仪器设备:

②诊断步骤:

(9)按照诊断步骤,查找故障原因,记录结果。

实训项目7　柴油发动机电控系统基本检查

[**实训目标**]
学生完成本项目的实训后,应能够在发动机台架上找到柴油发动机电控系统主要传感器、执行器等部件,检查各部件安装和线束连接是否正常,并了解各主要传感器、执行器的名称和作用,会使用诊断仪读取柴油机电控共轨燃油喷射系统的故障码和数据流,并会分析故障原因,掌握检测柴油机电控系统的1+X证书职业技能。

[**相关知识和技能**]
在实施本项目之前,学生应完成以下各项相关专业知识和技能的学习:
(1)柴油发动机电控系统的类型与组成。
(2)柴油发动机电控共轨燃油系统控制电路原理。
(3)预热控制系统检修。

[**实施条件**]
1. 场地要求
发动机电控系统实训室,每小组使用面积不小于$20m^2$,通风、采光良好,配备发动机废气吸排装置。
2. 工具、设备、器材
(1)电控柴油发动机实训台架整车(配备高压共轨柴油系统,可正常运转,柴油、蓄电池电量应充足)。
(2)汽车故障诊断仪(可用于实训柴油机电控系统检测)。
3. 技术资料
与实训用柴油机配套的电控系统维修手册或电路图(纸质版,或电子版配计算机终端)。

[**实训步骤**]
(1)每6~10名学生组成1个实训小组,确定1名小组长。
(2)准备好实训用的发动机台架。
(3)查阅维修资料,在发动机台架上找到柴油机电控系统主要传感器、执行器等部件,检查各部件安装和线束连接是否正常。
(4)说明各主要传感器、执行器的名称和作用。
(5)在实训指导老师的同意下,起动发动机,观察发动机的运转状况。
(6)在实训过程中,按照工作单的要求,完成相应的实训和学习任务。
(7)完成实训任务后,接受指导老师技能考核。

(8)整理并清洁工作场所,清点收拾借出的工具、设备、资料,交回实训室。

[实训工单]柴油发动机电控系统的基本检查

(1)观察实训发动机台架,本次实训所用的发动机台架是_____。(可以询问教师)

(2)查阅维修资料,查找有关实训用柴油发动机电控系统部件安装位置的信息。

下列内容在维修资料中的哪一页:

①柴油发动机电控系统部件位置(分布)图_____。

②柴油发动机电控系统总电路图_____。

③柴油发动机电控系统故障代码表_____。

(3)查阅维修资料,在柴油发动机台架上查找主要传感器,检查传感器线束插头是否连接正常,填写下表。

传感器名称	本次实训用发动机是否配备	安装位置	线束插头上的接线端子数	连接到 ECU 的端子数
空气流量传感器	是/否			
进气管压力传感器	是/否			
曲轴位置传感器	是/否			
凸轮轴位置传感器	是/否			
节气门位置传感器	是/否			
进气温度传感器	是/否			
冷却液温度传感器	是/否			
氧传感器	是/否			
共轨压力传感器	是/否			
燃油温度传感器	是/否			
加速踏板位置传感器	是/否			
增压压力传感器	是/否			

(4)查阅维修资料,在柴油发动机台架上查找发动机电控系统主要执行器和其他部件,填写下表。

执行器或部件名称	本次实训用发动机是否配备	安装位置	线束插头上的端子数	连接到 ECU 的端子数
高压油泵	是/否			
低压油泵	是/否			
喷油器	是/否			
燃油切断阀	是/否			
电子节气门	是/否			
废气再循环阀	是/否			
燃油蒸发控制阀	是/否			
高压包(点火控制器)	是/否			

(5) 观察实训用柴油发动机台架,对照下图,将图中标注编号的部件名称填写在下表中。

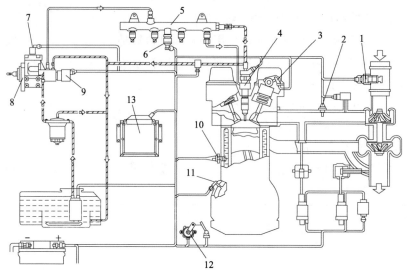

标 号	部件名称	标 号	部件名称
1		8	
2		9	
3		10	
4		11	
5		12	
6		13	
7			

(6) 观察实训用柴油发动机电控共轨燃油系统,在下图中用箭头标注各燃油管中的燃油流动方向。

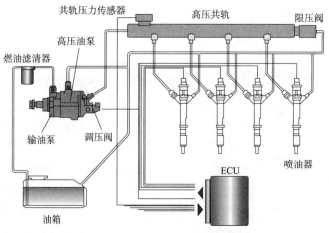

(7) 分析下图所示实训用柴油发动机预热控制系统的电路,并对预热控制单元及其电路进行检测。

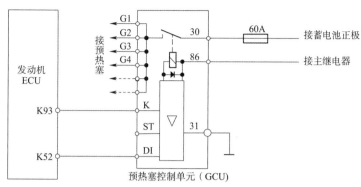

(8) 在指导教师设置了传感器故障后, 观察发动机运转情况, 使用汽车故障诊断仪读取故障代码, 根据观察和检测结果, 填写下表。

序　号	故障现象	故障代码	故障内容
故障1			
故障2			
故障3			

(9) 在指导教师设置了预热控制系统电路的故障后, 利用电动机起动发动机, 观察故障症状, 分析故障的可能原因。

①故障症状:

②可能的故障原因:

(10) 与小组成员讨论故障的检测诊断方法, 列出诊断故障所需的工具和仪器设备, 写出故障诊断的步骤。

①所需工具和仪器设备:

②诊断步骤:

(11) 按照诊断步骤, 查找故障原因, 记录结果。

实训项目 8　汽油发动机电控系统综合故障诊断

[实训目标]

学生完成本项目的实训后,应能利用维修资料,分析故障原因,制订故障诊断的工作计划;能独立自主地实施计划,完成发动机电控系统主要部件及其电路的检测诊断,并确定故障点。

[相关理论和技能]

在实施本项目之前,学生应完成以下各项相关专业知识和技能的学习:

(1)汽油机电控系统的故障诊断。

(2)汽油机电控系统主要部件及电路的检测。

[实施条件]

1. 场地要求

发动机电控系统实训室,每小组使用面积不小于 $20m^2$,通风、采光良好,配备发动机废气吸排装置。

2. 工具、设备、器材

(1)配备电控汽油发动机的实训台架或轿车整车 1 台(可正常运转,汽油、蓄电池电量应充足)。

(2)数字式万用表 1 部。

(3)数字式示波器 1 台。

(4)LED 试灯 1 只。

(5)可用于实训发动机台架或整车的汽车故障诊断仪 1 台。

(6)三通连接线,可分别用于连接实训发动机各传感器、执行器与线束插头,数量按实训发动机实际情况配备。

(7)普通工具 1 套。

3. 技术资料

与实训用发动机配套的电控系统维修手册或电路图(纸质版,或电子版配计算机终端)。

[实训步骤]

(1)每 6~10 名学生组成 1 个实训小组,确定 1 名小组长。

(2)准备好实训用的发动机台架或轿车整车。

(3)向实训室领取数字式万用表、数字式示波器、汽车故障诊断仪等工具设备,领取实训发动机电控系统维修资料。

(4)由实训指导老师在发动机台架或实车上设置 2~3 个电控系统部件或电路故障。

(5)利用资料,根据发动机故障症状,分析故障可能的原因,制订故障诊断计划。
(6)使用必要的工具仪器,通过检测,查找确定故障点。
(7)在实训过程中,按照工作单的要求,完成相应的实训和学习任务。
(8)完成实训任务后,接受指导老师技能考核。
(9)整理并清洁工作场所,清点收拾借出的工具、设备、资料,交回实训室。

[实训工单]发动机电控系统综合故障诊断

(1)观察实训用发动机台架或实车,记录有关型号参数。
①汽车型号:_____。
②VIN码:_____。
③发动机型号:_____。
(2)汽车与设备准备。
①汽车停放与举升器状况检查_____。
②放置车轮挡块_____。
③连接尾气排放管_____。
④放置车辆保护套_____。
⑤发动机运转前检查:机油_____,冷却液_____,蓄电池_____。
⑥仪器工具准备_____。
(3)资料准备。

查阅实训用汽车发动机电控系统的维修手册及电路图,查找该发动机电控系统检修的有关信息。

下列内容在维修资料中的哪一页:
①发动机电控系统总电路图_____。
②发动机电控系统故障代码表_____。
③发动机电控系统数据流的控制参数名称及其说明_____。
④发动机电控系统常见故障及诊断步骤_____。
(4)基本检查。
①汽车故障初步检查。
利用电动机起动发动机,观察发动机运转状况和故障现象,检查仪表指示。
a. 故障症状:

b. 仪表指示:

②故障码及数据流检查。
使用汽车故障诊断仪读取故障代码,读取与故障代码有关的数据流,并记录。

a. 故障代码：
_____
_____

b. 有关的数据流（你认为与故障有关的重要数据流）：
_____
_____

（5）故障分析
①绘制与故障有关的控制系统电路图。

②小组讨论，分析可能的故障原因：
_____
_____

③与小组成员讨论故障的检测诊断方法，列出诊断故障所需的工具和仪器设备，写出故障诊断的计划。
a. 所需工具和仪器设备：
_____
_____

b. 故障诊断计划：
_____
_____

（6）按照诊断步骤，查找故障原因，记录结果。
①诊断过程记录
_____
_____

②故障原因是：
_____
_____